Julia Burkhardt

Anke Kallauch

überarbeitete und erweiterte Neuauflage!

Hurra, es ist Familienzeit!

cap-books

Anke Kallauch

überarbeitete und erweiterte Neuauflage!

Hurra, es ist Familienzeit!

23 Gottesdienste mit Tempo und Tiefgang

cap-books
72221 Haiterbach-Beihingen

cap! music

Tel.: 07456-9393-0, Fax: 07456-9393-29
Email: info@cap-music.de, Onlineshop: www.cap-music.de
Umschlaggestaltung, Satz und Illustrationen: Claudia Ellinger
Fotos Innenteil: Rainer Wälde
Druck: Schönbach-Druck

ISBN 3-938324-22-8
cap-Bestell-Nr. 51501

Inhalt

Inhalt

Vorwort

Begeistert habe ich Mails und Briefe als Reaktionen auf die erste Ausgabe von „Hurra, es ist Familienzeit“ gelesen. „Es ist immer wieder Spagat zwischen den Erwartungen der Erwachsenen und dem, was wir Kindern gerne an Abwechslung und kreativer Verkündigung gönnen würden“ – das war der Tenor - „aber wir haben es gewagt und erleben heute ein intensiveres Miteinander von Jung und Alt als vor der Familienzeit im Gottesdienst.“

Sehnst du dich auch nach mehr Miteinander der Generationen in deiner Gemeinde? Probiere es aus, regelmäßig Gottesdienste zu feiern, in denen alle vorkommen. Es erfordert zwar viel Vorbereitung, aber ich hoffe, dass die neuen und alten Gottesdienstentwürfe in diesem Buch es dir leichter machen, dich an eine kreative Verkündigung und an viel Bewegung im Gottesdienst zu wagen.

Herzlich möchte ich all denen danken, die mit mir auf dem Weg waren und sind. Menschen, die ihre Ideen und Fantasie in die Gestaltung dieser Gottesdienste gesteckt haben. Ohne diese Mitarbeiter wäre die Entwicklung solcher Konzepte nie möglich geworden. Danke an Monica Degen für ihre Hinweise zum Kapitel „Theater im Gottesdienst“, danke den Mitarbeitern des Kindergottesdienstes in der FEG Limburg für eure Ermutigung, danke, Daniel, für deine Lieder – sie machen einfach Spaß und berühren unsere Herzen!

Anke Kallauch

1. Allgemeine Einführung

Spaß im Kino?
Aufregung im Zirkus?
Begeisterung im Gottesdienst!

1 Teil

1.1 Warum machen wir Familiengottesdienste?

Gottesdienste werden in unserem Land ganz unterschiedlich gefeiert. Bei den einen geht es traditionell zu, bei den anderen liturgisch. Manche lieben Orgelmusik, andere ziehen Klavierbegleitung oder sogar die Lobpreisband vor. Manche Gemeinden treffen sich in Fabrikhallen und es geht sehr locker zu, andere kommen in Wohnzimmern zusammen, sodass die persönliche Begegnung im Vordergrund steht. Egal, ob Landes- oder Freikirche - wenn es um den Gottesdienst geht, steht immer auch schnell die Frage im Raum: Was machen wir mit den Kindern? Traditionell wird zur Lösung „paralleler Kindergottesdienst" gegriffen, ein Konzept, das nicht ohne Schwierigkeiten ist:

Es fehlen oft hinten und vorne die Mitarbeiter. Wer möchte schon in schöner Regelmäßigkeit den „Haupt"-Gottesdienst versäumen? Mancher hilft dann trotzdem in der Sonntagsschule oder dem Kindergottesdienst mit, weil Not am Mann ist. Dabei bleibt die Frage, ob diese Mitarbeiter wirklich ihren geistlichen und natürlichen Gaben entsprechend eingesetzt sind?

Eine andere Schwierigkeit ist, dass sich viele Kinder nur höchst ungern von ihren Eltern trennen. Gerade erst in einem großen Raum mit vielen Menschen angekommen, sollen sie jetzt in eine Kindergruppe gehen. Wenn Kinder das nicht mögen, führt es oft dazu, dass nur ein Elternteil den Gottesdienst besucht und der andere Teil der Familie zu Hause bleibt.

Selbst wenn Kinder gerne in den Kindergottesdienst gehen: Was erfährt man als Mutter oder Vater davon, was das Kind erlebt, erfahren oder gelernt hat? Das höchste der Gefühle ist meiner Erfahrung nach, dass mein Sohn mir ein gemaltes Bild in die Hand drückte... Aber immerhin geht es darum, dass auch ein Kind im (Kinder-)Gottesdienst geistliche Nahrung erhält, dass es bestimmte Erfahrungen macht (z.B. den Austausch über Gebetserfahrungen, etc.). Es wäre doch sehr schön, wenn die Eltern mitbekommen würden, was ihr Kind gerade lernt.

In manchen Gemeinden wird zwar gemeinsam mit einigen Liedern der Gottesdienst gestartet, bevor die Kinder in ihre Gruppen gehen - aber welche Atmosphäre herrscht dabei vor? Sind Familien wirklich willkommen? Geht es um sie?

Je größer unsere eigene Familie wurde und je älter die Kinder wurden, desto mehr wurde uns klar: Wir wollen keine Gottesdienste, wo Familien lediglich geduldet sind, sondern Gottesdienste, deren Zielgruppe Familien sind.

Wenn ich Familien sage, dann meine ich damit sowohl Menschen, die Mitglieder unserer Gemeinden sind, als auch die vielen Familien, die außerhalb jeder Kirche stehen. In den letzten Jahren, scheint mir, haben immer mehr Gemeinden, ganz gleich welcher Prägung, gemerkt, dass sie es nicht versäumen dürfen, sich heute um die Kirche von morgen zu kümmern. Es wird darüber nachgedacht, wie ganze Familien einen festen Platz in der Gemeinde finden können.

In diesem Arbeitsbuch wird allerdings nur über einen Baustein einer solchen Ausrichtung gesprochen werden, nämlich einen Gottesdienst für die ganze Familie. Dies kann ein regelmäßiger Familiengottesdienst sein oder auch eine Familienzeit im Gottesdienst (vgl. „Ein Ziel formulieren", S. 21).

In den letzten Jahren haben immer mehr Gemeinden gemerkt, dass sie es nicht versäumen dürfen, sich heute um die Kirche von morgen zu kümmern. Es wird darüber nachgedacht, wie ganze Familien einen festen Platz in der Gemeinde finden können.

Was bewegt Familien in unserer Zeit?

Familien sind durch ihre Situation sehr oft auf der Suche nach Gott. Wenn aus zwei Erwachsenen nach und nach eine Familie wird, verändert sich ihr Leben grundlegend. Viele Dinge, die früher normal waren, geraten aus der Balance. Das fängt mit solchen Kleinigkeiten an, dass man nicht mehr eine ganze Nacht schlafen kann - was erhebliches Konfliktpotential birgt, wie die Eltern von Kleinkindern bestätigen werden.

Viele Dinge wiegen aber auch viel schwerer: Wenn ich bestimmte Dinge tue, werde ich von meinem Kind beobachtet - und Taten sprechen ja bekanntlich lauter als Worte. Verantwortungsbewusste Eltern fragen sich: Welche Werte kann ich meinem Kind mitgeben? Wie kann ich meinem Kind Liebe zeigen, es aber gleichzeitig leiten, dass es einen Weg in der Welt findet? Ein Kind soll lernen, was Ehrlichkeit und Gerechtigkeit ist. Es soll fähig werden, „nein" zu schlechten Einflüssen zu sagen.

Vielen Menschen wird mit der Geburt ihres Kindes erst klar, was für eine Verantwortung sie haben. Manche beginnen dann auch, sich richtig vor den Herausforderungen der Zukunft zu fürchten. Oft genug wird ihnen dann auch klar, dass sie selbst auf manche Fragen noch keine Antwort haben.

Wenn eine Familie um ein Kind reicher wird, ist das eine Zeit des Umbruchs und oft auch der Suche nach Gott.

Ein Freund von mir, der lutherischer Pfarrer ist, sagt immer wieder, dass er die besten Gespräche mit den Menschen hat, die ihr Baby taufen lassen wollen. Er macht dann immer einen Hausbesuch und nimmt sich richtig Zeit für diese Leute. Diese offenen Ohren und Herzen findet er bei Hochzeiten, Beerdigungen oder gar Konfirmationen nicht. Wenn eine Familie um ein Kind reicher wird, ist das eine Zeit des Umbruchs und oft auch der Suche nach Gott.
Eine Frau, die längere Zeit zu den Zeugen Jehovas ging, dort aber durch die mangelnde Liebe unter den Mitgliedern abgeschreckt wurde, sagte mir: „Ich bin wirklich auf der Suche nach Werten für mein Kind und mich. Wer kann uns denn festhalten, wenn nicht Gott? Den möchte ich kennen lernen!"

Als Gemeinde müssen wir diesen Bedürfnissen der Menschen unbedingt entgegenkommen, um nicht eine wichtige Chance zu verpassen! Die Gemeinde darf nicht ein Ort bleiben, wo die Kinder still sein müssen oder wo sie gleich von ihren Eltern getrennt werden, um separat versorgt zu werden. Ich plädiere leidenschaftlich für eine Kirche, die die ganze Familie in ihrer Sehnsucht nach Lebenssinn, nach Angenommensein und nach Verständnis für ihre Situation sieht.

Aber auch die Menschen, die schon in unseren Gemeinden sind, sind auf der Suche danach, wie sie ihren Kindern authentisches Christsein vermitteln können. Sie sind nicht mehr zufrieden mit den Wegen, die ihre eigenen Eltern benutzten, um sie mit Jesus und dem Leben als Christ bekannt zu machen. Es ist aber eine Sache, etwas Althergebrachtes abzulehnen und eine andere, eine neue Form zu finden. Hierbei kann die Gemeinde die Eltern unterstützen.

1 Teil

1.2 Eine neue Perspektive

Folgende Graphik kann helfen, zu verstehen, worum es geht:

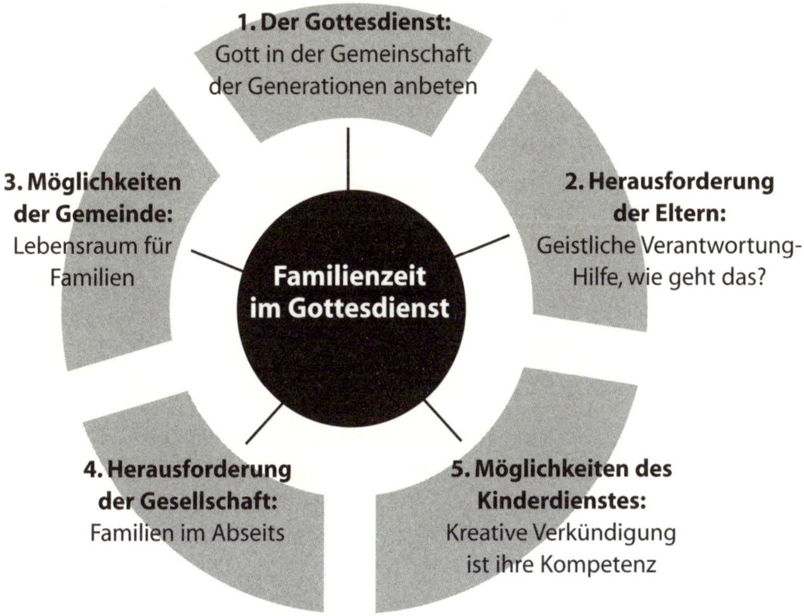

1. Der Gottesdienst

Der Sonntagmorgen ist für die meisten Gemeinden der zentrale Angelpunkt ihres Selbstverständnisses. Wenn wir zusammenkommen, um Gottesdienst zu feiern, dann gibt es meistens ein großes Hallo: Es ist einfach schön, seine Geschwister und Freunde wieder zu sehen. Das Herausragende daran ist allerdings nicht nur die Begegnung miteinander, sondern auch mit Gott. Wir rechnen in jedem Gottesdienst mit seiner Anwesenheit. Er ist da, er wartet auf jeden Einzelnen, einerlei, wie alt oder jung er ist. Es ist egal, was den Menschen hierher gebracht hat, ob er traurig oder froh ist. Gott will uns nahe sein. Ich habe beobachtet, dass sich sowohl Erwachsene als auch Kinder nach einer Zeit der Begegnung mit ihm sehen, zu Gott Vater sagen und auf seinem Schoß Platz nehmen dürfen. In einem schönen Lied heißt es:

Danken und loben, bitten und flehn,
Zeit mit Gott verbringen.
Die Welt mit seinen Augen sehn.
Reden hören, fragen, verstehn.
Zeit mit Gott verbringen,
die Welt mit seinen Augen sehn.

(Christoph Zehendner)

Gottesdienst heißt: Gott in der Gemeinschaft der Generationen anbeten.

Eine der besten Definitionen für „Gottesdienst" ist für mich deshalb: Gott in der Gemeinschaft der Generationen anbeten. In Psalm 148, 12f heißt es: „Lobt ihn, ihr jungen Männer und ihr Mädchen, Alte und Junge miteinander! Sie alle sollen den Herrn loben, denn er allein ist hoch erhaben."

2. Die Herausforderung der Eltern

Unser Leben als Christen besteht aber natürlich nicht nur aus dem Sonntag, sondern wir sind herausgefordert, auch im Alltag Gott zu dienen und zu leben, wie es ihm gefällt. Was heißt das für uns als Eltern?

Unser Leben als Christen besteht nicht nur aus dem Sonntag, sondern wir sind herausgefordert, auch im Alltag Gott zu dienen und zu leben, wie es ihm gefällt.

Eltern tun gut daran, zu fragen, wie sie ihre Kinder lehren können. Es ist nämlich die ureigenste Aufgabe der Mütter und Väter, ihre Kinder mit Gott bekannt zu machen. Werfen wir einen Blick auf ein uraltes pädagogisches Konzept - genau genommen ist es ca. 4000 Jahre alt. Schon im Alten Testament werden die Eltern dazu aufgefordert, ihre Kinder zu lehren und ihnen ein Leben in der Furcht Gottes vorzuleben.

In 5. Mose 6, 4 - 10 steht das zentrale Gebot des Alten Testamentes. Jesus sagt, es ist der Kern des Gesetzes, das Wichtigste und Grundlegendste, was es zu beachten gilt: *„Der Herr ist unser Gott, der Herr allein! Und du sollst den Herrn, deinen Gott lieben mit deinem ganzen Herzen und mit deiner ganzen Seele und mit deiner Kraft. Diese Worte sollen in deinem Herzen sein. Und du sollst sie deinen Kindern einschärfen und du sollst davon reden, wenn du in deinem Haus sitzt, wenn du auf dem Weg gehst, wenn du dich hinlegst und wenn du aufstehst."* [1]

Was ist an diesen Versen wichtig?

• Wir sollen das Gesetz Gottes den Kindern einschärfen: Dieses Wort hat wirkliche Dringlichkeit. So wie wir unseren Kindern einschärfen, nicht bei Rot über die Straße zu gehen oder nicht die heiße Herdplatte anzufassen, sollen wir sie auch

[1] In Anlehnung an "Hoffnung für alle"

die Wahrheiten Gottes lehren. Eine andere Bibelübersetzung sagt: Prägt (das wichtigste, was man über Gott wissen kann) euren Kindern ein. Man kann das Wort auch mit „wiederholen" übersetzen, immer wieder sollen wir davon reden: Gott ist Gott allein. Er, der uns geschaffen hat, ist es allein wert, angebetet zu werden.

• Die Israeliten bekamen sehr kreative Anweisungen, wie sie die Gegenwart Gottes in ihrem Alltag wach halten sollten. Sie sollten z. B. diese zentralen Worte auf ein Band schreiben und dieses Band um ihre Hand und um die Stirn binden. Heute würden wir vielleicht sagen „einen Knoten ins Taschentuch machen" oder wir könnten ein WWJD-Bändchen („What would Jesus do?") um den Arm binden. Die Israeliten sollten die Worte in ihre Türpfosten und in ihre Stadttore ritzen. Stell dir das bildlich vor: Ein Vater nimmt sein bestes Schweizer Taschenmesser und ritzt in die Eichentür das ein, was ihm am wichtigsten ist. Sein Sohn steht daneben und fragt: „Papa, was machst du da?" Der Vater freut sich über die Frage seines Jungen und er antwortet: „Mein Kleiner, hier schreibe ich etwas auf, was wir nie vergessen dürfen, ich lese es dir vor...". Vielleicht fängt er dann noch an zu singen: „More love, more power, more of you in my life… and I will worship you with all of my mind, I will worship you with all of my heart... with all of my strenght...".

So wie wir unseren Kindern einschärfen, nicht bei Rot über die Ampel zu gehen, sollen wir sie auch die Wahrheiten Gottes lehren.

Mir gefällt an diesem biblischen Konzept so gut, dass es ins Leben eingebunden ist und dass es wirklich kreativ ist. Noch vor einer Generation ist man mit diesen Dingen anders umgegangen: In vielen Familien gab es Familienandachten, in denen man schön still sitzen musste. Zu Erntedank und Weihnachten hatten wir dann Familiengottesdienste, an denen die Kinder etwas vorführten. Diese Dinge haben zu ihrer Zeit sicher ihre Berechtigung gehabt, aber wir müssen fragen: Kann man mit diesen Mitteln dem Auftrag aus 5. Mose 6 gerecht werden? Oder brauchen wir dazu andere Werkzeuge?

Im Sommer 2003 gab es folgende Pressemeldung:
„Eltern vernachlässigen geistliche Entwicklung ihrer Kinder.
Barna-Umfrage: Erfahrungen und Konzepte fehlen.
Die meisten Eltern fühlen sich zwar für die geistliche Entwicklung ihrer Kinder verantwortlich, aber nur wenige nehmen sich Zeit dafür – dies ist das Ergebnis einer Studie der „Barna Research Group" (Ventura, Kalifornien), die 1010 Erwachsene in den USA befragte.
Gut 85% aller Eltern, die Kinder unter 13 Jahren haben, glauben, dass in erster Linie sie als Eltern dafür verantwortlich sind, ihre Kinder in Glaubensdingen zu unterrichten. Die Umfrage ergab jedoch, dass die Mehrheit der Eltern sich dafür keine Zeit nimmt.

Zwei Drittel der Befragten besuchten mindestens einmal im Monat einen Gottesdienst – gemeinsam mit den Kindern. Das „geistliche Training" ihrer Sprösslinge überlassen die meisten Eltern dabei ihrer Kirche. Die meisten Befragten gaben an, der geistlichen Erziehung ihrer Kinder keine Priorität einzuräumen. Ihnen fehle ein „Plan", das Wissen und die Erfahrung, wie sie dabei vorgehen sollten."

Viele Eltern fühlen sich mit der Glaubensvermittlung also überfordert. Das ist in Europa kaum anders als in den USA. Genau an diesem Punkt setzt die Verantwortung der Gemeinde ein:

3. Die Möglichkeiten des Kinderdienstes: Kreative Verkündigung als Kernkompetenz

Viele Erwachsene erleben unsere Gottesdienste als viel zu kopflastig und intellektuell.

Ich treffe in ganz Deutschland mit Kindermitarbeitern verschiedener Kirchen zusammen und bin immer völlig begeistern, was in vielen dieser Frauen und Männer steckt. Da ist ein großes pädagogisches Potenzial, großartige Ideen, wie man Kinder mit Gott bekannt machen und in ein Leben mit ihm hineinführen kann. Diese Mitarbeiter machen sich oft stundenlang darüber Gedanken, wie sie geistliche Inhalte in Worte verpacken können, die jeder versteht – sogar ein Kind. Welch eine Chance für einen Gottesdienst mit Kindern und Erwachsenen! Viele Erwachsene erleben unsere Gottesdienste als viel zu kopflastig und intellektuell. Wenn sie regelmäßig die Chance hätten, Inhalte des Glaubens auf so einfache und plastische Art und Weise zu hören, würden manche Dinge womöglich viel tiefer in ihre Herzen dringen.

Aber auch für die Aufgabe der Eltern, ihre Kinder mit Gott bekannt zu machen, sind gemeinsame Gottesdienste ein Segen. Der Sonntagmorgen kann zur Modellstunde für die ganze Woche werden: Wir ergreifen nicht nur unsere Verantwortung den Kindern gegenüber, indem wir sie durch kreative Verkündigung Stück für Stück mit Jesus Christus bekannt machen, sondern wir zeigen auch gleichzeitig den Eltern, die ja in einer Familienzeit im Gottesdienst (im Gegensatz zu einem separaten Kindergottesdienst) anwesend sind, wie sie die Impulse im Alltag umsetzen können.

4. Die Herausforderung der Gesellschaft: Familien im Abseits

Sicher muss hier aber auch gefragt werden: Sieht deine Gemeinde die Bedürfnisse von Familien überhaupt?

Familien geraten in unserem Land mehr und mehr ins Abseits. Wir sind arm an Kindern geworden in Deutschland. Heute leben bei uns 6 Millionen Kinder weniger als vor 30 Jahren. Andere Dinge haben einfach mehr Wert in den Augen vieler Menschen. Auch wenn es allmählich den Verantwortlichen dämmert, dass es ein sehr schlechtes Zeichen ist, dass unsere Gesellschaft überaltert. Das alles verändert auch die Einstellung der meisten Menschen Kindern gegenüber.

In einem Sozialwort der EKD heißt es: *„Die gesellschaftlichen Verhältnisse haben sich in den letzten Jahrzehnten so verändert, dass Eltern im Vergleich zu Kinderlosen immer größere wirtschaftliche und persönliche Verzichte abgefordert werden und auch die Tragfähigkeit der familialen Beziehungen immer häufiger überlastet werden."*

Die christliche Gemeinde kann hier versöhnend und verbindend wirken, indem sie ganz natürliche Berührungspunkte schafft. Sie kann Hilfestellung geben für die Erziehung, weil sie Werte vermittelt.

Familien sind dadurch oft einfach in Not, nicht nur materiell. Sie stehen immer mehr am Rand einer Gesellschaft, deren Zukunft sie eigentlich sind. Eine steigende Anzahl von Menschen in Deutschland hat überhaupt keine natürlichen Berührungspunkte mehr mit Kindern: Weder im Arbeitsumfeld, noch in der Freizeit oder in der Familie haben sie mit Kindern zu tun. Ich kenne Familien, in denen gibt es nur ein einziges Kind in seiner Generation. Dieses Kind hat keine Geschwister, keine Cousinen und Cousins. Umgekehrt heißt das, dass dieses Kind das einzige Enkelkind von zwei Großelternpaaren und der einzige Neffe oder die einzige Nichte von drei bis fünf Onkel und Tanten ist. Solche Zahlen zeigen, dass der soziale Friede in fernerer Zukunft erheblich gefährdet ist. Die christliche Gemeinde kann hier versöhnend und verbindend wirken, indem sie ganz natürliche Berührungspunkte schafft.

5. Die Möglichkeiten der Gemeinde: Lebensraum für Familien

Der Copy-Shop in unserem Städtchen gehört einem Ehepaar mit einem kleinen Jungen. Als sie sahen, welche Materialen ich in schöner Regelmäßigkeit bei ihnen kopierte, wurden sie neugierig. Ich erklärte ihnen, jene Bastelarbeit sei für die Kleingruppe im Kindergottesdienst, diese großformatigen Plakate und die farbigen Folien für den nächsten Familiengottesdienst.
Es stellte sich heraus, dass einer der Eltern durchaus einen frommen Hintergrund hatte. Jetzt sei aber alles verblasst. Sie würden schon gerne ihrem Jungen etwas über Gott erzählen, wüssten aber nicht wie. Ich konnte die drei guten Gewissens in die Gemeinde einladen, weil ich wusste, wir würden dort für diese Bedürfnisse sorgen können. Eine Gemeinde kann Familien in ihrer Situation viel bieten - in ihrer Suche nach Sinn, Geborgenheit und Anerkennung. Sie kann Hilfestellung geben für die Erziehung, weil sie Werte vermittelt.

Die Herausforderung, die ich dabei empfinde, hat Peter Strauch, der Präses des Bundes Freier Evangelischer Gemeinden, einmal so ausgedrückt: „Es ist schon paradox, wenn eine überwältigende Mehrheit in unseren Gemeinden bezeugt, als Kind eine bewusste Entscheidung für Jesus Christus getroffen zu haben, aber wir nicht bereit sind, solchen jungen Glaubenden die Tür in die Gemeinde zu öffnen. Gemeinden von Glaubenden müssen nicht Gemeinden von Erwachsenen sein." (Wort des Präses zum Bundestag der Freien evangelischen Gemeinden 2001)

Gemeinden von Glaubenden müssen nicht Gemeinden von Erwachsenen sein.

Aus diesem Grund plädiere ich für eine Familienzeit im Gottesdienst – eine regelmäßige Zeit, in der alle Generationen zusammen sind.
Unsere Chance besteht in Folgendem: Eltern bringen ihre Kinder mit zum Sonntagsgottesdienst. Lasst uns diese Zeit nutzen, um ihnen zu zeigen, wie sie die restlichen sechs Tage miteinander und mit Gott leben können.
Wenn Gemeinde wirklich ein Lebensraum für Familien werden will, sollten wir zwei Dinge unbedingt vermeiden:

Zum einen sollten wir nicht zulassen, dass es langweilig wird, wenn wir unsere Kinder lehren, wie sie Gott kennen lernen und mit ihm leben können. Wenn Kinder nicht in den Gottesdienst gehen möchten oder bei der Familienandacht gähnen, liegt es nicht daran, dass die gute Nachricht zu schwer zu verstehen oder gar langweilig ist, sondern dass sie nicht kindgemäß transportiert wird. Könnte es sein, dass der Gottesdienst nichts mit dem Alltagsleben von Kindern und Familien zu tun hat?

Zum anderen sehe ich eine Gefahr darin, Kinder zu Statisten in unseren Gemeinden werden zu lassen. Viele Kinder fühlen sich wirklich unwohl und kommen sich vorgeführt und präsentiert vor, wenn sie die Akteure des Gottesdienstes sind. Es kann im Familiengottesdienst nicht darum gehen, dass Kinder eingeübte Werke, seien es Lieder oder Krippenspiele, vorführen.

Wenn ich die Worte aus 5. Mose 6 richtig verstehe, sollen zunächst die Eltern ihre Kinder lehren - und nicht umgekehrt. Das bedeutet doch auch, dass sie mit Zeit, Liebe und Kreativität daran gehen, die Botschaft der Liebe Gottes der neuen Generation zu verkündigen. Natürlich schließt das nicht aus, dass dann auch Kinder, bei denen die Verkündigung Früchte getragen hat, ganz aktiv an Teilen des Gottesdienstes teilnehmen.

Ein Beispiel aus der Praxis: Als wir in unserer Gemeinde über mehrere Wochen verteilt die wunderbare Geschichte „Nicht wie bei Räubers" von Ursula Marc [2] in Szene

[2] Immanuel-Verlag, Ravensburg, 1992

gesetzt haben, waren immer Kinder dabei. Sie kannten die Geschichte schon lange, identifizierten sich mit den Königskindern und einige Mädchen hatten großen Spaß daran, jeden Sonntag das Programm mit dem „Königskindersong" einzuleiten - jede mit einer Krone und in Samt und Seide gekleidet!

Wenn Kinder im Gottesdienst - freiwillig und ohne Manipulation - erzählen, wie sie Gott erlebt haben, wenn sie von Gebetserhörungen oder Veränderungen ihrer Herzenshaltung berichten, dann empfinde ich das jedes Mal als ein besonderes Vorrecht, zuhören zu dürfen. Das ist für mich ein Augenblick, in dem das Reich Gottes ein Stück sichtbar wird.

Allerdings sind solche Momente in aller Regel nur die Früchte von dem, was wir Eltern und Hirten in diese Kinder investiert haben. Investitionen in die Zukunft, die sich lohnen - das steht außer Frage.

„Lebensraum Gemeinde" – das bedeutet aber nicht nur das gottesdienstliche Leben. Der gemeinsame Gottesdienst ist aber die Voraussetzung für die Begegnung der Generationen.

Als wir eines Sonntagmorgens ohne Schlüssel vor der Kirche standen, sah ich Frau Lehmann zu Fuß die Straße entlang gehen. „Frau Lehmann hat bestimmt einen Schlüssel", sagte ich zu meinen Kindern, die schon nervös von einem Fuß auf den anderen traten, weil sie noch dringend etwas vorbereiten mussten. Mein Sohn bemerkte: „Also, sie hat zu mir gesagt, ich darf sie Annemarie nennen, weil ich ihr letzte Woche beim Verkauf der Erntedankgaben geholfen habe...". Später bekam ich mit, dass eine andere Jugendliche sich mit ihr in der Woche getroffen hatte, um sie für ein Referat für den Geschichtsunterricht zu interviewen. So nebenbei waren sich hier zwei Generationen nahe gekommen, die normalerweise nichts miteinander zu tun gehabt hätten.

Der gemeinsame Gottesdienst ist die Voraussetzung für die Begegnung der Generationen.

Unvergessen ist mir auch ein Gespräch am Rande eines Kongresses geblieben:
Am Tisch sitzen drei Großelternpaar, alle so um die 70. „Meine Enkel machen bei A4P (Action for Paradise, eine Tanzgruppe) mit, deine doch auch, oder?", fragt sie mit leichtem Stolz die Frau, die ihr gegenüber sitzt.
Ich frage sie, wie sie die Musik, das Leben, die Lautstärke empfindet, die die Kinder und Teenager in die Gemeinde bringen – gerade durch so eine Tanzgruppe.
„Ach, zuerst war das ein ganz schöner Wirbel, sehr gewöhnungsbedürftig. Aber dann habe ich gebetet: Herr, hilf mir, das , was von dieser Unruhe von dir ist, gerne zu ertragen und auch mit zu tragen. Und das, was nicht von dir ist und dir nicht gefällt, das soll dann auch wieder aufhören. Und so hat der Herr das gemacht.

Meine Enkel gehen alle gerne in ihre Gemeinden. Darüber freue ich mich sehr! Es hat sich dann schon vieles verändert. Die Jugendlichen sagen jetzt Karin und Günter zu uns. Das war gewöhnungsbedürftig. Aber ich glaube, es ist die Aufgabe von uns Senioren auf die Jungen zuzugehen. Wir können uns das doch leisten." Sich zu duzen, das ist sicherlich eine Frage des Stils – sich nahe zu sein und zu schätzen nicht.

Norbert Gantert, Pfarrer der badischen Landeskirche, der eine blühende Gemeindearbeit in Neuenburg leitet, sagte mir einmal: *„Wir haben unsere Berufung als erwachsene Christen erst begriffen, wenn wir bereit sind, den Jüngeren und Schwächeren zu dienen."* Annemarie und Karin haben das begriffen.

Im Folgenden möchte ich nun gerne erläutern, wie eine kleine, junge Freikirche zu ihrem Modell „Familienzeit im Gottesdienst" fand.

1 Teil

.3 Ein Ziel formulieren

Wenn eine Gemeinde zu einem großen Teil aus Familien mit Kindern besteht, zieht das unweigerlich andere Familien an. So war es auch in der kleinen Freikirche in Limburg. Viele Menschen kamen zum Glauben, Frauen und Männer zwischen 30 und 45 Jahren, manche waren alleinerziehend und die meisten hatten zwei oder drei Kinder. Bald kamen sonntags 50 bis 60 Erwachsene und ebenso viele Kinder zum Gottesdienst. Wenn die Kinder uns verließen, um in ihre Gruppen zu gehen, leerte sich der Raum schlagartig. Natürlich gingen nicht nur jede Menge Kinder, sondern auch noch ihre Gruppenleiter und deren Helfer. Wenn wir uns auch nicht als reine Familiengemeinde verstanden, merkten wir doch, dass die Familien einen ganz wesentlichen Teil ausmachten und dass wir für diese Arbeit ein ganz klares Ziel haben mussten, besonders, was den Sonntagmorgen betraf.

Jede Arbeit unter Kindern und Familien ist es wert, daß man nicht nur das tut, was man immer schon getan hat, sondern dass man den Auftrag erfüllt, zu dem Gott uns berufen hat.

Wenn man ein Ziel vor Augen hat, ein Ziel, das klar definiert ist und kommuniziert wird, ein Ziel, das so spezifisch wie möglich ist, kann man zum einen leichter eine große Einigkeit über den Weg erlangen, der dort hinführt, zum anderen kann man messen, ob diese Arbeit effektiv ist. Wer sich mit diesem Prozess näher beschäftigen möchte, dem empfehle ich wärmstens das Buch von Rick Warren, "Kirche mit Vision. Gemeinde, die den Auftrag Gottes lebt" (Projektion J Verlag, 1998). Auch jede Arbeit unter Kindern und Familien ist es wert, dass man nicht nur das tut, was man immer schon getan hat und sich mehr oder weniger glücklich durchs Kirchenjahr laviert, sondern, dass man, vielleicht auch mit Hilfe eines Supervisors, den Auftrag erfüllt, zu dem Gott uns berufen hat.

Welche Aspekte sind zu berücksichtigen, wenn man ein Ziel für die Kinder- und / oder Familienarbeit formuliert?

Zum einen sollte dieses Ziel in die Gesamtrichtung der Gemeinde eingebunden sein. Welche Ausrichtung hat die Gemeinde? Wem will sie dienen? Welche Menschen möchte sie erreichen? Welchen Beitrag kann die Arbeit unter Kindern und Familien dazu leisten? Möchten wir eine missionarische Ausrichtung von Familiengottesdiensten oder wollen wir zunächst den Gottesdienstbesuchern dienen, die ohnehin kommen? Diese Frage wird natürlich unsere Themenauswahl beeinflussen. Welche Altersverteilung haben wir? Kommen vor allen Dingen

[3] Projektion J Verlag, Asslar, 1998

Eltern mit sehr kleinen Kindern, die dann auch wieder andere in der gleichen Familiensituation einladen würden? Oder ist der überwiegende Teil der Kinder schon fast im Teenageralter? Es wäre nicht sinnvoll, einer Altersstufe dienen zu wollen, die gar nicht in der Gemeinde vertreten ist, bloß weil es vielleicht ein Lieblingsgedanke ist, Krabbelkindern zu dienen, bzw. weil die Gemeinde XY im benachbarten Stadtteil so eine tolle Teenagerarbeit hat. Wichtig ist, sich nicht an diesem Punkt von der Frage leiten zu lassen: Wo nehmen wir bloß die Mitarbeiter her? Finde zuerst heraus, was dein Auftrag ist, dann kommuniziere den Auftrag. Für ein lohnenswertes Ziel lassen sich auch engagierte Mitarbeiter finden.

In unserer Gemeinde ging es folgendermaßen weiter: Fest entschlossen, auch neue Wege zu gehen, fragten wir uns also: Was wollen wir in unserer Gemeinde für Kinder und Familien tun?

Wir haben es für uns so formuliert:
Wir wollen in der Gemeinde einen Raum schaffen, in dem jedes Kind eine persönliche und dauerhafte Beziehung zu Jesus aufnehmen und entwickeln kann.

Dies erreichen wir, indem wir:

• Eltern/Familien zeigen, wie und was sie ihre Kinder lehren können, damit sie eine eigene Beziehung zu Jesus leben und entwickeln können

Dazu gehört:
- **Begeisterung für Gott**
- **Notwendigkeit der Erlösung**
- **Leben in der Kraft des Heiligen Geistes**

• uns den Kindern direkt zuwenden und ihnen dienen

Dazu gehört:
- **kindgemäße Kommunikation, Sprache usw.**
- **eigene Zugangsformen zu Gott lernen (Gebet, Lobpreis...)**
- **Erlebnis von Geborgenheit, Gemeinschaft.**
- **Ernstnehmen der persönlichen kindlichen Schwierigkeiten (Probleme in der Schule, Sorgen, Krankheiten ...)**

Aus diesen zwei Hauptpunkten ergab sich für uns, dass wir einen zweigeteilten Gottesdienst brauchten. In einem ersten Teil möchten wir die Eltern und die Kinder zusammen ansprechen (um den ersten Punkt zu erfüllen), in einem zweiten

Teil gehen die Kinder in Kleingruppen (um den persönlichen Aspekt zu erfüllen). Währenddessen feiern die Erwachsenen auf ihre Weise den Gottesdienst zu Ende. So gesehen feiern wir nicht jeden Sonntag Familiengottesdienst, aber wir haben eine Familienzeit im Gottesdienst.

Was passiert in dieser Familienzeit?

• ein Warm-Up, eine fröhliche Begrüßung mit Liedern, in denen deutlich wird: Du bist willkommen und Gott möchte dir heute begegnen. Oft gibt es dabei ein lebhaftes Händeschütteln oder die Aufforderung, sich mit einem besonderen Wunsch dem Nachbarn oder Hintermann zuzuwenden. Hierbei wird deutlich: Wir sind eine Familie, jeder ist wichtig. Das ist eine Botschaft, die gerade Kinder nicht oft genug hören können. Es gibt ihnen das Gefühl: das ist meine Gemeinde, das ist meine Kirche.

Wir sind als Gemeinde eine Familie, jeder ist wichtig. Das ist eine Botschaft, die gerade Kinder nicht oft genug hören können. Es gibt ihnen das Gefühl: das ist meine Gemeinde, das ist meine Kirche.

• Lobpreis: Wir wollen Gott feiern und ihn in den Mittelpunkt stellen (nicht die Kinder sind der Mittelpunkt!). Dazu gehören für uns zeitgemäße Lieder: Weder die Texte noch die Musik sollen aus dem vorletzten Jahrzehnt (oder gar Jahrhundert) stammen. Es ist so wichtig, dass die Worte und die Musik aus unserem Lebensgefühl und aus unserem Herzen kommen. Manchmal wird ein Rap vorgetragen, dann singen wir Chorusse, auch englische Lieder sind dabei. Warum nicht auch mal eine Polonaise tanzen? Zu dem Lied „Schritt für Schritt - immer hinter Jesus her“ bot sich das einfach an...

• Botschaft: Sie soll klar und relevant sein, zentral und alltagstauglich. Es geht hier nicht darum, „Kinderthemen“ und Beispiele aus der Lebenswelt der Kinder in den Gottesdienst zu holen, sondern Dinge anzusprechen, die für alle wichtig sind. Das birgt große Chancen für unsere Ausdrucksweise. Eine verkirchlichte, allzu fromme Sprache wird aus ihrer Formelhaftigkeit herausgeholt und in elementare, bildreiche und damit auch kindgerechte Sprache übertragen. Interessant ist für mich dabei immer wieder die Reaktion von Erwachsenen: „Jetzt habe ich das endlich verstanden!“

• Interaktivität und Begegnung mit Gott: Wir sind fortwährend auf der Suche danach, wie wir nicht nur eine „frontale“ Verkündigung praktizieren, sondern immer wieder Räume schaffen können, wo Menschen sich dem Wirken des Heiligen Geistes aussetzen können. Manchmal ist das eine kurze Gebetszeit in kleinen Gruppen, manchmal muss man als Familie zusammen etwas überlegen oder aufschreiben. Auch der Aufruf, nach vorne zu kommen und in einem bestimmten Punkt des geistlichen Lebens eine Entscheidung zu treffen, gehört von Zeit zu Zeit dazu. Hierbei empfinde ich es als besonders vorteilhaft, dass die Kinder nicht vom geistlichen Leben ihrer Eltern (und umgekehrt!) ausgeschlossen sind, sondern dass hier wieder zusammen kommt, was zusammen gehört. Wenn ich in der Apostelgeschichte vom Gefängnisaufseher in Philippi lese (Apostelgeschichte 16, 33), dass er sich zusammen mit seiner ganzen Familie taufen ließ, dann packt mich auch die Sehnsucht, dass diese unnatürliche Scham, im engsten Familienkreis über geistliche Dinge zu reden und geistliche Schritte zu gehen, wieder verschwindet.

1 Teil

1.4 Kreative Verkündigung - ist solch ein Aufwand nötig?

Im Folgenden möchte ich erklären, weshalb wir unbedingt kreativ an Familiengottesdienste herangehen sollten:

1. Gott selbst ist ein äußerst kreativer Gott

Manchmal erkennen wir Sachverhalte besser, wenn wir das Gegenteil dessen sehen, was uns eigentlich vor Augen geführt werden soll.

Ein ganz besonders wertvolles Buch ist für mich „Das Leben, nach dem du dich sehnst" von John Ortberg. Er beschreibt an einer Stelle, mit welch einer Freude und Kreativität Gott jedes Detail seiner Schöpfung schuf. So schreibt Ortberg: „Gott schuf eine Taube, die durch die Luft fliegen, einen Karpfen, der im Wasser schwimmen und eine Katze, die über das trockene Land laufen sollte. Gott dachte darüber nach, eine Million anderer Tiere aller Größen und Formen und Farben zu schaffen, aber er konnte keine rechte Begeisterung dafür aufbringen. Und um ehrlich zu sein, war er auch von der Katze nicht mehr ganz überzeugt. Außerdem war es schon fast Zeit für den Spätfilm. Also schaute Gott das an, was er gemacht hatte, und sagte: „Es wird seinen Zweck erfüllen" (S. 69).

Natürlich wissen wir alle, dass es so nicht war und dass es auch absolut nicht Gottes Charakter entsprach, die Erde in dieser Art und Weise zu gestalten. Er war ein begeisterter Kreator - und ist es immer noch.

Genauso kreativ und verschiedenartig teilt sich Gott uns Menschen mit, bemüht sich um uns, redet mit uns, bietet uns seine Liebe an. Aber wir benehmen uns heute in unseren Gottesdiensten oft so, wie Ortberg es karikierte: Wir glauben, es genügt schon, die Wahrheit auf einigermaßen verständliche Art und Weise in relativ freundlichem Ton zu sagen. Ich möchte dazu anstiften, es nicht hiermit bewenden zu lassen, sondern sich alle Beine auszureißen, um die wichtigste und beste Botschaft, die je gab, den Menschen von heute zu sagen.

Der Grund dafür liegt zum einen im Charakter Gottes, zum anderen sind wir auch einfach durch unsere multimediale, bunte Welt dazu herausgefordert. Wir werden heute geradezu mit visuellen und akustischen Eindrücken überschüttet. Jeder

4 John Ortberg: Das Leben, nach dem Du Dich sehnst; Willow Creek Edition / Projektion J Verlag, Asslar, 1998

Wenn wir es mit Kindern zu tun haben, sollten wir nicht zögern, alle Sinne anzusprechen, um diesen kleinen Menschen, denen wir dienen, die bedingungslose Liebe Gottes zu zeigen.

möchte uns als Käufer oder Anhänger für sich gewinnen. Wenn wir es dazu noch mit Kindern zu tun haben, sollten wir nicht zögern, alle Sinne anzusprechen, um diesen kleinen (und größeren) Menschen, denen wir dienen, die bedingungslose Liebe Gottes zu zeigen.

2. Im kreativen Familiengottesdienst können die Mitarbeiter das tun, was ihren Gaben entspricht

Wie ich schon beschrieben habe, waren wir in unserer Gemeinde an einem Punkt angekommen, an dem wir einfach nicht weiterkamen: Wir hatten ständig zu wenige Mitarbeiter für die vielen lebhaften Kinder, die sonntags zu uns kamen. Die Mitarbeiter waren einfach müde, sie konnten nicht dreimal pro Monat während des Gottesdienstes Kindergottesdienst machen. Sie waren aber nicht nur in zeitlicher Hinsicht überfordert, sondern auch hinsichtlich ihrer Aufgabenstellung. So wie häufig auch ein Pastor als „eierlegende Wollmilchsau“, die alle anstehenden Aufgaben erfüllen muss, karikiert wird, sollten auch die Mitarbeiter zu viele Dinge leisten: Sie sollten die Kinder lehren (das setzte biblische und didaktische Kenntnisse voraus), sie sollten sich um einzelne bzw. um eine Kleingruppe kümmern können (pastorale Fähigkeiten), sie sollten mit Kindern spielen und basteln können und sie mehr als 90 Minuten bei Laune halten. Dieses Profil setzte für die meisten Mitarbeiter einfach zu hoch an. Unter anderem haben auch diese praktischen Probleme dazu geführt, dass wir ein neues Konzept brauchten. Wir fanden heraus, dass wir eigentlich zwei Gruppen von Mitarbeitern brauchten:

A) Mitarbeiter, die fähig sind, die Basisinhalte des christlichen Glaubens kreativ zu lehren: mit Theaterspiel, Darstellung biblischer Geschichten, Lernspielen, etc.

B) Mitarbeiter mit der Gabe des Hirten, Erwachsene, die mit einer kleinen Kindergruppe Zeit verbringen, mit ihnen spielen und ihnen das Gefühl der Annahme geben können.

Manche der Mitarbeiter, die sich nun dafür interessierten, bei der Familienzeit im Gottesdienst in der kreativen Verkündigung mitzuarbeiten, hatten vorher nicht mit Kindern gearbeitet. Sie konnten also neu dafür gewonnen werden und haben Erstaunliches vollbracht. Aber auch bei anderen Mitarbeitern, die schon immer gerne Kindern gedient hatten, traten Gaben zutage (Handpuppenspiel, Theater,...), von denen sie vorher gar nicht wussten, dass sie sie hatten! Natürlich war das ein Entwicklungsprozess über viele Monate. Wenn ich an unsere ersten Spielszenen denke: wir haben wir uns verhaspelt, den Text vergessen oder an den falschen

Stellen angefangen zu lachen! Nach etwa einem Jahr der Erfahrung mit kreativer Verkündigung haben wir ein Theaterseminar angeboten und dadurch einen großen Schub nach vorne gemacht. Aber auch andere Gaben wurden entdeckt: Zwei Frauen, die gerne nähten, schneiderten uns einfache Kostüme, sodass wir biblische Geschichten besser in Szene setzen konnten (siehe Extratipp „Kostüme und Requisiten").

3. Je mehr Sinne angesprochen werden, desto besser fallen die ewigen Wahrheiten Gottes in unser Herz

Untersuchungen haben ergeben, dass
80% von dem, was einer gehört hat,
70% von dem, was einer gesehen hat,
50% von dem, was einer gesehen und gehört hat,
10% von dem, was einer selbst ausgeführt hat,
wieder vergessen werden.

Der Lernerfolg und die Chance, das Gelernte wirklich zu behalten, ist also umso größer, umso mehr Sinne angesprochen werden.

Diese Untersuchungen sollten uns in Bezug auf unsere Verkündigung, von der wir ja wollen, dass sie nicht nur als Information gespeichert wird, sondern für den einzelnen echte Bedeutung erlangt, zu denken geben. Ohne Zweifel ist das zunächst einmal mühsamer als eine schlichte Wortverkündigung - aber im Hinblick auf die Nachhaltigkeit und die Bedeutsamkeit unserer Botschaft durchaus lohnend!

Kindern die Liebe Gottes zu zeigen, ist alles andere als langweilig. Manchmal ist es anstrengend. Aber wenn jeder seine Gaben dabei einsetzt (Musik, Tanz, Handwerk, philosophisches Denken, praktische Hilfsbereitschaft) können Große und Kleine immens viel lernen.

Das Schöne dabei ist: Kreativität setzt immer wieder neue Kreativität frei. Sie hat im Grunde keine Ende. Manche sagen vielleicht: ich bin kein kreativer Mensch! Das Wesentliche an der Kreativität ist nicht, dass man basteln oder Ölbilder malen kann. Kreativität bedeutet, fähig zu sein, Bisheriges umzuinterpretieren, eine Geschichte ganz neu zu erzählen oder ganz anders an die Lösung eines Problems heranzugehen.

1 Teil
.5 Einen ausgewogenen Jahresplan erstellen

Für alle, die im Familiendienst mitarbeiten, ist es hilfreich, wenn man einen inhaltlichen und personellen Plan für eine längere Zeit aufstellt. Auch aufwendigere Projekte, die z. B. ein Bühnenbild brauchen, können damit verwirklicht werden, da manchmal eine längere Vorlaufzeit notwendig ist, um bestimmtes Material herzustellen oder bei Materialstellen zu besorgen. Damit man in der Vorbereitung also nicht immer wieder sagen muss: „Das bekommen wir in der kurzen Zeit aber nicht hin", plane einfach langfristig, mindestens einige Monate im Voraus.

Ein langfristiger Plan ist aber auch notwendig, um eine Ausgewogenheit in der geistlichen Nahrungsaufnahme zu gewährleisten. Meine Beobachtung ist, dass man in der Kinderarbeit dazu neigt, Kindern lediglich die biblischen Geschichten nahe zu bringen. Sie sollen Abraham und David, Daniel und Jona kennen lernen und natürlich erfahren, was Jesus getan hat. Das kann aber nur eine Seite sein - eine gute!

Ein langfristiger Plan ist notwendig, um eine Ausgewogenheit in der geistlichen Nahrungsaufnahme zu gewährleisten.

Ich glaube aber auch, dass es wichtig ist, immer wieder die Basisthemen des christlichen Glaubens anzusprechen. Um hier nichts zu vergessen, kann man jeden beliebigen Glaubenskurs anschauen, man kann aber auch das apostolische Glaubensbekenntnis nehmen und jeden Punkt gestalten. Zur Illustration bieten sich dabei natürlich auch immer wieder die „Helden" der biblischen Geschichten an.

Was sind also die Kernfragen?

- Wer und wie ist Gott? (Schöpfer, Allmacht, Vaterschaft, Heiligkeit – Sünde,...)
- Wer ist Jesus? (Erlösung, Beziehung, Heilung, Vergebung,...)
- Wer ist der Heilige Geist? (Leben in der Kraft Gottes, Geistesgaben,...)
- Wie lebe ich als Christ? (Bekehrung, Jüngerschaft, Maßstäbe,...)
- Was bedeutet Gemeinde als Leib Christi? (Wesen und Auftrag, Mission,...)

Wenn man um diese Kernfragen (die man bestimmt auch anders formulieren kann) immer wieder kreist und sie unter verschiedenen Aspekten beleuchtet, lehrt man nicht nur die Kinder ausgewogen, sondern gestaltet auch für diejenigen einen interessanten Lehrzyklus, die neu zur Gemeinde dazukommen oder sich vielleicht noch gar nicht als Christen betrachten..

In unserer Gemeinde kamen gerade Erwachsene, die noch am Beginn ihres Glaubenswegs standen, immer wieder sehr dankbar auf uns zu, weil sie auch schwierige Inhalte sehr kreativ und plastisch vermittelt bekamen. Für unsere Kinder hatten wir uns natürlich die Mühe gemacht, Dinge nicht theoretisch zu sagen. So waren die Erwachsen auch in den Genuss einer kreativen Verkündigung gekommen.

Wie könnte also eine Jahresplanung aussehen?

Vielleicht können dir diese Entwürfe als ein Muster dienen, um eigene Schwerpunkte zu setzen und einen Plan für eine längere Zeit zu entwickeln.

Beispiel 1

Zeit	Thema
Januar - Februar (6 Sonntage)	Gottes Schöpfung ist fantastisch (Gottes Allmacht und Größe, Kreativität, Anbetung, Der Mensch als Abbild Gottes, Mann und Frau, Sabbat,...)
Februar - März (6 Sonntage)	Ein Gott des Glaubens: Abraham
März - April (4 Sonntage)	Was Jesus für uns tat (Passion)
April - Mai (6 Sonntage)	Die Bibel - ein besonderes Buch
Juni (4 Sonntage)	Leben in schwerer Zeit - wie sich Christen bewähren (Corrie ten Boom)
Juli - August (6 Sonntage)	(Sommerpause)
August - Sept (4 Sonntage)	Die Waffenrüstung Gottes (Epheser 6)
September - November (8 Sonntage)	Einen Auftrag erfüllen - Paulus
November - Dezember (6 Sonntage)	Jesus sagt: Ich bin... (Johannesevangelium)

Beispiel 2

Zeit	**Thema**
Januar - Februar (6 Sonntage)	Das Wirken des Heiligen Geistes in der ersten Zeit der Gemeinde (Apostelgeschichte 1-8)
Februar - März (4 Sonntage)	Jesus kennen lernen (Hinführung zu einer bewussten Entscheidung für Jesus)
März - April (7 Sonntage)	What would Jesus do? (Themen aus der Bergpredigt)
April - Mai (5 Sonntage)	Einander dienen - Gemeinde als Familie
Juni (4 Sonntage)	Jesus begegnet Menschen (bekannte Jesus-Geschichten, besonders auf die kleineren Kinder eingehen)
Juli - August (6 Sonntage)	(Sommerpause)
August - September (6 Sonntage)	Nicht wie bei Räubers (Hineinwachsen in die Kindschaft)
Oktober - November (6 Sonntage)	Wie alles begann - die Urgeschichte der Menschheit (1. Mo 3-11)
Dezember (4 Sonntage)	Warten auf Jesus - Verheißung und Erfüllung (Lukas 1 + diverse Texte aus Jesaja)

1 Teil

.6 Wer arbeitet mit?

Was für Mitarbeiter werden nun konkret gebraucht, wenn man regelmäßig eine „Familienzeit im Gottesdienst" oder vollständige Familiengottesdienste gestalten möchte?

Zum einen ist es wichtig, dass all diejenigen, die praktisch am Gottesdienst mitarbeiten, die Familienzeit positiv sehen - der Küster, der Techniker (wenn mit einer Mikrofonanlage gearbeitet wird), die Ordner, das Gebetsteam, der Begrüßungsdienst, die Musiker, der Chorleiter oder Organist. Versuche diesen Mitarbeitern die Bedeutsamkeit von Familiengottesdiensten zu erklären, gewinne sie dafür, den Familiendienst im Rahmen ihrer Möglichkeiten zu unterstützen.

Es ist wichtig, dass alle, die praktisch am Gottesdienst mitarbeiten, die Familienzeit positiv sehen: der Küster, der Techniker, die Ordner, das Gebetsteam, der Begrüßungsdienst, die Musiker, der Chorleiter oder Organist.

Es ist ein riesiger Gewinn, wenn die Lobpreisband den Familienlobpreis zu ihrer eigenen Sache macht. Wir haben z. B. folgende Form gefunden: das Team, das den Gottesdienst vorbereitet, sucht die Lieder, die zum Thema hinführen, aus und leitet die Lieder auch ein. Das Lobpreisteam erhält die Liederliste rechtzeitig und übt das Liedgut ein. Ich bin so froh darüber, dass diese kindgemäßen Lieder von den Musikern genauso als Lobpreislieder ernst genommen werden, wie das sonstige Liedgut der Gemeinde.

Auch die Techniker sind wichtig. Es ist so ärgerlich, wenn man eine Szene beginnen möchte und eine schmerzhaft laute Rückkopplung lässt die Gottesdienstbesucher von ihren Stühlen hochspringen... Die Tontechniker sollten möglichst einen Ablaufplan erhalten, um zu wissen, wann welche Mikrofone benötigt werden. Sie können auch all denen behilflich sein, die noch nicht oft in ein Mikro gesprochen haben. Technisch versierte Menschen helfen in dieser Hinsicht Minderbemittelten (wie mir!) auch gerne, Diaprojektoren, Epidiaskope, Videorekorder und CD-Spieler in Gang zu setzen. Das klingt vielleicht lächerlich, aber es hilft sehr, wenn man sich auf seine Botschaft, Predigt oder Moderation konzentrieren kann.

Auch für all diejenigen, die anderen im Gebet dienen, bin ich sehr dankbar. Es ist sehr zu spüren, wenn die Beter vor dem Gottesdienst ganz bewusst die Verkündigung an Kindern und ihren Eltern in ihre Fürbitte mit einbeziehen. Wenn wir während der Familienzeit mal das Angebot machen, für sich beten oder sich segnen zu lassen, sollten hier auch diejenigen gefragt werden, die im Gebetsdienst sind.

Doch nun soll es um die inhaltliche Gestaltung der Familienzeit gehen. Welche „Rollen" sind zu füllen?

Es ist unerläßlich, jemanden zu haben, der den roten Faden in der Hand hält.

1. Moderator

Es ist unerlässlich, jemanden zu haben, der den roten Faden in der Hand hält. Ich werde ihn in allen Entwürfen „Moderator" nennen. Er sollte nicht unbedingt auch Schauspieler in einer Szene sein, aber er gibt den geistlichen Input, indem er z. B. eine Kurzpredigt hält (mit „kurz" ist wirklich kurz gemeint, also 2 - 4 Minuten), von Lied zu Lied führt oder jemanden interviewt. Der Moderator führt die Zuhörer von Punkt zu Punkt und bindet am Ende auch den Sack zu, d.h. er entlässt die Kinder in ihre Gruppen oder beendet den Gottesdienst.

2. Kreative Verkündiger

Gemeint sind hiermit Puppenspieler, Schauspieler in verschiedensten Rollen, Pantomimen, Geschichtenerzähler, malende Prediger (Sketchboard) und viele andere mehr. Mal wird in einer Familienzeit nur ein Mitarbeiter für diese Rolle gebraucht, oft zwei für einen Dialog, manchmal werden ganz viele Statisten gebraucht, die man sich auch spontan aus der Zuhörerschar holen kann.

3. Dekorateure

Wenn während des ganzen Gottesdienstes eine Aussage plakativ und schön gestaltet an der Wand hängt, prägt sich eine Aussage natürlich besser ein. Eine aufwändigere Dekoration kann auch eine ganze Serie von Familiengottesdiensten miteinander verbinden. Wenn ein schönes Bühnenbild zu einem Thema gestaltet wurde, zeigt es zum einen, was uns die Verkündigung wert ist, zum anderen steigert es die Erwartungshaltung der Zuhörer, wenn sie den Raum betreten: „Wie geht es wohl heute weiter?" Wir versuchen auch oft, den Familien etwas Anschauliches mit nach Hause zu geben. Auch hier bin ich sehr froh, auf ein paar „Bastelfreaks" zurückgreifen zu können. In jeder Gemeinde werden sich Künstler finden, die Spaß daran haben, sich hier einzubringen, während es für andere mühsam ist, auch nur ein paar Großbuchstaben auf eine Pappe zu malen. Eben ein jeder mit seiner Gabe...

4. Musiker

Familienzeit ohne Musik ist kaum denkbar. Über die Musik werden Gedanken transportiert, die lange in unserem Herzen bleiben. Auch hier werden ganz unterschiedliche Mitarbeiter gebraucht: Sänger und Instrumentalisten, die in den gemeinsamen Lobreis führen können, Mitarbeiter, die zu Bewegungen anleiten

(Bewegungslieder sind für die Familienzeit eigentlich unerlässlich! Sie steigern die Konzentration und jeder wird mit einbezogen), Rapper (um z. B. Bibelverse auswendig zu lernen), hin und wieder ein Solist, ganz egal, welcher Stilrichtung.

5. Organisatoren

Wenn so viele Gaben und Fähigkeiten während eines Gottesdienstes zusammenkommen sollen, braucht man natürlich auch jemanden, der organisieren und delegieren kann, der Pläne aufstellt, kopiert und verteilt, an den man sich wenden kann, wenn etwas unklar ist.

Wie sieht das praktisch aus?

Um effektiv arbeiten zu können, ist es sinnvoll, kleinere Teams zu bilden. Mit einem Team von 3 bis 5 Mitarbeitern kann man sehr gut eine Familienzeit vorbereiten und auch eine gute Gabenmischung erreichen. Weniger als 3 Personen sollten es nicht sein, weil sonst die oben genannten Rollen nicht gefüllt werden können und der einzelne in der Durchführung des Programms von Punkt zu Punkt hetzt. Mehr als 5 Mitarbeiter sollten es auch nicht sein, weil die Gruppe sonst zu unbeweglich wird und die einzelnen sich nicht optimal entwickeln können.
Unsere Erfahrung ist, dass man mindestens zwei kleine Teams haben sollte, wenn man regelmäßige Familienzeiten durchführt. Kreativität ist nicht auf Knopfdruck zu haben und Ideen brauchen Zeit, um Gestalt annehmen zu können. Deshalb wäre es nicht gut, wenn ein Gottesdienstteam ständig neue Ideen produzieren muss. Ein Rhythmus von 4 Wochen wird in unserer Gemeinde als sehr positiv erlebt. Allerdings haben wir in der Anfangszeit im 14tägigen Wechsel mit zwei Teams gearbeitet und das war gut, um in diese neue Form hineinzufinden.

Alle Mitarbeiter, die im Familiendienst tätig sind, sollten sich natürlich auch hin und wieder sehen, um ihre Vision zu festigen und für die Familienzeiten zu beten, um Probleme zu besprechen und um neue Themen festzulegen.

Wie können die einzelnen Teams nun eine Familienzeit im Gottesdienst vorbereiten? Darum soll es im folgenden Abschnitt gehen.

1 Teil

.7 Die konkrete Vorbereitung

Nachdem feststeht, welches Thema für einen Gottesdienst geplant ist (siehe „Einen Jahresplan erstellen"), trifft sich das Familiendienst-Team zur Vorbereitung. Wenn ein bestimmtes Material als Vorlage gewählt wurde, ist es natürlich wünschenswert, dass jeder sich schon damit auseinandergesetzt hat. Wenn klar ist, um welchen Bibeltext es geht, sollte jeder die Verse gelesen haben.

Manchmal hat man schon eine gute Idee. Meistens ist das nicht ein Kerngedanke, den man vermitteln will, sondern eine ausgefallene Gestaltungsmöglichkeit („Ich wollte immer schon mal die Dias aus Israel zeigen..."). Bevor man sich über Gestaltungsfragen Gedanken macht und dabei in Gefahr gerät, seinen eigenen Lieblingsgedanken nachzuhängen, sollte man sich zunächst mit dem Inhalt auseinander setzen. Wir gehen hierbei immer mit folgenden Checkfragen vor:

Checkfragen zur Vorbereitung:

1. Was ist der Inhalt des Bibeltextes? Wie lautet die biblische Wahrheit?
Es geht nicht darum, biblische Geschichte zu vermitteln, sondern eine Text reden zu lassen

Je konkreter das Mitarbeiterteam weiß, wohin die Fahrt geht, desto größer ist die Wahrscheinlichkeit, dass es auch dort ankommt.

2. Was ist das Ziel des Programms? Was möchten wir vermitteln?
Dieses Ziel oder der Kerngedanke sollte in einem griffigen Satz formuliert werden. Je konkreter das Mitarbeiterteam weiß, wohin die Fahrt geht, desto größer ist die Wahrscheinlichkeit, dass sie auch dort ankommen. Idealerweise ist es ein Satz, der allgemeingültig ist und den jeder auf sich beziehen kann. Beispiel: Aus 1. Mose 15 und 17 als Bibeltext - Abrahams Gebet um einen Sohn, seine Vision des Sternenhimmels und Gottes Zusage – kann als Zielgedanke formuliert werden: Gott hält, was er verspricht!

3. Was ist der „veranlassende Schluss"?
An diesem Punkt wird der Zuhörer oft allein gelassen. Und doch ist es einer der wichtigsten Punkte jeder Predigt. Manchmal geht es zwar nur darum, etwas von Gott und seinem Handeln oder von seinen Verheißungen zu verstehen, doch besser ist es, wenn der Zuhörer einen Schritt gehen kann, wenn er einen Entschluss fasst oder ganz konkret erfährt, wo er sein Denken und Handeln verändern kann. Die

Frage ist: Was kann der Zuhörer auf Grund des eben Gehörten in die Tat umsetzen? Was kann ein Kind tun? Was kann ein Erwachsener tun?

4. Wie können wir diesen Inhalt am besten transportieren? Wie können wir es darstellen?

Passen die Elemente (Lieder, Theaterstück, Handpuppengeschichte, Rätsel, Aktion, etc.) zueinander? Bauen sie aufeinander auf? Ist eine Dekoration möglich? Wenn es im Anschluss an die Familienzeit im Gottesdienst noch Kleingruppen für die Kinder gibt, sollte das Vorbereitungsteam auch daran denken: Können wir den Gruppenleitern des Kinderdienstes einen wichtigen Hinweis geben? Welche persönliche Frage können sie mit den Kindern besprechen? Vielleicht ist man bei den Vorbereitungen auch auf eine Bastelarbeit oder ein Rätsel gestoßen, das man im Plenum nicht verwenden kann, das aber gut in die Kleingruppe passt.

5. Der Ablaufplan

Auf einem quer liegenden DIN A4 Blatt kann man den Ablauf gut skizzieren, sodass nichts vergessen wird. Diesen Plan sollten dann die Teammitarbeiter, Techniker und Musiker bekommen.

Themenreihe: *Paulus*			
Thema des Sonntags: *Paulus - eine dramatische Wende*			
Team: *Christine*		Moderation: *Ulli*	
Zeit	Ablauf	benötigtes Material	Mitarbeiter
10.00	*Auftritt Reporter*	*Verkleidung* *Diaserie Apg. 9* *Landkarte* *Szenenbild*	*Stephan*
10.15	*Minipredigt*		*Ulli*
10.20	*Lobpreis* *Gebet*		*Musikteam* *Ulli*
10.40	*Lied (Abschluss)*		*Musikteam*

Ehrliche Auswertung:
Um sich Stück für Stück zu verbessern, sollte man als Team auch immer wieder die durchgeführten Familiengottesdienste reflektieren. Für eine Nachbereitung bieten sich folgende Fragen an:

- Haben wir unser Ziel (gemäß unserer Formulierung in der Vorbereitung) erreicht?

- Feedback: Was kam gut an? Was ist nicht so gut gelaufen? Wie hätten wir es besser machen können? Wer hat sich in seiner Rolle sehr wohl / sehr unwohl gefühlt?

1 Teil

1.8 Auf die Atmosphäre kommt es an

In diesem Buch wirst du viele praktische Hinweise finden, wie ein Familiengottesdienst inhaltlich gefüllt werden kann. Das scheint oft die wichtigste Frage zu sein: Was machen wir im Familiengottesdienst? Oder, wenn man regelmäßige Familiengottesdienste durchführt: Was machen wir im nächsten Monat in den vier Familiengottesdiensten? Ich glaube allerdings, dass es eine noch viel wichtigere Frage gibt, die in Teamsitzungen unbedingt immer wieder auf die Tisch muss: Wie ist unsere, wie ist deine und meine Haltung unseren Gottesdienstbesuchern gegenüber? Möchtest du „etwas Attraktives für die Familien anbieten"? Möchtest du „einem bestehenden Bedürfnis entgegenkommen"? Oder bist du wirklich bereit, die Liebe Gottes, die in dein Herz fließt und es zum Überfließen bringt, mit den Familien zu teilen? Ich glaube, dass wir ohne eine solche - höhere - Motivation nicht weit kommen.

Paulus hat es einmal so formuliert: „Ich verstehe mich als Botschafter Christi und bitte in seinem Auftrag: Lasst euch mit Gott versöhnen!" (2. Korinther 2, 20). Im Vers davor bringt er noch einmal den Kern des Evangeliums auf einen Punkt: „Gott hat durch Christus Frieden mit der Welt geschlossen, indem er den Menschen ihre Sünden nicht länger anrechnet, sondern sie vergibt." Ist das nicht eine unglaublich gute Nachricht?!

Ich bitte dich, dass du dir jetzt einmal deine Gemeinde vor deinem inneren Auge vorstellst: So wie sie Sonntag für Sonntag kommen - dazu all die potentiellen Gottesdienstbesucher - die Menschen, die du oder andere aus der Gemeinde mitbringen könntet. All diese Menschen, die in Unfrieden und Streit leben, die sich gegenseitig Druck machen, die mit ihren Kindern nicht fertig werden, deren Kommunikation auf das Minimum beschränkt ist. Für diese Menschen bist du ein Botschafter der Liebe Gottes. Meine Erfahrung ist, dass es letztlich „egal" ist, um welches Thema wir uns bemühen, ob wir das Leben von Abraham oder David behandeln, ob wir über Gebet oder Mission sprechen - es kommt auf die Atmosphäre an: Strahlen du und deine Mitarbeiter es aus, Botschafter des Friedens und der Liebe Gottes zu sein, Übermittler der befreienden Vergebung? Wenn wir entschlossen sind, ein solcher Kanal der Liebe Gottes zu sein, muss sich das natürlich an ganz konkreten Punkten zeigen.

Bist du wirklich bereit, die Liebe Gottes, die in dein Herz fließt und es zum Überfließen bringt, mit den Familien zu teilen?

Manche Gemeinden haben einen Begrüßungsdienst eingerichtet. So wird jeder Besucher schon gleich zu Beginn des Gottesdienstes wahrgenommen, egal, ob er ein langjähriges Gemeindeglied oder ein Erstbesucher ist. Das ist eine tolle Idee, wenn man ein paar Regeln beachtet. Wenn diese „professionellen Begrüßer“ auf die Ankommenden zugehen, ist es schön, Wärme und Herzlichkeit zu spüren. Wenn allerdings jeder Besucher durchgeknuddelt und geküsst wird,... Das gilt besonders im Umgang mit Kindern! Ich finde es einfach toll, wenn die Begrüßer vor kleinen Gottesdienstbesuchern kurz in die Hocke gehen, sie freundlich anlächeln und vielleicht sogar mit dem Namen begrüßen. Das ist so ein wichtiges Signal für die ankommende Familie: Ihr seid willkommen und auch eure Kinder haben Platz bei uns.

Eine angemessene Begrüßung ist ein wichtiges Signal für die Familie: Ihr seid willkommen und auch Eure Kinder haben Platz bei uns.

Ein anderer wichtiger Punkt ist, wie ein Moderator (derjenige, der den Gottesdienst leitet) auf die Gemeinde wirkt. Freundlichkeit, Witz und Charme sollten Hand in Hand gehen mit Bestimmtheit und prägnanten Aussagen. Was vermittelt ein Moderator mit seiner Begrüßung? Wie ist meine Anrede, meine Kontaktaufnahme mit der Gemeinde? Kommen Erwachsene und Kinder darin vor? Alles Betuliche („unsere lieben Kinder“) muss vermieden werden, denn Kinder finden das albern und Erwachsene werden dadurch in die Rolle eines Zuschauers gedrängt. Das ist natürlich eine hohe Anforderung, aber erfahrungsgemäß gibt es so manche Mitarbeiter, die hier hineinwachsen können.

Wenn wir Gottesdienste mit vielen Kindern haben, dann ist ein gewisser Unruhepegel normal. Man kann einfach nicht erwarten, dass sich 50 Kinder und 50 Erwachsene so ruhig verhalten wie 100 Erwachsene. Auch die Erwachsenen werden in Gegenwart ihrer Kinder ablenkbarer. Aber Konzentration über eine gewisse Zeit ist steigerbar. Während die ersten zehn Gottesdienste mit Familienzeit, die wir in unserer Gemeinde durchführten, noch von größerer Unruhe bestimmt waren, ist heute meistens eine ziemlich große Ruhe eingekehrt. Als wir mit Gottesdiensten dieser Art anfingen, gab es auch Unsicherheit darüber, was erlaubt ist und was nicht. Heute dagegen sind Gebetszeiten oder Zeiten, in denen alle kurz über etwas nachdenken, durchaus möglich. So etwas ist nicht mit Drill oder lauten „Ruhe“-Rufen erreichbar. Wir haben in aller Freundlichkeit immer wieder den Eltern kommuniziert, dass sie und nicht wir Mitarbeiter für die Aufmerksamkeit der Kinder verantwortlich sind. Deshalb gilt bei uns, dass die Kinder neben ihren Eltern oder zumindest in unmittelbarer Nähe von Mama und Papa sitzen sollen. Während des Familiengottesdienstes haben außerdem auch die Mitarbeiter, die nicht unmittelbar am Programm beteiligt sind, immer wieder ein Auge auf kleine Ruhestörer. Da schleicht dann ein Mitarbeiter zu einem kleinen Quassler und sagt freundlich und bestimmt: "Komm bitte mit zu deinem Papa." Wem ein paar mal das eigene Kind auf den Schoß gesetzt wurde, der achtet aller Wahrscheinlichkeit nach in Zukunft mehr darauf, dass der Kleine neben ihm sitzt. Wir haben es nie als Zeichen besonderer Kinderfreundlichkeit empfunden, wenn Kinder in unseren Gottesdiensten herumrennen oder krabbeln durften. Im Gegenteil - es gibt so viele Kinder, die gerne aufmerksam zuhören und mitmachen, dass es ihnen gegenüber sehr unfair wäre, wenn man so etwas zuließe.

Es gibt so vieles, was Alt und Jung zusammen erleben können: Gemeinsam vor Gott stehen, die Gemeinde als Familie erleben, zusammen beten und singen. Wichtig ist, dass all dies in einer Atmosphäre geschieht, die familiär, entspannt, freundlich und authentisch ist.

2. Extra Tipps

Vorstellung im Kasperltheater?
Entertainment beim Kindergeburtstag?
Kreative Verkündigung im Gottesdienst!

2 Teil

2.1 Handpuppen - mehr als nur Theater!

von Daniel Kallauch

Handpuppen in der Familienzeit zu verwenden, hat große Vorteile. Handpuppen geben mir als Erzähler die Möglichkeit, Fragen sehr direkt anzusprechen, ohne dass es peinlich wird. Die kleinen und großen Zuschauer lassen sich problemlos mit in die Illusion hinein nehmen.

Handpuppentheater ist auch eine großartige Abwechslung zur traditionellen szenischen Darstellung. Und Abwechslung bedeutet immer auch eine Steigerung der Konzentration. Wer Handpuppen verwendet, hat viele Möglichkeiten, Humor einzusetzen.

Die Handpuppe kann manche Dinge sagen, die aus dem Mund eines Mitarbeiters ganz anders klingen. Zum Beispiel kann sie sagen: „Dürfen die Kinder bei euch immer so auf dem Boden liegen, wenn ihr Lieder singen wollt?" „Nein, natürlich nicht. Ich glaube, die wollten ohnehin gerade zu ihren Eltern zurückgehen." „Finde ich auch besser. Da haben sie ja auch einen Stuhl, auf dem sie sitzen können."

Spielarten

Handpuppentheater ist eine großartige Abwechslung. Und Abwechslung bedeutet immer auch eine Steigerung der Konzentration.

Es gibt ganz unterschiedliche Möglichkeiten, Handpuppen einzusetzen. Bauchreden ist keine Voraussetzung für den Gebrauch von Handpuppen. Zum Beispiel können sich zwei Puppen miteinander unterhalten. Die Puppenspieler können dabei auch zu Wort kommen oder eine andere Person mischt sich ins Gespräch mit ein.

Eine Puppe gibt einem Erwachsenen etwa die Möglichkeit, sehr einfach in die Rolle eines Kindes zu schlüpfen. Bei Puppenstücken, die wie beim Kasperletheater mit einer eigenen Bühne gespielt werden, kann man die vorbereiteten Texte ablesen.

Eine weitere, sehr wirkungsvolle Spielart ist das Reden der Puppe ins Ohr des Spielers. Dieser wiederholt dann das scheinbar Gesagte, bzw. geht so darauf ein, dass die Zuhörer ihre Rückschlüsse aus den Ausführungen der Puppe ziehen können. Es gibt also eine Fülle von Varianten. Jeder kann selber herausfinden, was ihm am meisten liegt.

Ich persönlich bevorzuge den Dialog mit meinem Vogel Willibald. Dabei bin ich ich selbst und gebe der Handpuppe eine charakteristische Stimme. Diese Spielart kann bis zum sogenannten Bauchreden (bei dem sich die Lippen des Spielers nicht bewegen) ausgebaut werden.

Wenn man darauf achtet, dass die Puppe wirklich nur dann den Mund bewegt, wenn sie selbst „spricht", kann man aber auch schon mit zwei unterschiedlichen Stimmlagen oder Dialekten die Illusion entstehen lassen.

Worauf sollte bei der Vorbereitung geachtet werden?

Nachdem ich ein Thema und / oder einen Bibeltext gefunden habe, mache ich mich an die konkrete Umsetzung meiner Handpuppengeschichte. Zum einen will ich eine Geschichte oder ein bestimmtes Thema kreativ darstellen, zum anderen geht es darum, eine Lehre daraus zu ziehen, die für die Kinder nachvollziehbar und im Alltag umsetzbar ist. Bitte halte auch hier keinen biblischen Geschichtsunterricht! (vgl. „Die konkrete Vorbereitung", S. 34). Es geht nicht um die Anhäufung von Wissen!

Wie oft haben die Jünger Jesus nach der Deutung eines Gleichnisses gefragt! So sollten wir den Kindern erst recht sagen, was eine Geschichte für ihr Leben bedeutet.

Ich stelle immer wieder die Frage: „Und jetzt?" Meine kleinen Zuhörer müssen hören, was sie tun sollen. Selbst wir Erwachsenen können oft nicht das übertragen, was uns bildhaft erzählt wurde. Wie oft haben die Jünger Jesus nach der Deutung eines Gleichnisses gefragt! So sollten wir den Kindern erst recht sagen, was eine Geschichte für ihr Leben bedeutet.

Vier konkrete Schritte für Handpuppengeschichten:
Es handelt sich hier um eine sehr bewährte Vorgehensweise.

1. Aktuelle Rahmenhandlung
Als erstes suche ich nach einem Erlebnis, das für meine Zielgruppe nachvollziehbar ist. Diese Rahmenhandlung sollte viele Parallelen zu dem Thema oder der Geschichte haben, die ich verdeutlichen will. Ich wähle etwa Erlebnisse aus dem Schulbereich, die für die Schulkinder nachvollziehbar sind, da es ihre Welt ist, in der sie täglich leben. Es ist wichtig, das Alter derjenigen zu beachten, die ich ansprechen will. Kindergartenkinder können mit Erlebnissen aus dem Schulalltag nichts anfangen, umgekehrt wollen Schulkinder mit dem Kindergarten in aller Regel nichts mehr zu tun haben. Auch die Erlebnisbereiche Familie, Spielplatz, Freundschaft bieten unzählige Anknüpfungspunkte.

2. Zuspitzung des Erlebnisses bis zum Vergleich mit der biblischen Geschichte oder Aussage
In meinen Geschichten ist es häufig der Fall, dass Willibald in Schwierigkeiten gerät und Hilfe bei mir sucht. Diese Vorgehensweise lässt alle möglichen Antworten zu und verschafft dem Puppenspieler oder einer zweiten Puppe eine günstige Position. Er oder sie antwortet auf gestellte Fragen und belehrt nicht ungefragt. Das kommt bei den Kindern auch atmosphärisch positiv an. Man kann dann etwa anknüpfen: „Du, das ist einem Mann mal ganz genauso ergangen wie dir". Handpuppe: „Wirklich? Jemand war sooooo traurig wie ich??".

3. Erzählung der biblischen Geschichte / Aussage
Nun kann der Puppenspieler, oder eine zweite Puppe auf gestellte Fragen Antwort geben und das Thema oder die Geschichte erzählen. Dabei ist es immer wieder wichtig, bei einem Schwerpunkt zu bleiben. Ich schreibe mir oft das Thema als gut formulierten Satz auf und frage mich dann bei der Vorbereitung, ob das Gesagte zu meinem Thema führt. Ist dies nicht der Fall, muss ich mich manchmal von lustigen, tiefgreifenden oder sehr weisen Ideen verabschieden. Ich verfremde häufig die biblische Geschichte auch noch ein wenig, um nicht nach drei Sätzen aus dem

Publikum zu hören: „Das kenn' ich schon! Das war Petrus!" Oft reicht es, einfach die Namen der Personen wegzulassen.

4. Veranlassender Schluss (siehe auch Teil 1.7, S. 34)
Dieser Punkt wird am liebsten weggelassen, da er am meisten Nachdenken beim Vorbereiten erfordert. Ich muss mich aber fragen: Was können meine Zuhörer jetzt ganz praktisch tun? Oder: Und jetzt? Auch hier ist es gut, das Lernziel in einem Satz zu formulieren und dieses dann ganz praktisch mit Vorschlägen zur Sprache zu bringen. Diese Vorschläge können von der Puppe in Frage gestellt und daraufhin begründet werden. So werden die vorhandenen Fragen der Kinder direkt angesprochen und auch beantwortet.

Die Umsetzung

Habe ich die vier konkreten Schritte erarbeitet, so steht mein Drehbuch. Ich schreibe meine Dialoge wortwörtlich auf, da ich dann weiß, was ich sagen will und nicht zuviel rede. Nun geht es an die Umsetzung. Ich nehme meine Puppe zur Hand und fange an, den Text zu üben. Dabei ändert sich der Text hier und da noch ein wenig, weil ich merke, das es so mehr meinem Redefluss entspricht. Immer wieder übe ich mit Willibald vor dem Spiegel. Dies hilft mir, ihn noch lebendiger erscheinen zu lassen und die richtigen Bewegungen mit seinem Schnabel zu machen, bzw. ihn auch zu bewegen, wenn ich rede. Die Vorbereitung ist mit dem Texten erst zur Hälfte abgeschlossen. Ich muss unbedingt auch noch die Umsetzung mit der Handpuppe üben.

Einige grundsätzliche Gedanken und Tipps für die Handhabung von Handpuppen

Wichtige Fragen, die beantwortet werden sollten:

1. Welchen Charakter hat die Puppe?
Ist sie still, laut, frech, unbekümmert, verrückt, ängstlich, schüchtern, selbstbewusst? Wie alt ist sie eigentlich?

2. Hat meine Puppe vielleicht eine besondere Eigenart?
Hat sie oft Schluckauf, ist sie dauernd müde, immer vorlaut, hört sie schlecht? Oder hat sie einen Sprachfehler, vertauscht sie vielleicht Silben? Eventuell hat sie aber auch einen Dialekt. Vielleicht bekommst du gute Ideen, wenn du dir

„Freddy, der Esel"-Hörspielkassetten (Gerth Medien) anhörst. Die Tiere, die dort vorkommen, haben die unglaublichsten Stimmen! Wird die Puppe von verschiedenen Puppenspielern gespielt, ist es gut, der Puppe ein kleines Charakterzeugnis auszustellen, damit sie immer ungefähr gleich agiert.

3. Welchen Charakter hat der Puppenspieler?

Der Puppenspieler kann entweder einfach er selber sein, so wie die Kinder und Erwachsenen ihn kennen, oder er kann eine bestimmte Rolle einnehmen. Diese klare Definition der Personen ist sehr hilfreich für die Zuhörer, um die Charaktere von Puppenspieler und Puppe auseinanderhalten zu können, besonders in den Fällen, wo nicht mit verstellter Stimme gespielt wird. Der Puppenspieler kann sich zum Beispiel gerade gegensätzlich zur Puppe verhalten (laut - leise, schnell – langsam, ...).

Humor ist gut zur Auflockerung und um eine Atmosphäre der Freude zu kultivieren, aber man darf nicht zu viel Spaß auf Kosten der Aussage machen.

4. Vertritt die Puppe positive Werte?

Die Puppen vertreten in der Regel keine Haltung, die ich selber auch nicht gut finde, zum Beispiel „Kindergottesdienst ist immer total langweilig!" oder „Papas haben sowieso nie Zeit." Dies gibt vielleicht einen Lacherfolg, untergräbt aber die Einstellung der Kinder. Eine solche Aussage kann man nur bringen, wenn es ausdrücklich das Thema ist, man nach den Ursachen dieser Einstellung fragen kann. Die Puppen sollten keine Kraftausdrücke benutzen, nur um sich beliebt zu machen und gut anzukommen. Mache keine Späße auf Kosten von Personen oder über Personennamen! Dies wirkt immer verletzend und bringt nichts außer Schadenfreude. Humor in der Verkündigung ist immer ein Balanceakt! Humor ist gut zur Auflockerung und um eine Atmosphäre der Freude zu kultivieren, aber man darf nicht zu viel Spaß auf Kosten der Aussage machen.

5. Wo wohnt die Puppe?

Die Puppe hat einen festen Platz, woher sie kommt und wohin sie auch wieder verschwindet. Dies kann etwa eine Kiste, ein Korb, ein Karton oder Koffer sein. Dies ist wichtig für den Erhalt der Illusion. Schmeißt man die Puppe einfach in die Ecke, so ist es viel schwieriger, sie wieder zum Leben zu erwecken. Es ist gut, wenn die Kinder eine gewisse Distanz wahren und die „Privatsphäre" der Puppe akzeptieren. Deshalb sollten die Kinder weder mit der Puppe spielen, noch sie berühren.

6. Wie hält man eine Handpuppe?

Normalerweise schaut die Handpuppe zu den Zuhörern. Das ist für den Spieler zuerst ungewohnt, aber für die Zuschauer normal. Wenn die Puppe beginnt, mit dem Puppenspieler zu reden, dreht sie sich kurz zu ihm hin, wendet sich dann aber den Zuhörern zu, obwohl sie mit dem Puppenspieler im Gespräch ist. Bitte achte besonders auf die Augen der Puppe. Wenn man noch ungeübt ist, wird die Puppe oft zu weit nach oben gehalten, sodass sie zur Decke schaut. In der Regel sollte man aber etwas nach vorne gebeugt spielen, da die Zuhörer meist weiter unten sitzen.

Mit dem Puppenspielen ist es wie bei fast allen Dingen im Leben: Übung macht den Meister! Genieße die staunenden und leuchtenden Augen der Kinder, wenn sie fasziniert der Illusion der Puppe folgen und die guten Gedanken, die du weitergeben willst, aufnehmen. Ich wünsche dir ganz viele kreative Ideen bei der Umsetzung. Finde deinen eigenen Stil.

2 Teil
2.2 Theater im Gottesdienst

Wer noch nie im Gottesdienst ein Theaterstück gespielt hat, dem wird es vielleicht komisch vorkommen, dass man gerade dort, wo wir versuchen, so echt und ehrlich wie möglich zu sein, eine „Rolle" spielen soll.

Wir wollen die kleinen Szenen, die in den Gottesdienstentwürfen vorkommen, jedoch nicht nutzen, um uns selber darzustellen. Die Szenen sind genauso wie die Handpuppengeschichten, Lieder und Diaserien nur ein Mittel, um eine Aussage oder eine biblische Wahrheit zu unterstreichen. Biblische Szenen sollen eine Geschichte, mit der sich die Mitarbeiter gründlich beschäftigt haben, auch für alle anderen Gottesdienstbesucher, große und kleine, visualisieren - sichtbar machen.

Wir wollen die kleinen Szenen nicht nutzen, um uns selber darzustellen. Sie sind nur ein Mittel, um eine Aussage oder eine biblische Wahrheit zu unterstreichen.

Deshalb ist es ganz wichtig, dass der einzelne Schauspieler für den Moment der Szene wirklich ganz hinter der Maria, dem Paulus oder dem verzweifelten Kind verschwindet. Es muss ein klarer Schnitt zwischen persönlichem Sein und Spielen gezogen werden.

Manche Szenen haben ihre eigene Komik - und das ist gut so! Nur solltest du dir bewusst sein, dass hier kein Slapstick auf einem bunten Abend gespielt wird. Da ist es nicht so tragisch, wenn man die Person hinter der Rolle deutlich sieht. Wenn es allerdings um ein Theaterstück mit einer Botschaft (in unserem Fall sogar der Verkündigung von Gottes Wort) geht, darf unser Spielen nicht so sehr mit unserer Person verquickt und vermischt werden.

Wie kann man überzeugend spielen?

1. Die Geschichte oder Szene gut kennen
Das Gerüst einer Szene muss jedem Mitspieler ganz klar sein:
Was ist der Ausgangspunkt der Situation, die dargestellt wird?
Steuert die Szene einem Höhepunkt zu?
Was ist das Ziel der Szene?
Was ist ihre Hauptaussage?

Es ist wichtig, sich mit einer Person und ihren Lebensumständen vertraut zu machen:

• Wer ist die Person?
• Wie ist sie (Alter, Aussehen, Besonderheiten, Macken, Auffälligkeiten, Kleidung, Sprache)?
• Aus welchen Lebensumständen kommt sie (Familie, Bildung,...)?
• Was bewegt die Person momentan (d.h. zum Zeitpunkt der Handlung)?

Eine genaue Beschreibung und Kenntnis der Person hat zur Folge, dass man sicher mit dem Charakter der Person umgeht.

Auch die allgemeine Kenntnis des Umfeldes trägt zur Lebendigkeit der Szene bei. Der „Reporter" aus der Paulus-Serie ist ein gutes Beispiel dafür: Er lässt jede Menge Details aus der Apostelgeschichte in seine Ausführungen einfließen.

Wenn der Schauspieler sich mit dieser Geschichte gut vertraut gemacht hat, hat er gute Voraussetzungen, den Charakter packend und auch humorvoll darzustellen. Versuche dir vorzustellen, was die einzelnen Personen gefühlt haben und welche Persönlichkeiten sie hatten. Wie hat der Mann oder die Frau gesprochen? Auch wenn der verlorene Sohn ziemlich locker drauf war und ein flottes Leben geführt hat, hat er garantiert nicht „Alter" zu seinem Vater gesagt oder „coole Tussi" zu einem hübschen Mädchen. Die Sache stellt sich anders dar, wenn man eine biblische Geschichte in die Gegenwart versetzt. Nur: Kraftausdrücke bringen vielleicht ein paar Lacher, aber lenken sie vom Thema ab oder führen sie hin?

2. Die Szene üben

Egal ob ein Monolog oder Dialog gespielt wird, die Sache muss geprobt werden! Besonders wenn man erst mit der szenischen Darstellung beginnt, reicht es nicht, in der Vorbereitungsrunde einen Text zu schreiben und den Einzelnen zu sagen: „Üb' das mal und am Sonntag spielen wir es." Findet heraus, wer der Regisseur sein könnte. Es ist gut, wenn jemand ein Stück von außen betrachtet und Hilfestellungen gibt. Die Szenen, die in den Entwürfen vorgestellt werden, sind meistens nur wenige Minuten lang, so braucht man auch für das Üben nicht allzu viel Zeit zu investieren.

Egal ob ein Monolog oder Dialog gespielt wird, die Sache muß geprobt werden! Es reicht nicht, in der Vorbereitungsrunde einen Text zu schreiben und den einzelnen zu sagen: „Üb das mal und am Sonntag spielen wir es."

3. Wörtliche Dialoge oder sinngemäßes Improvisieren?

Den meisten Mitarbeitern fiel es nach einiger Zeit des Übens leichter, ihren Text zu improvisieren. Das bedeutet, dass sie sich genau in die Personen hineinversetzen und den Ablauf oder die Logik der Szene verinnerlichen. Wenn man eine Szene so spielt, wirkt sie meistens wesentlich echter, als wenn lediglich Worte abgespult werden. Die Personen agieren mehr miteinander als nebeneinander. Es müssen sich allerdings alle Mitspieler über diese Spielweise einig sein. Sonst wartet womöglich einer lange auf sein Stichwort...

Versuche es beim Proben einmal mit dieser Art von Improvisation: Ohne auf den Text fixiert zu sein, fange an, gemäß dem Charakter der Person zu spielen. Der Vorteil des Improvisieren hatte für uns auch immer einen zeitlichen Aspekt: Wenn man einen Text wirklich auswendig lernt, braucht man womöglich wesentlich länger zum Üben. Diese Zeit hatten wir schlicht und ergreifend nicht...

Aber probiere es selbst aus: im Gottesdienstvorschlag „Ich bin der gute Hirte" ist die Handpuppengeschichte nur in Stichworten umrissen. Versuch daraus einen schönen improvisierten Dialog zu entwickeln. Andere Dialoge habe ich wörtlich aufgeschrieben, etwa den Handpuppendialog in „Petrus – ein veränderter Mensch". Versuche, sie nachzuspielen. Was liegt dir mehr?

4. Gestaltung von Szenen

Zu Anfang fragten wir uns, weshalb die eine Szene schwer, die andere dagegen ganz leicht zu spielen war. Manchmal kamen wir überhaupt nicht in einen Spielfluss, ein anderes Mal vergaßen wir nichts.

Oft liegen diese Schwierigkeiten im Aufbau des Stückes. Wenn der Spielfluss darauf angewiesen ist, dass mal der eine, mal der andere Mitspieler den Inhalt vorantreibt, wenn also der eine nicht ohne den anderen weiterkann, dann ist ein Stück für einen Laien (wie uns Mitarbeiter im Gottesdienst) nur schwer zu spielen.

Ein Beispiel: Betrachte einmal den Dialog in „Paulus in Rom". Die ganze Erzählung wird vom Reporter vorangetrieben, indem er z. B. immer wieder Fragen stellt. Die ersten Fragen beziehen sich auf den augenblicklichen Zustand von Paulus. Dann fragt er, was Paulus in den vier Jahren gemacht hat, in denen sie sich nicht gesehen haben. Paulus erzählt seine Geschichte in einem Schwung, ohne dass der Reporter ihn an einer bestimmten Stelle unterbrechen muss (Hier liegt oft die Schwierigkeit im Zusammenspiel!). Dann fragt der Reporter nach der momentanen Situation von Paulus. Ab diesem Moment kann Paulus viele Dinge von seinem Pult ablesen. Das ist ein Hilfsmittel, zu dem wir oft greifen, um die Dinge einfach zu gestalten. Aber auch für den Schauspieler, der den Reporter spielt, ist klar: Paulus hat drei Briefabschnitte, zu denen er sich äußern muss: Beim ersten staunt er über die Tiefe der Aussage und bedauert, dass nur die Epheser den Brief lesen können (Darauf reagiert Paulus). Beim zweiten Brief geht sein Temperament mit ihm durch und er schlägt dem Paulus vor, wie er einen Appell an die Philipper richten könnte (Also das Gegenteil von dem, was Paulus wirklich geschrieben hat). Dann muss er nur noch auf das reagieren, was Paulus vorgelesen hat („Wie kannst du nur andere ermutigen?") - und Paulus liest wieder seinen Text vor.

Auf diese Weise kann auch ein etwas längerer Dialog, wenn er nicht so kompliziert aufgebaut wird, ohne Schwierigkeiten gespielt werden.

5. Organisation

Eine große Hilfe für einen Darsteller ist es, wenn er nur diese eine Aufgabe in der Familienzeit hat. Dann kann er sich ganz darauf einstellen und seine Gedanken sammeln.

In der Praxis sieht es aber leider oft anders aus. Wir haben häufig als Dreier-Team eine Familienzeit vorbereitet. Zuerst wurde eine kurze Szene (mit Verkleidung) gespielt, das Musikteam führte in eine Lobpreiszeit (die Lieder waren vom Gottesdienstteam ausgesucht und auch die Überleitungen zwischen den Liedern vorgeschlagen worden), danach kamen die dann anders Verkleideten mit einer anderen Szene und moderierten den Gottesdienst weiter. Das erfordert Detailarbeit! Die richtigen Utensilien müssen unbedingt am richtigen Platz liegen, die Mikrofone am richtigen Ort sein und der Schauspieler muss sich schnell auf Situationen einstellen. Bist du als Mitarbeiter dazu bereit?

Manchmal muss man für sich feststellen, dass man der Herausforderung nicht gewachsen ist. Zum Glück gibt es viele Aufgaben in der Familienzeit auszufüllen.

Ein paar von unseren Mitarbeitern mussten für sich bald feststellen, dass sie dieser Herausforderung nicht gewachsen waren. Aber zum Glück gibt es in der Familienzeit so viele Aufgaben, dass sie schnell einen besseren Platz fanden. Andere hätten sich selbst nicht zugetraut, auf dem Punkt präsent zu sein und sich Texte und Abläufe merken zu können, aber sie wuchsen in diese Aufgaben hinein.

6. Konzentration

Bevor du die Bühne betrittst, gehe noch einmal das Gedankengerüst durch: Wer ist die Person, die ich spiele? Was ist ihr Ziel? Entschließe dich, zu agieren und immer in Bereitschaft zu sein. Du brauchst dich nicht am Text des Partners entlang zu hangeln.

Ein entspannendes Moment ist, die Person, die man spielt, in Gedanken noch einmal zu begrüßen: „Guten Tag, Paulus von Tarsus".

Ziehe danach dein Kostüm an, nehme eventuell das Requisit und bewege dich in einer für diese Person charakteristischen Art. Am besten sucht man dafür einen Platz, wo man möglichst allein ist. Werde für einen Moment still, atme ruhig und tief und vertraue dich Gott an. Rechne damit, dass er dich gebrauchen wird. Dann improvisiere ganz locker etwas für diese Person Typisches. Ab diesem Moment solltest du dich nicht mehr privat werden und durch nichts ablenken lassen. Dann kann es losgehen.

Nach der Szene solltest du klar von der Bühne abtreten, bzw. den Raum verlassen und aus der Rolle „aussteigen".

Wenn diese Ideen dir Lust auf mehr Theater gemacht haben und du dich intensiver damit beschäftigen möchtest, kannst du dich an

www.freies-theater-berlin.de
Rolf-Dieter und Monica Degen
Dorfstr. 33/2
12621 Berlin
Tel. 030 56596210

wenden. Sie geben Seminare für Menschen, die ihre Gaben im Bereich Schauspiel in der Gemeinde einsetzen wollen.

2 Teil

2.3 Kostüme und Requisiten

Wenn man in Gottesdiensten Theaterszenen spielt und dabei auch biblische Szenen darstellt, sind Kostüme ein wertvolles visuelles Mittel.

Kostüme für biblische Personen

Die Menschen im vorderen Orient vor 2000 bis 3000 Jahren waren recht einfach gekleidet. Natürlich brauchen wir keine historisch exakt nachgeschneiderte Garderobe - dafür fehlen auch zumeist die Vorlagen. Aber vor allem durch Spielfilme haben wir und unsere Zuschauer eine gewisse Vorstellung davon, wie ein Nomade wie Abraham, ein König wie David oder Jesus und seine Jünger gekleidet gewesen sein könnten.

Wir haben zunächst mit einfachen Stoffbahnen und Tüchern gearbeitet. Das erwies sich aber als nicht ganz so geschickt, denn alles rutschte und fiel den Schauspielern von den Schultern und Köpfen... Dann hat eine geschickte Hobbyschneiderin uns Folgendes entworfen:

1. Das Oberkleid
Es kann aus ganz verschiedenen Materialien gefertigt werden. Farbauswahl und Stoffmaterial machen schon deutlich, welcher Person das Gewand gehört: Ein fliederfarbener, fließender Stoff passt zu einer Frau, ein grob gewebtes, beiges Oberkleid zu einem Hirten, ein glatter weißer Stoff etwa zu einem Kaufmann.

Es ist oft wichtig, dass die Mitarbeiter sich rasch umziehen können. Deshalb wird dieses Obergewand einfach über die normale Kleidung gezogen. Wenn man also etwas Unauffälliges unten drunter angezogen hat (z. B. ein einfarbiges langärmeliges T-Shirt und eine helle Hose), kann man sich schnell verwandeln.

2. Der Überwurf
Dieses Oberkleid kann um einen Überwurf ergänzt werden, der die Stellung der Person noch deutlicher macht (z. B. seinen Reichtum). Dafür eignen sich längs gestreifte Muster oder Ornamente, man könnte auch Pannesamt nehmen oder etwas Glänzendes.

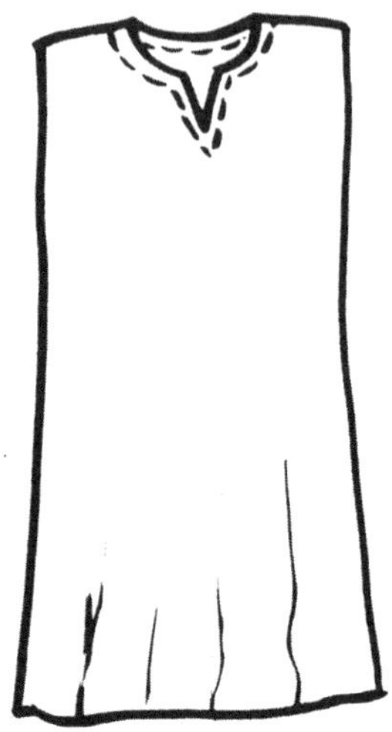

• Das Oberkleid
aus Leinen, Baumwolle, Flanell (Bettlaken)

Stoffverbrauch:
140 x 280 cm

• Der Überwurf
aus Leinen, Baumwolle, Viskose, Pannesamt (für die Darstellung einer reicheren Person - Stoff mit längsgestreiftem Muster in gold oder orientalischen Farbtönen)

Stoffverbrauch:
140 x 135 cm
110 x 265 cm

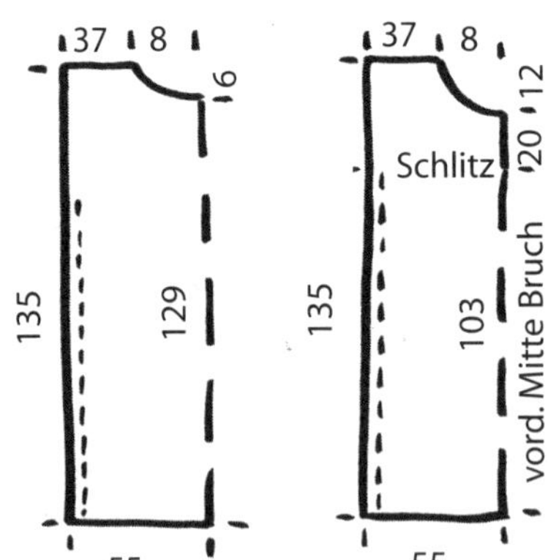

Rückenteil   Vorderteil

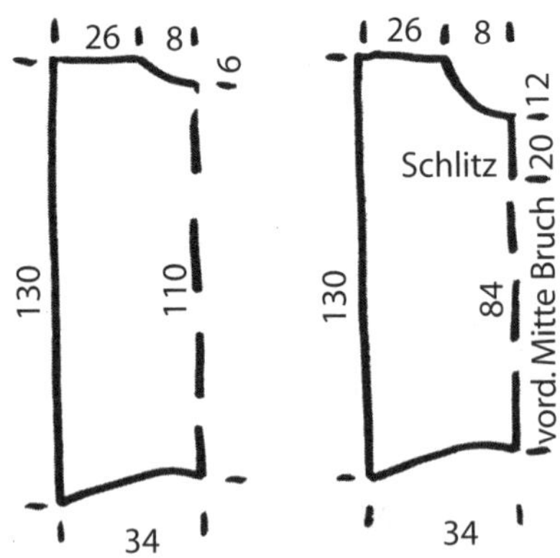

Rückenteil   Vorderteil

3. Der Schlauchrock

Damit bei Frauen nicht immer eine Hose unten raus schaut, kann man auch einfache Stretch- / Schlauchröcke in schwarz oder beige als Unterkleid nehmen und für den Oberkörper ein etwas kürzeres Obergewand nähen.

4. Die Kopfbedeckung

Wichtig ist natürlich eine Kopfbedeckung. Dazu eignet sich folgende Technik:

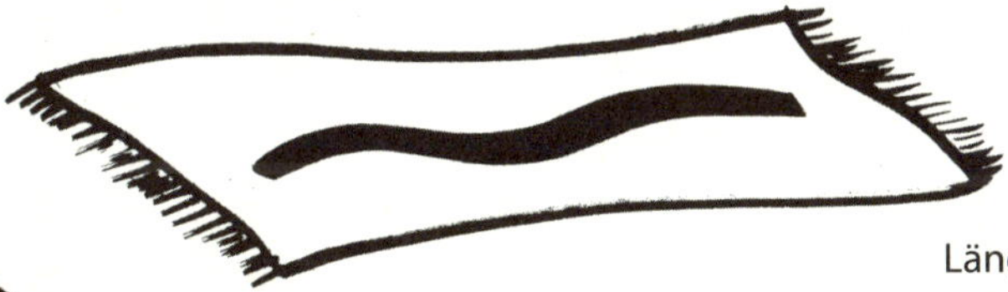

Länglicher (ca. 80 x 150 cm) Stoff, gemustert oder uni, dazu ein Stoffband (ca. 7 x 100 cm - doppelt genäht)

1
Der Schauspieler misst zunächst mit dem Stoffband den Kopfumfang und verknotet es.

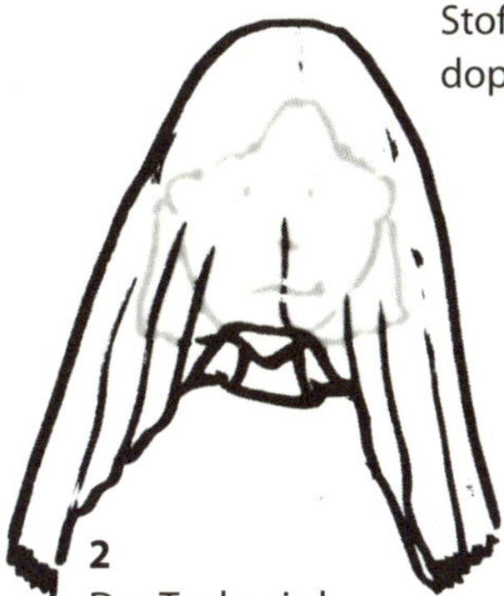

2
Das Tuch wird großzügig über den Kopf gelegt.

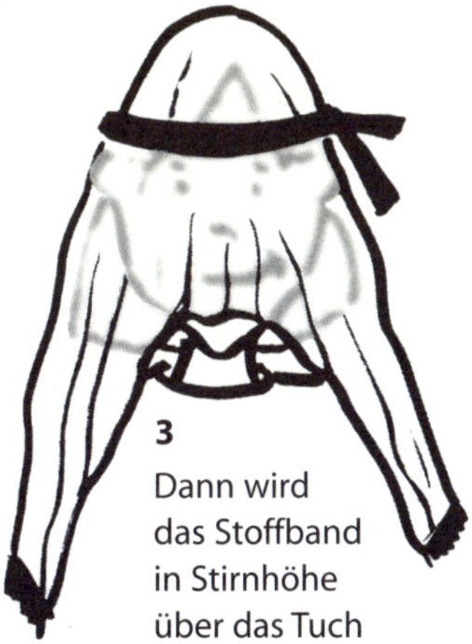

3
Dann wird das Stoffband in Stirnhöhe über das Tuch gestreift.

4
Das Tuch wird vorne um das Stoffband gewickelt und von oben darunter gestopft. So hält es sehr gut.

5. Das Schuhwerk
Besonders dann, wenn man auf einem Podest oder Treppenabsatz spielt, sollte man auch an den Füßen richtig angezogen sein. Einfache Sandalen in braun oder schwarz passen am besten.

Sonstige Verkleidungsstücke: Kurioses

In der Familienzeit werden nicht nur biblische Geschichten gespielt, sondern auch Alltagsszenen. Auch dafür braucht man die verschiedensten Utensilien. Hier sind die Jäger und Sammler auf den Flohmärkten gefragt! Nur dort findet man die Dinge, die man für Überraschungen und Illustrationen braucht. Halte also die Augen offen, um dir einen langfristigen Fundus anzulegen. Besonders gut lassen sich Dinge verwenden, die nicht die Originalgröße haben, also entweder zu groß oder zu klein sind, wie etwa eine überdimensionale Gabel oder Badehose. Hier findet man auch alte Telefone oder Fernseher, deren Innenleben nicht mehr zu gebrauchen ist. Wenn man großes Glück hat, stößt man auch mal auf eine Polizisten- oder Schornsteinfegeruniform, einen Bauarbeiterhelm oder eine Seemannsmütze. Leichter zu finden sind Brillen für alle Lebenslagen.

Andere Utensilien hat man ohnehin zu Hause oder zumindest im Keller gebunkert. Was haben wir schon alles mitgeschleppt: Wohnzimmersessel, Spiegel, Leitern, Schrubber und Besen, Schulranzen, Kürbisse, Seifenblasen, Wäscheständer, Fahrräder...

Scheue nicht die Mühe, die solche Transporte machen, wenn sich dadurch der Inhalt besser transportieren oder merken lässt. Um etwas zu veranschaulichen, müssen wir im Medienzeitalter schon etwas auf die Beine stellen.

3. Singen mit Kindern und Erwachsenen

Karaoke-Show auf Mallorca?
Aerobic vor dem Fernseher?
Hier bewegt sich was!

3 Teil

3.1 Musik in der Gemeinde

Es heißt, Musik sei das sozialste Medium überhaupt. Wenn Menschen zusammen singen, fördert das die Gemeinschaft und bringt sie zusammen. Gottesdienste ohne Musik sind für uns kaum vorstellbar. Im Gottesdienst loben Christen mit Gesang und mit Instrumenten ihren Gott. Das war auch zu alttestamentlicher Zeit schon so, wie uns die Psalmen bezeugen. Loblieder haben Gott in ihrem Fokus.

Mit den Liedern, die wir im Gottesdienst singen, drücken wir unsere Gefühle aus.

Aber auch mit den singenden und musizierenden Menschen macht Musik etwas: Musik zieht unsere Gedanken zu Gott. „Aus dem Sumpf negativer Gedanken und Gefühle kann auf Gott gerichtete Musik unsere Seele emporziehen und beflügeln", schreibt Klaus Douglass in seinem Buch „Gottes Liebe feiern". Mit den Liedern, die wir im Gottesdienst singen, drücken wir unsere Gefühle aus - unsere Freude, unsere Traurigkeit, unsere Hingabe an Gott.

Das geht Erwachsenen so, aber auch Kindern. Ein 10jähriges Mädchen sagte mir: „Mir macht Singen und Musizieren viel Spaß. Ich finde, Loblieder für Gott zu singen macht noch mehr Spaß, weil ich mir dann vor Augen führe, wie mächtig Gott ist und wie sehr er mich liebt. Ich werde dann ganz ruhig und freue mich".

Wenn Musik und besonders das gemeinsame Singen die Herzen von Menschen so sehr öffnet, dann darf sie in Gottesdiensten mit Familienzeit natürlich nicht zu kurz kommen. Aus diesem Grund finden sich in den Gottesdienstentwürfen im letzten Teil dieses Buches auch viele Liedvorschläge. Es gibt natürlich Lieder, die besonders Kinder ansprechen und andere, die auf Grund des Textes und des Stils eher für Erwachsene geeignet sind. Aber es gibt auch einen großen Pool von Liedern, die gemeinsam gesungen werden können. In Gottesdiensten, die für alle Generationen gestaltet werden, sollten unterschiedliche Stile vorkommen. Das gilt besonders, wenn wir auch die Großelterngeneration mit in den Blick nehmen. Man kann sogar Lieder aus verschiedenen Jahrhunderten in einem Medley miteinander verbinden. Ich habe es erlebt, wie verbindend es gewirkt hat, als wir einen alten Choral Strophenweise abwechselnd mit einem neuen, sehr rhythmischen Lobpreislied gesungen haben.

Damit Musik in der Gemeinde kein Kriegsschauplatz wird, müssen wir für die Sicht werben, dass jede Generation Neues in die Gemeinde hineinbringt - einen neuen

Zugang zu Gott, eine neue Art, die eigene Generation mit dem Evangelium zu erreichen und auch neue Musik! Es wirkt wie Gift im Umgang miteinander, wenn man nur Verachtung für den Stil der anderen hat, wenn ein Kirchenmusiker nur müde über Lobpreislieder lächelt oder wenn Jugendliche sich über Glaubenslieder der älteren Generation lustig machen. Nur wer Achtung für den Stil der anderen hat und sich in Toleranz übt, wird den Segen seiner eigenen Musik voll erleben können.

Es wirkt wie Gift im Umgang miteinander, wenn man nur Verachtung für den Stil der anderen hat.

3 Teil

3.2 Kinder und Musik

Musikalität wird zu einem großen Teil vererbt, ist aber, wie alle anderen Begabungen auch, auf Entdeckung und Förderung durch das Lernumfeld angewiesen, um sich entfalten zu können. Musikalität entwickelt sich besonders rasant in den ersten neun Lebensjahren. Bereits Babys reagieren auf Musik. Schon im 2. Lebensjahr beginnen Kinder, spontan Musik zu machen. Im Kindergartenalter können sie dann gehörte Liedteile nachsingen. Sie erfassen nach und nach den Aufbau einer Melodie, können Klänge unterscheiden und einfache Rhythmen nachspielen. Schulkinder können dann meist schon recht sicher unterscheiden, ob eine Melodie richtig oder falsch klingt. Mit etwa neun Jahren können Kinder zweistimmige Melodien wahrnehmen. Immer mehr Musikdetails werden wahrgenommen. 12 – 17-Jährige sind dann in der Lage, Musik mehr und mehr kognitiv und emotional zu erfassen. Musikalische Fähigkeiten entwickeln sich ein Leben lang weiter.

Zur Begabung muss dann aber Fleiß, Motivation und Durchhaltevermögen hinzukommen. Als Christen haben wir es da in mancher Hinsicht leichter, als Menschen, in deren natürlichem Umfeld es nur professionelle Musik gibt (Radio, TV, CD): Bei uns wird einfach gesungen – mal mehr, mal weniger schön! Jeder Gottesdienst in jeder Konfession enthält Musik.

Welche Lieder sind aber für welche Altersgruppe besonders geeignet?

3 Teil

3.3 Lieder für verschiedene Altersgruppen

3. 1. Kleinkinder

Mit Kleinkindern wird vor allem zu Hause oder in Mutter-Kind-Gruppen gesungen. Mit den Liedern wird für Kinder vor allem eine Atmosphäre transportiert.

Es ist sinnvoll, ohne Instrument mit solch kleinen Kindern zu singen, um den direkten Kontakt zu ihnen zu haben. Eine Gitarre würde schon rein räumlich zwischen mir und den Kindern stehen.

Eine ideale Form für die Krabbelgruppe ist es, wenn man im Kreis auf dem Boden sitzt: Die Mütter oder Väter können hinter ihrem Kind sitzen oder es auf den Schoß nehmen. So geben die Eltern mit dem ganzen Körper den Rhythmus eines Liedes an das Kind weiter. Die kurzen Lieder sollten nur mit sehr sparsamen Bewegungen untermalt werden. Geeignet sind auch kleine Kreislieder oder Lieder, zu denen ein Spiel gespielt wird.

Das gemeinsame Singen ist eine sinnliche Erfahrung in einer Entwicklungsphase, in der das ganz wichtig ist.

Man kann zum Beispiel jede Stunde mit einem Begrüßungslied beginnen: Jedes Kind bekommt ein Duplo-Männchen und setzt es auf ein Schiff, das wir im Kreis herum fahren lassen, das Schiff holt sozusagen alle Kinder ab. Dazu singen wir: „Auf unserm Schiff da ist viel Platz. Komm steig ein, ahooi es geht los (Tut Tut!) Wir winken noch einmal, die Reise beginnt. Der Kapitän begrüßt jedes Kind."

Das gemeinsame Singen ist dabei eine sinnliche Erfahrung in einer Entwicklungsphase, in der das ganz wichtig ist. Kinder in diesem Alter lieben die Wiederholung. Häufig singen sie nicht mit – was nicht bedeutet, dass sie Singen nicht schön finden, sondern oft, dass sie noch nicht singen können. Singen beginnt bei den meisten Kindern erst mit zwei Jahren. Wenn Mutter und Vater zu Hause wenig mit dem Kind singen, können viele erst mit vier Jahren eine Melodie nachahmen.

Es ist so wichtig, mit Kindern zu singen. Das Hören von Kassetten kann diese Dimension niemals ersetzen. Sabine Hirler schreibt im Online-Handbuch „Kindergartenpädagogik": „Das Singen mit Kindern ist mit emotionaler Zuwendung gleichzusetzen. Eltern, die mit ihren Kinder singen, teilen ihrem Kind mehr von ihrer Persönlichkeit und ihren authentischen Emotionen mit, als wenn sie nur mit ihm sprechen würden." Das bedeutet, dass man seinem Kind in diesem frühen Alter über das Singen auch sehr viel über die eigene Gottesbeziehung mitteilen kann. Gott zu erleben und zu erfahren, hat nicht nur mit der Entwicklung des Intellekts zu tun.

Deshalb muss man im Kleinkindalter also nicht so sehr darüber nachdenken, ob die Kinder den Text der Lieder intellektuell verstehen, sondern es geht viel mehr um das emotionale Fühlen der Musik. Singe mit Kindern in diesem Alter neben den erwähnten kleinen Spiellieder auch Lieder wie zum Beispiel „Gottes große Liebe", zu dem wir uns sehr sinnliche Bewegungen ausgedacht haben (auf: „Hurra für Jesus 6").

3. 2. Kindergarten- und Vorschulkinder

Eine Untersuchung spricht von lediglich 10 Prozent aller Kindergartenkinder, die singen können (vgl. Neue Musikzeitschrift, 3 / 03). Das ist sehr traurig, wenn man bedenkt, wie sehr das Singen zur Persönlichkeitswerdung beiträgt.

Im Kindergartenalter kann man sehr gut einfache Bewegungslieder einbringen. Kinder zwischen drei und sechs Jahren finden es auch sehr schön, wenn sie sich dabei anfassen können. Wenn es möglich ist, sollte man in diesem Alter die Lieder mit der Gitarre (oder dem Klavier) begleiten, weil es die Aufmerksamkeit der Kinder fesselt. Dabei ist es dann natürlich gut, wenn zwei Erwachsene mitmachen – so kann einer das Instrument spielen und der andere die Bewegungen vormachen. Je engagierte und überzeugter die Mitarbeiter hierbei die Lieder singen und begleiten, desto leichter fällt es den Kindern mitzumachen.

Ganz wichtig ist es beim Singen mit Kindern auf die Tonhöhe und den Tonumfang zu achten. Sehr oft wird viel zu tief angestimmt. In einem Adventsgottesdienst in einer Kirchengemeinde habe ich einmal Folgendes erlebt: Die Erzieherinnen des Kindergartens hatten das Lied „Vom Himmel hoch" mit den Kindern geübt und wollten es vortragen. „Vom Himmel hoch" ist schon an sich eine große Herausforderung für Kinder, da es eigentlich einen zu großen Tonumfang hat. Dann kam im Gottesdienst ein Saxophon dazu, das drei Töne tiefer anstimmte - unmöglich für die Kinder, denn „Vom Himmel hoch" endete schon auf c1 (dem tiefsten Ton der Blockflöte, der für Kindergartenkinder meistens nicht mehr singbar ist), jetzt endete das Lied mindestens 3 Töne tiefer! Kinder können recht hoch singen, viele Frauen tun das nicht gerne, weil sie das Empfinden haben, es könnte quietschig klingen. Deshalb sollten Lieder ausgesucht werden, die einen geringem Tonumfang haben. Empfohlen wird in diesem Alter nur eine Quinte, das sind 5 Töne.

Der Tonumfang von Kindern:

Kindergartenkinder: f1 - e2

Grundschulkinder: c1 - f2

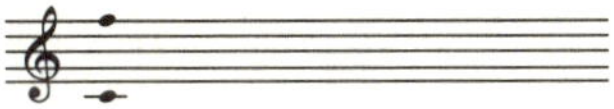

Schulkinder: a - a2

Wenn man mit Kindern in Vorschulalter singt (und oft auch noch weit darüber hinaus), gibt es öfter mal ein Problem mit dem Rhythmus: Kinder in diesem Alter können fast nie von selbst im richtigen Takt klatschen. Also sollte man nicht sagen: „Jetzt klatschen wir alle zu diesem Lied!", sondern man muss den Rhythmus sorgfältig vormachen. Dazu kann man eine kleine Trommel zur Hilfe nehmen oder für die Kinder sichtbar mit den Händen vorklatschen. Klatschen ist nicht so leicht. Nur Volkslieder werden auf 1 und 3 geklatscht. Klatschen, das den Rhythmus vorantreibt, geschieht auf dem Schlag 2 und 4 im 4/4 Takt. Versuche es und achte auf den Unterschied.

3. 3. Grundschulkinder

Je älter die Kinder werden, desto mehr Möglichkeiten hat man in der Liedauswahl. Bei Kinder zwischen sechs und neun Jahren gilt: Der Spaßfaktor soll hoch sein! Grundschulkinder lieben fetzige Bewegungslieder und Ergänzungslieder, denn da kann man mitmachen und selber etwas erfinden (Bsp. „Komm und feier, heute ist ein Fest", aus: „Hurra für Jesus 8").

Wichtig ist, dass man nicht zu viele neue Lieder auf einmal einbringt, denn auch in diesem Alter mögen Kinder noch das Bekannte. Bei der Liedauswahl sollte man Themen aufgreifen, die für Kinder in diesem Alter wichtig sind. Für Jungen in den ersten Schuljahren ist es zum Beispiel wichtig, der Stärkste oder Schnellste zu sein. Also kann man Lieder auswählen wie „Gott ist stark, Gott ist stärker noch als Supermann" oder ein Lied, das von der Stärke und Zuverlässigkeit Gottes spricht: „Ich bin sicher an der Hand des Vaters".

3.4. Die 10 – 12-Jährigen

Jetzt wollen die Kinder noch mehr mitmachen, sie lieben die Überraschung, immer wieder muss etwas Neues passieren. Das musikalische Niveau ist jetzt zwar höher, die Kinder können oft schon richtig klasse singen, aber das bringt auch höhere Herausforderungen an den musikalischen Leiter mit sich.

Eine gute Möglichkeit, die Kinder bei der Stange zu halten ist, englische Lieder einzubringen. Zunächst sollten das nicht so schwierige Lieder sein, aber es gibt da viele Möglichkeiten. (Bsp. „I believe in Jesus" oder „Lord, I lift your name on high"). Aber auch Actionlieder mit Bewegungen, die in die Richtung einer Choreographie gehen, sind beliebt (Bsp. „Tun, was noch keiner tat" oder „Was würde Jesus tun").

Viele Kinder gehen jetzt schon zehn Jahre in der Kindergottesdienst. Manche Kinder sind dabei auch schon einen Glaubensweg gegangen und man kann ihnen mehr und mehr Lieder anbieten, die ihrer Glaubensüberzeugung Ausdruck verleihen und sie emotional anrühren (Bsp. „Hoffnung, Rettung", aus: „Du bist der Held"). Mit Kindern in diesem Alter kann man viel einfacher als mit jüngeren besondere Aktionen machen, etwa ein Musical einüben. Sie sind noch sehr aufgeschlossen und lernen schnell, können sich schon gut konzentrieren und auswendig lernen. So können sie ein Lied oder ein Singspiel selber präsentieren und bleiben gerne dabei.

Mit wenig Aufwand lässt sich das Weihnachtssingspiel aus der CD „Hurra für Jesus 6 - Christmasparty" zu Playbackmusik aufführen. Solch ein kleines Musical muss nicht perfekt sein! Macht Musik mit Kindern in diesem Alter, weil es Spaß macht! Ich habe in einem Weihnachtsgottesdienst eine höchst unperfekte Aufführung mit einer Gruppe von 15 Kindern zwischen 8 und 13 Jahren und drei Erwachsenen gehabt. Wir haben uns von Anfang November bis Mitte Dezember immer sonntags nach dem Gottesdienst für 45 Minuten getroffen. Das ist nicht viel Zeit zum Üben. Aber alle haben gesagt, dass es der schönste Weihnachtsgottesdienst seit vielen Jahren gewesen ist.

Natürlich kann man Musicals auch viel professioneller angehen. Wenn Mitarbeitern vor Ort dazu das Knowhow fehlt, können Kinder ab ca. zehn Jahren auch ermutigt werden, an einer Sing-Freizeit teilzunehmen. Das kann ein tolles Erlebnis sein und die Kinder auch für den Alltag in der Gemeinde ermutigen. Beispiele hierfür sind die Adonia-Arbeit (www.adonia.org) oder die KiSiKids (www.kisi.at).

3. Teil

4 Lieder im Kindergottesdienst und in der Familienzeit

Im Kindergottesdienst und noch mehr im Gottesdienst für alle Generationen können wir auf diese speziellen Bedürfnisse einzelner Altersgruppen natürlich nicht immer detailliert eingehen. Deshalb möchte ich nun die Musik im Gottesdienst eher von der inhaltlichen Seite betrachten. Lieder sollten im Gottesdienst nicht Lückenfüller sein, sondern den Menschen helfen, anzukommen, ihr Herz für Gott aufzumachen sowie Inhalte zu vertiefen und merk-bar zu machen. Diese drei Funktionen von Liedern sollte man vor Augen haben, wenn man Lieder auswählt, eine Lobpreiszeit vorbereitet und im Gottesdienst die Musik leitet.

4. 1. „Du bist da"

An den Anfang eines Gottesdienstes oder einer Zeit gemeinsamen Singens gehören Lieder, die Kinder und Erwachsene abholen und begeistern. Es sollten Lieder sein, die allen die Gelegenheit geben, anzukommen – nicht nur körperlich, sondern auch seelisch. Viele große und kleine Menschen kommen mit großen Spannungen sonntagmorgens in die Gemeinderäume: Da hat es Stress am Frühstückstisch oder auf der Autofahrt gegeben, jemand ist noch müde und ein anderer wollte eigentlich gar nicht mitfahren... Die ersten Lieder können da beruhigend wirken und helfen, „Dampf abzulassen". Es ist sehr wichtig, dass dabei Begeisterung von denjenigen ausgeht, die die Musik machen, dass sie ganz bei der Sache sind, ihre Gitarren gestimmt und ihre Mikrofone eingestellt haben.

Das erste Lied sollte den Allermeisten bekannt sein, vielleicht kann es auch ein Motto-Lied für eine Serie von Gottesdiensten zum gleichen Thema sein. Kein Mensch kann auf Knopfdruck fröhlich sein und auch nicht jeder wird von Anfang an begeistert mitmachen. Aber wir können mit den richtigen Liedern und guter Musik einiges dafür tun, dass Kinder und Erwachsene ihre Herzen aufmachen und Gott begegnen. Wenn die musikalische Begleitung noch nicht so ausgereift ist, kann gerade das Einstiegslied auch mit einem Playback eingespielt werden.

Geeignete Lieder könnten sein: „Hier bewegt sich was", aus: „Ich bin ein Bibelfan", „Willkommen im Vaterhaus", aus: „Du bist der Vater" oder „Jesus in meinem Haus" von Judy Bailey, aus: „Feiert Jesus II".

4. 2. „Gott ist da"

Damit sind wir im Zentrum gottesdienstlicher Musik: Wir richten unsere Herzen auf Gott, der uns kennt und sieht, der allmächtig und groß ist und dessen Gegenwart und Kraft unser Leben verändern kann. Was heißt aber: Gott loben und was heißt: Gott anbeten? Wir können Gott mit unseren Liedern Komplimente machen. Wir sagen ihm: Du hast diesen Tag schön gemacht, du hast jemanden gesund gemacht, usw. Wir können Gott auch für die kleinen Dinge danken.

Ein großer Teil der Lobpreislieder handelt davon, dass wir die biblische Beschreibung seines einzigartigen Wesens anerkennen: Niemand ist es mehr wert als Gott, gelobt und angebetet zu werden. Wer die Musik im Gottesdienst leitet, sollte immer wieder in der Bibel forschen, wie Gott ist. Wir können seine Treue und Zuverlässigkeit in den Mittelpunkt stellen; wir loben ihn dafür, dass er der Ursprung von allem ist: Die ganze Schöpfung ist sein Werk! Er ist aber auch ein liebevoller Vater und ein treuer Freund. Er ist gerecht und weise. Er ist unvergleichlich groß, stark und lebendig. Mit den Liedern drücken wir aus, dass wir unsere Prioritäten an seinen Prioritäten ausrichten wollen: Gott, du bist der Wichtigste!

In diesem Teil können fetzige und ganz ruhige Lieder vorkommen. Beginne mit lebhaften, rhythmischen Liedern, danach leite ein oder zwei ruhigere Lieder an. Gib den Kindern und Erwachsenen auch die Möglichkeit, zu Ruhe zu kommen, ihr Herz betend für Gott aufzumachen.

Leite die Lieder immer mit einigen Sätzen ein. Mach das ruhig recht direktiv und nicht so meditativ, wie es bei vielen Lobpreiszeiten mit Erwachsenen üblich ist. Lenke durch deine Worte die Gedanken der Gemeinde auf den Inhalt des Liedes.

In dieser Zeit kann man auch ganz natürlich eine kurze Gebetszeit einleiten, wenn die Atmosphäre dafür da ist. Das gelingt vielleicht auch nicht jedes Mal, aber es kann für die Kinder ganz normal werden, dass in einer Lobpreiszeit gebetet wird. Dabei sollte man kreativ beten und auch explizit sagen, dass jetzt die Möglichkeit zum Gebet ist („wir wollen jetzt mit Gott reden" oder „ wir wollen Gott jetzt sagen, was es uns bedeutet, dass er unser Vater ist"). Lade die Kinder ein, selber mit zu beten – z. B. in kleinen Gruppen. Oder bitte zwei oder drei Mitarbeiter kurz zu beten.

Wenn es darum geht, Kinder in einem gottesdienstlichen Rahmen in eine Lobpreiszeit zu führen, muss man bedenken, dass der musikalische Leiter eine gründliche Vorbereitung haben sollte. Es muss sowohl eine betende als auch eine gute musikalische Vorbereitung sein.

Auf der anderen Seite steht besonders in der Arbeit mit Kindern die Flexibilität: Versuche als Lobpreisleiter zu spüren, was heute geht und was nicht, versteife dich nicht auf deine Vorbereitung. Wenn es z. B. schon nach zwei Liedern sehr unruhig wird, sollte man lieber noch mal ein fetziges oder lustiges Lied singen und nicht erzwingen, dass die Kinder ruhig werden.

Gib den Kindern dann auch niemals das Gefühl, das sei nicht gut oder geistlich gewesen. Mit Kindern Spaß zu haben und sie in eine fröhliche und familiäre Atmosphäre hinein zu nehmen, kann in ihren Herzen genauso viel hinterlassen! John Drescher [5] schreibt: „Egal, wie gut Inhalte vermittelt werden, wenn die Atmosphäre nicht stimmt, werden die Inhalte von den Empfindungen verdrängt."

Ein anderes Mal kann es sein, dass die Kinder sehr intensiv dabei sind und man noch ein zusätzliches Lied nehmen oder einen Chorus noch mal wiederholen kann, weil der Großteil der Kinder ganz nah dran am geistlichen Geschehen ist.

Lass dich auch nicht davon entmutigen, dass besonders kleinere Kinder nicht mitmachen. Sie scheinen oft nur Beobachter des Geschehens zu sein, sitzen manchmal mit offenem Mund da und hören hauptsächlich zu, selbst wenn die Lobpreiszeit sehr kindgemäß gestaltet ist. Das bedeutet aber nicht, dass es ihnen nicht gefällt. Kinder brauchen oft eine sogenannte „Inkubationszeit". Dieses Wort kennen wir aus der Medizin. Es wird im Zusammenhang mit ansteckenden Krankheiten verwendet und beschreibt den Zeitraum, den ein Krankheitserreger bereits in einem Körper ist, bevor die Krankheit ausbricht. Diese Zeit brauchen auch die Kinder, um das Gehörte zu verinnerlichen und es dann sozusagen zeitverzögert zum Ausdruck zu bringen. Oft singen sie dann beim Hinausgehen oder auf der Autofahrt nach Hause munter die Lieder, die im Gottesdienst gesungen wurden und können sich genau an alles erinnern.

4. 3. Lieder erzählen von Gott

Die dritte Funktion von Lieder im Gottesdienst ist, dass sie Inhalte vermitteln. Biblische Lieder oder Geschichten, die man in Liedform verpackt lernt, vergisst man nie wieder. In der Lernpsychologie weiß man: Je mehr Sinne beim Lernen angesprochen sind, desto besser kann man die Inhalte behalten. Das sollten wir

[5] John M. Drescher: Lauter kleine Lieblinge; Brunnen Verlag, Giessen, 1996

uns auch mit Liedern im Gottesdienst zunutze machen. Lieder haben durch ihren Reim und die Melodie eine große Chance, sich in den Gedanken und Herzen richtig festzusetzen. Bei den Liedern mit biblischen Inhalten haben wir die wunderbare Möglichkeit, Kinder damit langfristig zu prägen. So kann eine Lobpreiszeit mit Kindern eine Lehre durch Lieder werden. In einer Liedform bleiben auch Merkverse und Bibelworte viel besser hängen. Ein Paradebeispiel ist für mich der Rock'n Roll-Song von Armin Knothe „Jesus sagt: Ich bin der Weg", aus: „Du bist Herr für Kids II" – da ist sogar die Bibelstelle mit enthalten.

Dabei muss in Themenliedern nicht unbedingt die ganze biblische Geschichte in Balladenform erzählt, sondern lediglich verdeutlicht werden, was wir daraus lernen. Ein Lied zur Geschichte von Noah und der Sintflut kann z. B. „Sommer und Winter" (aus: „Ich bin ein Kindergartenkind") sein, den Aufbau des apostolischen Glaubensbekenntnisses kann man mit „Wir glauben an Gott den Vater" (aus: „Ich bin ein Bibelfan") lernen. Wenn man mit Kindern die Entstehung und den Aufbau der Bibel durchnimmt, ist das Lied „Die Bibel ist ein Schatz" oder der „Bibelbücherrap" (aus: „Ich bin ein Bibelfan") eine große Hilfe.

3 Teil

3.5 Lieder lernen und musikalisch umsetzen

Es wird zunehmend schwieriger, Lieder pur von Noten zu lernen. Selbst gute Musiker sagen einem: „Lass mich mal reinhören, damit ich den Groove spüren kann." Deshalb gilt erst recht für jeden Laien: Höre dir das Lied, das du neu in den Kindergottesdienst oder Gottesdienst einbringen möchtest, mehrmals auf einer CD an. So bekommt man ein Gefühl für den Song und kann das Lied besser singen und begleiten.

Wenn du das Lied dann selber singen kannst, solltest du überprüfen, ob die Tonart zu dir passt. Manche Tonarten sind eine große Herausforderung an den Gitarristen und es könnte nötig sein, eine andere Tonart zu wählen, um leichtere Griffe zu haben. Damit die Tonhöhe dann noch stimmt, verwendet man einen Kapodaster, das man im entsprechenden Bund auf den Gitarrenhals klemmt. Es ist ein einfaches Hilfsmittel, das vielen Gitarrenspielern den Einstieg in die musikalische Begleitung im Gottesdienst erleichtert.

Folgende Tabelle sollte dir dabei eine Hilfe sein:

Vorzeichen						
1 b	F	B b	C	d	g	a/A
4 #	E	A	H	cis	fis	gis/Gis
2 #	D	G	A	h	e	fis/Fis
Ohne	C	F	G	a	d	e/E
2 b	B b	E b	F	g	c	d/D
3 #	A	D	E	fis	h	cis/Cis
1 #	G	C	D	e	a	h/H

Beispiel: Dein Song steht in B-Dur (Das Kennzeichen dafür sind zwei b als Vorzeichen hinter dem Notenschlüssel.) – das ist mit den vielen Barrèe-Griffen schwer zu spielen. Also verwendest du die Akkorde von A-Dur (d.h. B wird zu A, Es wird zu D, g-moll wird zu fis-moll) und setzt den Kapodaster in den ersten Bund. So klingt alles in B-Dur, aber du hast eine große Erleichterung bei den Griffen.

Eine andere Schwierigkeit könnte sein, dass das Lied für dich zu hoch zum Singen ist. Oft erlebt man das bei Songs, die von Männern mit hohen Stimmen auf CD gebracht werden. Dann kann man ein Lied gegebenenfalls tiefer setzen und verwendet natürlich keinen Kapodaster. Ein Lied in A-Dur wird dann vielleicht zu einem Lied in C-Dur (A wird zu C, D wird zu F, E wird zu G, usw.).

Aber Achtung: Bedenke, was wir über die Stimmen der Kinder wissen – was für dich gut zu singen ist, kann für Kinder leicht zu tief werden. Deshalb ist es ganz gut, dass man kontrolliert, wie tief der tiefste Ton des Liedes ist. Lieder mit einem sehr großen Tonumfang sind für kleine Kinder nicht gut geeignet, und sollten vermieden werden.

Wenn man bei Kindern neue Lieder einführt, ist es wichtig, erst einmal das Lied vorzusingen und die Lernenden zuhören zu lassen. Im zweiten Schritt singen alle mit. Wenn ein Lied länger ist oder mehrere Teile hat, empfiehlt es sich, die Teile nach und nach zu üben. Wenn man merkt, dass an einer Stelle eine Passage falsch aufgenommen wurde, wiederholt man das Vorsingen noch einmal. Achte auch auf den Rhythmus: Er sollte von Anfang an nicht verwässern, sonst hat man später womöglich keinen Spaß an dem Lied. Dazu kann man schwierige Passagen auch mal vorklatschen.

Fordere besonders jüngere Kinder nicht zum „lauten" Singen auf – das endet nur in Geschrei. Sobald Kinder ein Lied richtig gut können und begeistert davon sind, werden sie so laut singen, wie es zu ihnen passt.

Beim eigenen Vorsingen sollte ein musikalischer Leiter auf eine gute Artikulation (Aussprache) achten. Ein wichtiger Tipp beim Singen ist dabei, die Silben am Wortende in aller Regel kurz auszusprechen und Töne nicht unnötig lang auszuhalten.

Wenn es mit dem Begleiten moderner, rhythmischer Lieder noch nicht so klappt, kann man auch auf Playback-CDs, die nur die Musik enthalten, oder Voll-Playback-CDs, die ganz normalen CDs mit Gesang und Musik, zurückgreifen. Selbst im gottesdienstlichen Rahmen ist das bei guter Ausstattung eine hilfreiche Alternative.

4. Gottesdienst Entwürfe

Aktuelles Interview in der Tagesschau?
Paparazzi auf einer heißen Spur?
Super News von Paulus im Gottesdienst!

4 Teil

4.1 Einleitung zu den Programmvorschlägen

In der Praxis regelmäßiger Familiengottesdienste hat es sich als sehr vorteilhaft erwiesen, Themenreihen zu gestalten. So kann Sonntag für Sonntag auf das Bezug genommen werden, was man schon gelernt hat. Besonders die praktischen Aufgaben für das geistliche Leben in der Familie im Alltag können so immer wieder in Erinnerung gerufen werden. Im Folgenden werde ich detaillierte Gottesdienstentwürfe vorstellen, die Teile verschiedener Reihen waren. Ich hoffe, dass die Entwürfe dich zu eigenen Ideen anregen. Deiner Kreativität sind hier natürlich keine Grenzen gesetzt! Die Dialoge können zum Beispiel immer auch ganz anders formuliert werden. Meine Erfahrung ist es ohnehin, dass „Praxiskonzepte", so gut sie auch sein mögen, nie 1:1 kopiert werden können. Immer wenn ein neues Mitarbeiterteam einen Stundenentwurf anpackt, wird er wieder anders ausfallen. Die Begabungen der Mitarbeiter, aber auch die Bedürfnisse der Eltern und Kinder sind immer unterschiedlich. Und auch Gott redet immer wieder unterschiedlich. Rechne damit, dass Gott sowohl in der Vorbereitung als auch im Familiengottesdienst zu dir reden will.

Spannende, lustige und kuriose Elemente sind in jedem Familiengottesdienst ein „Muss". Eltern und Kinder sollen befreit lachen können, ihr Herz auftun für die beste Botschaft der Welt.

Spannende, lustige und kuriose Elemente sind in jedem Familiengottesdienst für mich ein „Muss". Eltern und Kinder sollen befreit lachen können, ihr Herz auftun für die beste Botschaft der Welt. Außerdem soll die ganze Sache „Tempo haben", d.h. lange Umbaupausen oder künstliche Pausen, in denen die Mitarbeiter überlegen, ob sie jetzt dran sind oder nicht, sollten vermieden werden. Die einzelnen Programmpunkte sollten zügig - nicht hektisch - aufeinander folgen. Dabei bleibt es immer eine große Herausforderung, nahe am biblischen Text, der Geschichte oder dem Thema zu bleiben und nichts zu verfälschen, um einen „Show-Effekt" zu erzielen. Selbst wenn es verlockend erscheint, sollte man auch keine inhaltlichen Veränderungen vornehmen, um eine Geschichte spannender zu machen. Die Möglichkeiten zur Gestaltung sind trotzdem riesengroß, da man immer den historischen, gesamtbiblischen und auch den menschlichen (psychologischen) Kontext einflechten kann.

Ein Beispiel ist hier der Gottesdienstentwurf zum Thema „Ich bin das Licht der Welt". Der Hirte kommt zwar, so wie es dargestellt wird, in der Bibel nicht vor. Wenn er aber erzählt, dass das Licht des Messias sein dunkles Herz getroffen hat, dann ist das im Sinne von 1. Johannes 1, 5 - 7 zu verstehen. So wurde ein Teil der Erklärung des Jesus-Wortes einfach in der konkreten Geschichte verpackt. Wir wissen, dass es Menschen so ergeht, wie dem fiktiven Hirten, wenn sie ihr Leben im Licht von Jesus Christus sehen. Außerdem wissen wir, dass es eine große Gruppe zumeist armer Menschen in Palästina gab, die sehnlichst auf den Messias warteten. Ein guter weiterer Effekt ist, dass wir die Weihnachtsgeschichte (die ja sehr bekannt ist und bei Gemeindekindern das „Kenn ich schon"-Stöhnen auslöst) aus einer guten und überraschenden Perspektive erzählen können.

Wie kann man die Gottesdienstkonzepte benutzen? Folgende Symbole helfen dir:

steht für die Dekoration, die Verkleidung und das Material, das besorgt werden muss.

steht für die Lieder, die gesungen werden können. Alle Lieder ohne spezielle Autorenangabe stammen aus der Feder von Daniel Kallauch. Im Anhang findest du einen Index dieser Lieder, sodass du sie leicht auf den verschiedenen CDs findest. Die Kürzel hinter den Liedern weisen dir den Weg zu diversen Liederbüchern. Hier sind die vorgeschlagenen Lieder mit Noten, Gitarrengriffen und zum Teil auch mit Klavierbegleitung abgedruckt. Manchmal leitet ein Lied die Familienzeit ein oder rundet diese Zeit ab. Oft werden aber auch mehrere Lieder hintereinander gesungen - eine Familienlobpreiszeit (siehe „Singen mit Kindern und Erwachsenen").

hinter einem Lied bedeutet, dass dies ein Bewegungslied ist. Die Bewegungen sind in den Liederbüchern von Daniel Kallauch zu finden, teilweise auch auf dem Video „Hurra für Jesus" und auf der DVD „Hier bewegt sich was".

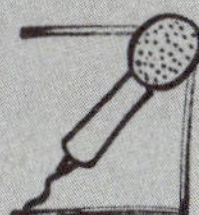

steht für die Moderation. Hier verläuft der „rote Faden" des Gottesdienstes. Innerhalb eines Gottesdienstes oder einer Familienzeit sollte dieser Part von ***einer*** Person ausgefüllt werden. Manchmal wird der Moderator aber auch ganz plötzlich in eine Szene hineingezogen. Also: Achtung!

steht für kreative Verkündigung - also Handpuppengeschichten und Spielszenen. Meistens findest du dieses Symbol in jedem Entwurf zweimal. Zunächst wird man zum Thema hingeführt, beim zweiten Mal geht es um eine Vertiefung des Themas. Wenn nicht so viel Zeit zur Verfügung steht, kann man natürlich auch einen Punkt weglassen.

Kürzel wie etwa „12 Jü Gr" beziehen sich auf ein spezielles Overheadmaterial: „Farbfolien für Religionsunterricht und Kinderstunden" (siehe Anhang), das wir oft benutzen, um biblische Geschichten zu erzählen.

4 Teil

4.2 Die Bibel - ein besonderes Buch

Die Bibel ist ein besonderes Buch. Und nicht nur das: Sie gibt uns die wichtigsten Informationen über Gott. Sie zeigt uns sein Wesen und erzählt über sein gnädiges Handeln in der Geschichte. Darüber hinaus heißt sie nicht umsonst „Gottes Wort", d.h. Gott selber spricht zu uns.

Mit einer Reihe über die Bibel kann man bei Kindern großes Interesse wecken, sie zu lesen. Wir bekamen aber auch ein gutes Feed-back von Erwachsenen, die am Anfang ihres Weges mit Jesus standen. Da gingen einigen ganze Kronleuchter auf: „Ach, so ist die Bibel entstanden! Jetzt verstehe ich...".

Hilfreich für die ganze Serie: Die Kofferbibel

Beklebe einen großen alten Koffer mit einer großen Pappe oder glänzenden Folie, aus großen Buchstaben wird die Aufschrift gestaltet: Die Bibel. Diese Bibel kann in jedem Gottesdienst geöffnet werden. Sie enthält verschiedene Utensilien, die für die Illustration der Themen von Bedeutung sind (z. B. beim 1. Thema: das Überraschungsei; beim 3. Thema: das Puzzle; beim 4. Thema: ein Schwert, ein Glas Honig, eine Tube Salbe etc.)

Vorschlag für eine Themenreihe „Bibel":

1. Entstehung der Bibel („Die Bibel. Unglaublich, wie sie entstand")
2. Ein Gang durchs Alte Testament - Gott macht Geschichte
3. Ein Gang durchs Neue Testament - Ein Heilsplan wird sichtbar („Die Bibel. Was uns das Neue Testament zeigt")
4. Was man mit der Bibel erleben kann
5. Wie liest man denn die Bibel?
6. Die Bibel für alle Menschen der Welt: Wycliff-Bibelübersetzer

Teil

4.2.1 Die Bibel - unglaublich, wie sie entstand

Zielgedanke: Gott lenkte und inspirierte verschiedene Menschen zu unterschiedlichen Zeiten, um sein Wort aufzuschreiben.

• Bühnenbild / Material: Ein oder zwei Regale mit möglichst vielen Büchern, auch mit vielen Bibelausgaben, an der Wand ein großes Plakat: BIBLIOTHEK, Öffnungszeiten, usw.
• Die Kofferbibel

Overhead mit folgenden Farbfolien:
1. Bild: Hintergrund „Wüste" (2 Mo 6, 6 Ge1, 6 Ge 2)
2. Bild: Hintergrund „Wüste" (2 Da 3, 4 Te 8)
3. Bild: Hintergrund „grüne Landschaft" (15 Gr 26, 9 Je 3, 12 Jü 2, 13 Ha 4, 4 Pr 8)
4. Bild: Hintergrund „grüne Landschaft" (10 Ps 3, 15 Gr 25, 13 Ha 4, 10 Ps 4)

Mitarbeiter:
• *Herr Such,* ein etwas verwirrter Detektiv mit karierter Jacke, überdimensionaler Brille und einer crazy Perücke, Namensschild
• *Frau Find,* eine sehr intelligent wirkende Bibliothekarin (Nickelbrille, schwarzer Rock, weiße Bluse), Namensschild
• *ein weiterer Mitarbeiter,* der am Overheadprojektor erzählt, wie verschiedene Menschen dazu beigetragen haben, dass die Bibel entstand

Hinweis - zwei Dinge werden hier parallel gezeigt: auf der einen Seite der Bühne: die Bibliotheksgeschichte mit Herrn Such und Frau Find, auf der anderen Seite am Overheadprojektor die Entstehungsgeschichte der Bibel.

Ablauf:

Theaterstück:
Herr Such (tut sehr wichtig, kommt in die Bibliothek und sucht „das Buch")
Frau Find (versteht zunächst nicht, sie hat ja viele Bücher, bietet ihm das eine oder andere Buch an, Kochbuch, Ehebuch „Männer sind anders - Frauen auch", ein bekanntes Kinderbuch, dann begreift sie, was Herr Find will): Ach, sie sind ein alter Lateiner. Sie suchen „biblia" - das Buch, das Buch der Bücher. Na, da kann ich Ihnen vieles anbieten. Wie wär es mit der Einheitsübersetzung? Oder vielleicht lieber „die Hoffnung für alle"? Sie ist in sehr gut verständlichem Deutsch geschrieben. Oder lieber etwas Klassisches? Ich habe auch eine Luther-Übersetzung von 1912!...

Herr Such: Ich möchte aber die Originalausgabe. Eben so wie sie früher einmal geschrieben wurde.
Frau Find (etwas ratlos): Ich habe hier auch ein hebräisches Altes Testament. Und das griechische NT könnte ich ihnen über Fernleihe besorgen. Können Sie denn Griechisch und Hebräisch?
Herr Such (ziemlich verwirrt): Nein, natürlich nicht. Aber wie komme ich denn an eine Originalausgabe? *(hat eine Idee)* Wer ist denn der Autor? Wer hat die Bibel denn geschrieben?

Frau Find (erleichtert): Ach so meinen Sie das. Jetzt verstehe ich. Wissen Sie, die Bibel ist selbst eine ganze Bibliothek. *(zeigt auf ihre Bücher)* Sie besteht aus 66 Büchern. Schauen Sie nur hier vorne. *(schlägt eine Bibel vorn auf)*

Herr Such: Was, 66 Bücher? Aber wer hat diese Bücher denn geschrieben?
Frau Find: Na, ja, z. B. Mose hat einen Teil dieser Bücher ungefähr um 1500 vor Christi Geburt geschrieben. Kennen Sie Mose und seine Geschichte?

(Beide schauen auf die andere Seite der Bühne, wo der Mitarbeiter am Overhead nahtlos anfängt, mit Farbfolien zu erzählen, wie Mose die Steintafeln mit den 10 Geboten bekam).

(1. Bild) Erzähler:
Mose war einer der wichtigsten Männer in der Geschichte Israels. Er schrieb die Geschichten auf, die seine Eltern ihm schon erzählt hatten: Wie Gott die Welt schuf, wie er eine Sintflut über die Erde schickte und wie er Abraham nach Kanaan brachte und ein großes Volk aus ihm machte. Er schrieb für das Volk Israel auch auf, wie sie im Gehorsam Gott gegenüber leben sollten. Mose war sehr vertraut mit Gott. Er wurde sogar der „Freund Gottes" genannt. Eines Tages rief Gott ihn zu sich auf einen Berg und gab ihm die 10 Gebote auf steinernen Tafeln. Gott selbst, so steht es in 2. Mose 32, 16, hatte die Worte in die Tafeln gemeißelt. Das war eine sehr dramatische Geschichte.

Herr Such: Ah, jetzt verstehe ich: Mose hat also die Bibel geschrieben! Er ist der Autor!
Frau Find: Nein, nicht nur Mose. Er hat lediglich einen Teil des Alten Testaments - des ersten Teils der Bibel - geschrieben. Es gab noch andere Männer und Frauen, die daran mitgeschrieben haben. Ca. 500 Jahre nach Mose hat z. B. David, der berühmte König, von Israel Einiges geschrieben.

(Beide sehen wieder hinüber zum Projektor).

(2. Bild) Erzähler:
David war ein Musiker und ein Mann nach dem Herzen Gottes. Schon als er noch ein Teenager war, sang er seine Gebete und begleitete sich selbst auf Instrumenten. Viele Jahre war er auf der Flucht. In dieser Zeit hat er Lieder gedichtet, die von seiner Verzweiflung sprechen, aber auch von seiner Hoffnung, dass Gott sein Leben in der Hand hat. Diese Lieder und Gebete kennen wir als Psalmen in der Bibel.

Herr Such: Jetzt hab ich's! Mose und David haben also die Bibel geschrieben.
Frau Find: Nein, nein, nicht nur diese zwei. Es gibt ungefähr 40 Autoren in der Bibel.
Herr Such: Wirklich? 40 Leute haben an der Bibel mitgeschrieben?
Frau Find (immer mehr begeistert): Ja, und unter ihnen waren viele Augenzeugen von dem, was Gott an großen Dingen in dieser Welt getan hat. Zum Beispiel Johannes und Lukas schrieben weitere 1000 Jahre später auf, was Jesus sagte und tat.

(Herr Such und Frau Find wenden sich dem Overhead zu).

(3. Bild) Erzähler:
Als Jesus auf dieser Erde als Mensch lebte, predigte und heilte er. Es gab viele Augen- und Ohrenzeugen dessen, was er tat und sagte. Seine Jünger gehörten natürlich dazu. Johannes hat seine Sicht der Dinge aufgeschrieben. Lukas war zwar kein direkter Augenzeuge, aber er war doch ein Zeitgenosse Jesu und kannte viele Menschen, die Jesus live erlebt hatten. Vermutlich hat er z. B. Maria, die Mutter Jesu, besucht und sie vieles gefragt, sodass wir in der Weihnachtsgeschichte in Lukas 2 genau nachlesen können, wie sich alles ereignet hat.

Herr Such: Ist ja unglaublich: Mose, David, Lukas - wie soll ich mir das merken?
Frau Find: Noch viel mehr Menschen haben zur Bibel beigetragen, wie wir sie heute haben. Die Schreiber waren Fischer, Bauern, Ärzte, Zollbeamte, Theologen, Politiker, Handwerker,...

(Herr Such und Frau Find schauen wieder zum Overhead).

(4. Bild) Erzähler:
Der Apostel Paulus hat sehr viel dafür getan, dass Menschen im ganzen Mittelmeerraum erfuhren, dass Jesus, der Sohn Gottes, in die Welt kam, um die Menschen zu Gott zu führen. Überall reiste er herum, predigte und gründete Gemeinden. Den Gemeinden hat er dann viele Briefe geschrieben, um sie Dinge über Gott zu lehren. Diese Briefe machen einen großen Teil unseres Neuen Testamentes aus.

Herr Such: Also 40 Autoren - schreiben die dann nicht völlig unterschiedliche Dinge? Und woher weiß man überhaupt, welches Buch nun zur Bibel dazugehört und welches nicht? Also, das finde ich ein bisschen seltsam. Ich glaube, ich nehme doch lieber ein anderes Buch. Vielleicht das hier: „Männer wissen alles, Frauen nichts" *(oder er greift ein anderes bekanntes Buch heraus und verdreht den Titel).*
Frau Find: Ach, Herr Such, ich kann Ihnen die Bibel wirklich sehr empfehlen. Das Besondere an ihr ist, dass Gott durch all diese Menschen sprach, als sie die biblischen Bücher verfassten. Er wollte sich gerne den Menschen mitteilen, wollte mit ihnen reden. Dazu benutzte er diese verschiedenen Menschen über einen langen Zeitraum von 1500 Jahren. Deshalb gehören alle diese Bücher zusammen und haben keine Widersprüche. Die Menschen die an Gott glaubten, haben ganz genau gespürt, welche Bücher zur Bibel dazugehörten und welche nicht.

Herr Such (zweifelt immer noch): Ich weiß nicht. 66 Bücher - 40 Autoren - in einem Zeitraum von 1500 Jahren geschrieben - das ist mir doch ein bisschen kompliziert. Und außerdem weiß ich doch eigentlich schon was drin steht. Ich bin ja immer zum Kindergottesdienst gegangen. Da kennt man doch so ziemlich alles.

Frau Find (zeigt Herrn Such ein Überraschungs-Ei): Mein lieber Herr Such, ich will ihnen das mal an einem Beispiel zeigen. Was sehen sie hier?
Herr Such (mit leuchtenden Augen): Nun ja, ein Überraschungs-Ei, in Alupapier eingewickelt, und drin ist die gute Kinderschokolade (mit lebenswichtigen Aufbaustoffen) - und dann ist da noch ein gelbes Plastik-Ei.
Frau Find: Und wissen Sie, was da drin ist?
Herr Such: Nein, natürlich nicht, das ist doch die Überraschung.
Frau Find: Ja, weiter kommen Sie erst, wenn Sie es aufmachen. Dann können Sie es mir wirklich beschreiben. *(Herr Such darf das Ei aufmachen).*
Frau Find : Genauso ist es mit der Bibel. Man kennt und versteht sie erst dann, wenn

man sie auspackt, aufmacht und liest. Sie glauben gar nicht, was für Überraschungen man da erlebt. *(Die beiden gehen ab).*

Moderator leitet zum Familienlobpreis über:
Ich freue mich sehr darüber, dass Gott mit mir reden will. Wenn ich in der Bibel lese, dann lese ich wirklich die Worte Gottes an mich! Und alles was in der Bibel steht, ist zuverlässig und wahr. Die Worte der Bibel helfen mir auch, mich selbst richtig zu sehen, z. B. zu erkennen, was ich falsch gemacht habe und wo ich mich ändern muss. Die Bibel zeigt mir, wie ich leben kann, sodass es Gott gefällt.

Lobpreis:

- Alle Worte der Bibel hat uns Gottes Geist gegeben *(Echolied) DK2, H9*
- Wir glauben, was die Bibel sagt, *VLB*
- Superbuch , *DK2, BF*
- Alles, aber wirklich auch alles *(zusätzliche Strophe: Wer hat die Bibel gemacht?), DH, KG, HB*
- Die Bibel ist ein Schatz, *BF*

Abschluss:

Gebet
Danke für Gottes Wort,
Danke, dass Gott darüber gewacht hat, als Menschen die Worte der Bibel aufschrieben,
Danke, dass wir so viel über Gott, den Vater, erfahren können, dass er sich selbst uns in seinem Wort zeigt und begegnet.
Bitte, dass nicht unsere eigenen Vorstellungen über Gott wichtiger sind, als das, was wir schwarz auf weiß haben,
Bitte, die Bibel immer besser zu verstehen.

4 Teil

4.2.2 Die Bibel - was uns das Neue Testament zeig

Zielgedanke: Gott hat einen Rettungsplan für uns. Im Neuen Testament zeigt er uns, wie wir durch den Glauben an Jesus gerettet werden.

- Die Kofferbibel
- Eine rote (Wäsche-)leine, die durch den Raum gespannt ist
- Verschiedene Pläne (Stadtplan, Bauplan von Lego oder Playmobil, Stundenplan, Fluchtplan eines Gebäudes) - *Diese Pläne werden vor dem Gottesdienst unter fünf Sitzplätze im Raum geklebt.*
- DIN 3 Plakat mit der Aufschrift „Neues Testament"
- Bilder für die verschiedenen Bücher des Neuen Testamentes (siehe Text)
- Wäscheklammern
- Ein 100 Teile Puzzle mit Karton (nicht zu kleine Teile)

Ablauf:

Begrüße Kinder und Erwachsene freundlich. Betone, dass sie in der nächsten Stunde nichts Negatives, sondern nur überaus gute Nachrichten hören werden. Auch wenn es heute morgen in der Familie schon Ärger oder Streit gab: Jetzt ist die Zeit das hinter uns zu lassen. Gott meint es so gut mit uns. Er sieht uns als seine Kinder und liebt jeden Einzelnen: Dich und dich und dich...

Lobpreis:

(Falls Dir diese Lieder nicht bekannt sind, wähle andere, die die Güte Gottes und seinen Plan zur Rettung der Menschen in den Mittelpunkt stellen.)

- Lord, I lift your name on high *Rick Founds, DbH 4*
- Wir glauben, was die Bibel sagt, *(Echolied) VLB*
- Jesus, ich danke dir, *DK1, VLB*

Handpuppengeschichte:

Wir spielen hier mit John, der Klappmaulpuppe, die eine Kinderrolle einnimmt. Die Geschichte kann entweder von zwei Mitarbeitern gespielt werden, sodass einer die Puppe (John) führt und spricht und der andere sein Gegenüber (Klara) ist, oder von einem Puppenspieler, der Klara und John spielt.

John (umarmt Klara stürmisch): Klara, bin ich froh, dass ich dich gefunden habe.
Klara (befreit sich lachend und etwas verwundert von John): Mich gefunden? Aber wieso denn? Wir treffen uns doch immer hier in der Friedenskirche.
John: Ja klar, aber man muss natürlich wissen, wo die Friedenskirche ist!
Klara: Aber du warst doch schon so oft hier. Ich bitte dich!
John: Aber doch noch nie allein. Ich bin doch immer mit meinem großen Bruder hierher gegangen. Und der ist doch krank. Er hat einen Mückenstich und muss das Bett hüten.

Klara: So, so, und da musstest du allein hierher kommen. Lass mich nachdenken: Du bist eure Straße links runter gegangen und dann an der Wilhelmstraße in den Bus Nummer 7 gestiegen.
John (nickt eifrig): Genau!
Klara: Am Hauptplatz bist du ausgestiegen, die Rosenstraße runter, dann die zweite rechts...

John (unterbricht sie): Nein, nein, nicht ganz. Ich bin erst am Fußballplatz ausgestiegen. Aber dann wusste ich die Richtung nicht mehr. *(schluchzt)* Ich war auf einmal in einer Straße, in der ich noch nie vorher gewesen war. Kannst du dir das vorstellen?
Klara: Au weia, was hast du dann gemacht? Hast du jemanden nach dem Weg gefragt?
John: Erst war da niemand, den ich fragen konnte. Die Leute scheinen Sonntagmorgens um neun was besseres zu tun zu haben, als anderen den richtigen Weg zu zeigen...

Klara (nickt verständnisvoll): Und dann? Was hast du gemacht?
John: Dann kamen doch zwei Leute vorbei. So mit Wanderschuhen und Wanderstock. Die habe ich dann gefragt, wie man zur Friedenskirche kommt.
Klara: So, und die wussten den Weg?
John: Nein, die hatten keine Ahnung. *(Pause)*
Klara: Ach John, nun mach's doch bitte nicht so spannend. Wie hast du dann rausgefunden, wie du hierher kommst?

John: Die beiden hatten einen Stadtplan und eine Umgebungskarte dabei. Sie wollten ja schließlich eine Wanderung machen. Den Plan haben sie aufgeschlagen. Die Friedenskirche war natürlich eingezeichnet. Und dann haben sie gesagt: Das ist ganz einfach. Geh einfach bis zur nächsten Kreuzung, dann nach links und die nächste Straße rechts - oder links, das weiß ich nicht mehr. Auf jeden Fall war's richtig.
Klara: Da hast du aber Glück gehabt, dass die eine Plan hatten, was? Wenn man einen Plan hat und ihn auch lesen kann und dann dem Plan auch folgt, dann kommt man eigentlich sicher zum Ziel. Super, John, da können wir ja weiter zusammen Gottesdienst feiern... *(gehen zusammen ab)*

Illustration „Pläne":
Dieser Plan war für unseren Freund John ganz schön wichtig, um heute morgen dabei zu sein. Es gibt aber nicht nur Stadtpläne, sondern auch noch andere Pläne. Schaut alle mal unter euren Stühlen nach, ob der eine oder andere einen Plan findet. *(Der Moderator bittet die Betreffenden nach vorne und befragt sie zu den gefundenen Plänen und führt ein lockeres Gespräch mit ihnen.)*

• Den Bauplan von Playmobil braucht man, um zu wissen, wie das fertige Teil mal aussehen soll.
• Der Stundenplan ist wichtig, um die richtigen Bücher und Hefte dabei zu haben und um zu wissen, in welchen Raum man gehen muss.
• Den Fahrplan braucht man, um den richtigen Zug auszusuchen. Der Fahrplan zeigt uns auch, von welchem Gleis ein Zug abfährt.
• Der Fluchtplan eines Gebäudes ist ein ganz wichtiger Plan, damit man weiß, wie man bei Gefahr, z. B. bei Feuer das Gebäude verlassen soll. Dieser Plan kann lebenswichtig sein!

Illustration „Der rote Faden":
Heute morgen geht es aber noch um einen anderen, ebenfalls lebenswichtigen Plan. Wenn man diesen Plan nicht kennt, um den es gleich geht, begibt man sich in echte Lebensgefahr! Wisst ihr, wo man diesen Plan findet? *(Der Moderator zieht ein kleines Plakat mit der Aufschrift „Neues Testament" aus der Kofferbibel.)*

Das Neue Testament ist der zweite Teil der Bibel. Aber was steht überhaupt da drin? Was ist der Rote Faden im Neuen Testament? Wir haben hier mal einen roten Faden gespannt *(rote Wäscheleine - Moderator hängt mit den Wäscheklammern für jeden Teil des Neuen Testamentes Bilder an die Leine).*

Zuerst kommen vier Bücher mit Geschichten über Jesus. *(Farbfotokopien aus Kinderbibeln)* Man kann hier nachlesen, wie Jesus geboren wurde *(Bild: Jesus als Baby im Stall)*, wie er begann, den Menschen von Gott zu erzählen. Jesus zeigte auch durch sein Handeln, weshalb er auf die Erde gekommen war: Er befreite Menschen von Krankheiten *(Bilder von Heilungen)* und Bindungen. Er zeigt ihnen, dass Gott ihr Vater sein möchte und dass er sie einlädt, zu ihm nach Hause zu kommen *(Bild aus der Geschichte vom Verlorenen Sohn)*. Die Geschichte von Jesus ist sehr spannend. Er wurde nämlich verhaftet und zum Tode verurteilt, obwohl er völlig unschuldig war *(Bild von der Kreuzigung)*. Jesus starb stellvertretend für uns Menschen. Wir hätten es verdient so zu sterben, aber Jesus nahm die Strafe für die Sünde auf sich. Jesus war aber stärker als der Tod! Alle vier Geschichten *(die Evangelien)* berichten, dass Jesus auferstand *(Bild des Auferstandenen)*, eine Weile noch bei seinen Jüngern blieb und dann in den Himmel, in die unsichtbare Welt Gottes zurückging. Aber das Neue Testament ist damit noch längst nicht zu Ende *(Der Moderator hängt ca. 20 Strichmännchen, Vorderseite schwarz, Rückseite weiß an die Leine)*.

Viele Menschen begannen an Jesus zu glauben. Wer an Jesus glaubte, dessen Leben veränderte sich total! *(Alle Strichmännchen werden umgedreht, sodass die weiße Seite sichtbar ist. Die Männchen dabei in Gruppen zusammenheften)*

Die Apostelgeschichte, das ist das 5. Buch im Neuen Testament berichtet, dass diese Menschen Christen genannt wurden und dass sie in Gemeinden zusammenkamen. Sie brauchten mit ihrem neuen Glauben nicht alleine bleiben. Überall wurden Gemeinden gegründet und immer mehr Menschen begannen, an Jesus zu glauben.

In unserem Neuen Testament kommen danach ganz viele Briefe, die Paulus, Petrus, Johannes und andere an diese neuen Christen in der ganzen Welt schrieben *(Der Moderator heftet viele Briefe mit Adressaten an die Wäscheleine)*. In diesen Briefen wird erklärt, wie man dahinkommen kann, an Jesus zu glauben und auch, wie man als Christ dann leben kann und ein echter Jesusjünger wird.

Ganz zum Schluss hat das Neue Testament dann noch ein Buch, in dem es um die Zukunft geht *(Bild mit einem Fernrohr und einer Goldkrone)*. Jesus wird einmal in Herrlichkeit wiederkommen, steht in diesem Buch. Er wird alles Böse besiegen und wird uns zu sich in die neue Welt Gottes holen. Das ist Gottes Plan, sein Heilsplan, für uns! *(Der Moderator entnimmt der Kofferbibel einen zusammengerollten Schriftzug „Heilsplan" und befestigt ihn an einer Wand. Ein weiterer Mitarbeiter kommt auf den Moderator zu)*

Minipredigt:
Mitarbeiter: Du sagst das so: Heilsplan. Aber wenn man einen Plan dazu braucht, damit etwas heil wird, dann muss es ja vorher kaputt oder zerbrochen gewesen sein, stimmt's?

Moderator stimmt zu.

Mitarbeiter: Lass mich mal überlegen, wie ich das noch anders erklären könnte...
(holt das Puzzle aus der Kofferbibel. Das Puzzle sollte ja heil sein, deshalb kann es auch hinter der Kofferbibel deponiert werden, wenn der Koffer nicht groß genug ist. Hält das Puzzle etwas schräg, damit es alle sehen können)

Am Anfang, als Gott den Menschen erschuf, lebten die Menschen mit Gott in Gemeinschaft. Deshalb ging es ihnen gut, sie waren gesund und heil. Nicht nur körperlich, sondern auch in ihren Herzen ging es ihnen gut. Sie waren heil und mit Gott eins. Dann aber wurden sie ungehorsam, sie sündigten, sie hatten auf einmal ihren eigenen Willen und taten, was ihnen gefiel. Und damit ging die Gemeinschaft mit Gott kaputt.
(lässt Puzzle fallen)

Aber Gott ließ die Menschen nicht im Stich, sondern er bückte sich *(bückt sich nach den Puzzleteilen, beginnt sie einzusammeln)*. Er hatte einen Plan und schickte Jesus, seinen geliebten Sohn. Gott hatte das Bild noch genau vor Augen *(nimmt den Puzzlekarton und zeigt die Vorderseite mit der Vorlage des Puzzles)*. Er wollte, dass die Menschen wieder heil und glücklich wurden und wieder in Gemeinschaft mit ihm, ihrem Schöpfer leben konnten. Mit Jesus setzte er seinen Plan um und begann, die Menschen wieder in das Bild, das er von ihnen hatte, zurückzubringen *(beginnt, das Puzzle nach der Vorlage wieder zusammenzulegen)*.

Moderator: Genau, dazu kam Jesus zu uns! Er kam zu uns, weil Gott uns liebte!

Lobpreis:

- Jesus ist gekommen um zu suchen und zu retten, *A. Knothe, DbH Kids* 
- Gott wird Mensch, *VLB, GV* 
- Alle Worte der Bibel, *(Echolied) DK2, H9*
- Bibelbücher-Rap, *BF*
- Die Bibel ist ein Schatz, *BF, GA*

Moderator (mit Hinweis auf die rote Schnur):

Vielleicht wusstest du noch gar nicht, dass so viele Dinge im Neuen Testament stehen. Entdecken kann man sie nur, wenn man sie auch liest! Fang doch mal an, ein Buch des Neuen Testamentes zusammen zu lesen, vielleicht das Lukasevangelium. Dort steht übrigens auch wörtlich der Text von dem Lied „Jesus ist gekommen...", das wir gerade gesungen haben. Wer mir am nächsten Sonntag zeigen kann, wo, für den habe ich eine kleine Überraschung!

Abschluss:

Gebet

Danke, Gott, für dein Wort

Danke, dass wir darin einen Plan finden, der uns ganz bestimmt ans Ziel, nämlich ins Vaterhaus bringt

Danke, für Jesus, der sein Leben gegeben hat, damit wir wieder heil werden

Lied:

- Immer und überall, *DK1, VLB, GV*

4 Teil

4.3 Wer Jesus ist

In dieser Themenreihe kann die Gemeinde kennen lernen, was Jesus im Johannesevangelium über sich selbst sagt. Die einzelnen Themen verraten viel über Jesu Wesen, seine Kraft und Vollmacht. Jesus benutzt Bilder, um seinen Auftrag zu erklären. Für Kinder ist es nicht leicht, diese Abstraktionen zu verstehen. Deshalb habe ich versucht, die Inhalte in konkrete Geschichten zu verpacken.

Ein Banner (der Raumgröße angepasst) an der Rückwand mit den Worten „Jesus sagt: Ich bin...". Dieser Satz wird Sonntag für Sonntag um den jeweiligen Vergleich ergänzt. Hierzu kann z. B. ein Plakat mit einem Hirten gemalt werden oder ein großer Brotlaib.

Tipp für die Woche:
Fordere die Eltern auf, das Wochenthema mit ihren Kindern durchzubeten, z. B. könnte man beim segnenden Gebet, wenn die Kinder zu Bett gebracht werden, eine Woche lang beten:

„Jesus, du bist der gute Hirte. Du sorgst so gut für uns. Danke, dass wir uns nicht fürchten müssen, weil wir wissen, dass du uns immer beschützt. Du verteidigst uns mit deinem eigenen Leben. Danke, dass du mich so sehr liebst und mich mit meinem Namen kennst. Jesus, ich möchte auch immer mehr lernen, deine Stimme zu hören. Hilf mir bitte dabei."

In der folgenden Woche kann das Abendgebet dann auf das nächste Thema abgestimmt sein:

Jesus, du bist das Licht der Welt. Ich danke dir, dass du mein Leben hell machst. Du warst heute in der Schule bei mir und hast mir geholfen, ehrlich zu sein...

Das Lied zum Thema:
Du bist der Weg und die Wahrheit und das Leben *(Text: Christoph Zehendner; aus: Begegnungen)*

In diesem Lied sind alle „Ich bin"-Worte enthalten. Es könnte z. B solistisch oder durch die Band vorgetragen werden, entweder zum Start der Reihe oder auch jeden Sonntag.

Tipp für die Kleingruppe:
Mit Kindern ab ca. 7 Jahren könnten die „Ich bin"-Worte mit Window-Colors gestaltet werden. Das ist zwar nicht ganz billig, aber wenn man die Schriftzüge zu Hause gut sichtbar ans Fenster oder an den Spiegel klebt, hat man das Gelernte über viele Wochen vor Augen und es sieht sehr schön aus. Der Mitarbeiter sollte den Vers mit der Konturenfarbe vorbereiten, sodass die Kinder nur noch ausmalen müssen. Wenn die Kinder schon geübt in Umgang mit Window-Colors sind, kann man auch nur eine Vorlage auf Papier vorzeichnen.

Beispielvorlage

Ich bin
der gute
Hirte

4 Teil .3.1 Jesus sagt: Ich bin der gute Hirte (Joh. 10,11 + 27)

▶ **Zielgedanke: Wenn wir mit Jesus vertraut sind und in seiner Nähe bleiben, leitet und versorgt er uns.**

Vorbemerkung: Der ganze Text lautet: „Ich bin der gute Hirte. Der gute Hirte lässt sein Leben für die Schafe. Meine Schafe hören meine Stimme und ich kenne sie und sie folgen mir." Daraus ergeben sich zwei Aspekte für den Gottesdienst: „Das Wesen des Hirten" (Hingabe, Fürsorge, Übersicht...) und „Die Schafe kennen die Stimme des Hirten" (Hören auf Jesu Stimme, Gehorsam).

• Das „Ich bin"-Banner kann um Bilder von Schafen und Hirten ergänzt werden, z. B. „Medizini"- Poster. Langfristiges Sammeln lohnt sich!
• Verkleidung für zwei Hirten, Richter, Schaf
•Johannes 10. 11 + 27 auf Overheadfolie

Ablauf:

Handpuppengeschichte:

„John" ist eine sogenannte Klappmaulpuppe, d.h. eine Handpuppe, die einem Kind ein bisschen ähnlich sieht - na, ja, immerhin trägt er Kinderkleidung und die Kinder können sich mit ihm sehr gut identifizieren, weil er so ist wie sie: Er ist fröhlich und frech, hat manchmal irrationale Ängste und verdreht des Öfteren ein paar Worte. Er lebt in der Welt der Kinder: Familie, Spielen, Schule oder Kindergarten.

Die folgende Idee ist eine Beispielgeschichte dafür, wie ein Mitarbeiter die Handpuppe führt (ob er die Stimme verstellt, ist egal) und ein anderer (der Moderator) sich mit der Handpuppe unterhält. Es ist eine der einfachsten Arten, eine Handpuppe zu spielen, da man nicht in zwei Rollen gleichzeitig agieren muss.

Moderator: Guten Morgen, liebe Kinder und Erwachsene. Toll, euch zu sehen! Wisst ihr, wen ich schon echt lange nicht mehr gesehen habe? ... John, unser Freund und Kupferstecher *(in dem Augenblick kommt John herein).* John, gerade habe ich noch von dir geredet. Wo hast bloß die letzten Wochen gesteckt?

Im improvisierten Dialog geht es um Folgendes:
John war in den Ferien in Schleswig-Holstein. Das war toll! Er hat Ferien auf dem Bauernhof gemacht. Der Bauer hatte jede Menge Schafe... Im Gespräch zwischen dem Mitarbeiter und der Handpuppe erfahren wir viel über Schafe und Hirten, denn John ist ja ein genauer Beobachter und hat den Schäfer überall hin begleitet. John erzählt, wie eben Kinder erzählen.

Schafe brauchen die Leitung des Hirten, ohne ihn gehen sie verloren, der Hirte muss sie auf gute Weiden führen, sie tränken und pflegen und auf sie aufpassen. Wenn ein Schaf krank wird, ruft er nicht gleich den Tierarzt, der Hirte kennt sich gut mit seinen Tieren aus und kann sie gesund machen. Wenn Gefahr droht, etwa ein wildes Tier sich nähert, greift der Hirte sofort ein und verjagt den Angreifer, denn er will kein einziges Tier verlieren. Er merkt sofort, wenn ein Schaf fehlt, er kennt jedes einzelne mit Namen. John könnte auch von besonderen Ereignissen berichten, z. B. dass sich mal ein Schaf verlaufen hat und wie der Hirte darauf reagierte. Der Moderator ist schwer beeindruckt, dass John so viel über das Leben auf dem Land, und im Speziellen über Schafe und Hirten, erfahren hat. John verabschiedet sich, denn er hat die Luftveränderung noch nicht so ganz verkraftet und muss sich noch etwas ausruhen.

Minipredigt:

Nachdem die Handpuppe gegangen ist, erklärt der Moderator, dass Jesus für uns wie ein Hirte ist:

- Er weiß genau, was wir brauchen.
- Er versorgt uns.
- Er lässt uns nie aus den Augen. Er weiß, wo wir sind.
- Er hat sogar sein Leben für uns eingesetzt.
- Er kennt uns sehr gut, jeden Einzelnen mit Namen.

Lobpreis:

Hinführung: Wir wollen Jesus dafür danken, dass er unser Hirte ist und uns immer führt und leitet, versorgt, verarztet und hilft.

- Immer und überall, *DK1, GV, VLB*
- Sei mein Hirte, *Bene Müller, DbH 3*
- Ich bin sicher an der Hand des Vaters, *DK2, H9, GL, HB*
- Jesus ist bei dir, *DK2, H9*

(Überleitung zum zweiten Aspekt: Wir können Jesu Stimme hören)

- Herz mit Ohren, *DK1, KFL, VLB*

Theaterstück:

Dieses Geschichte kann ruhig ein wenig komisch gespielt werden. Der Sinn wird dann um so besser verstanden.

Zwei Hirten (orientalisch gekleidet) streiten sich, wem ein bestimmtes Schaf gehört. Jeder glaubt, es als sein Schaf zu erkennen: Das kleine Schlappohr oder ein bestimmter Zottel beweisen doch, dass es dem einen oder anderen gehört. Sie geraten sich darüber so sehr in die Haare, dass sie beschließen, einen Richter entscheiden zu lassen. Der Richter hört sich die Sache an und bittet *(nach einigem Hin und Her)*, dass beide Hirten doch einmal das Schaf beim Namen nennen sollen. Der erste Hirte ruft *(leicht genervt)*: „Emma!" Nichts rührt sich. Der zweite Hirte versucht es jetzt. Sofort taucht das bis dahin nicht sichtbare *(hinter einer Tür o.ä. versteckte)* Schaf blökend auf *(Ein Mitarbeiter könnte sich z. B. ein Schaffell um den Arm wickeln und ihn hervorlugen lassen. Oder man bastelt eine Schaf-Maske)*.

Die Hirten schauen verdutzt, während der Richter ausruft: „Das ist doch klar: Ein Schaf kennt doch die Stimme seines Hirten!" Die Hirten gehen, sich weiter streitend, hinaus: „Hab' ich dir doch gesagt, dass das meine Emma ist...".

Bibelvers:
Der vollständige Bibelvers (Johannes 10, 11+27) wird als Folie auf dem Overhead aufgelegt und der Moderator fasst kurz die Bedeutung zusammen:

Wenn wir mit Jesus vertraut sind, wenn wir in seiner Nähe bleiben, können wir seine Stimme hören. Dann ist es auch nicht so schwer, ihm zu folgen.

Erlebnisbericht:
Der Moderator bittet eine Person aus der Gemeinde (vorher abgesprochen) zu erzählen, wie sie in einer Angelegenheit einmal ganz deutlich der Stimme Jesu gehorcht hat. Vielleicht kam das Reden Jesu ganz plötzlich und die Person hat zunächst nicht verstanden, weshalb sie auf eine bestimmte Art und Weise handeln sollte. Doch im Nachhinein hat sich der Gehorsam Jesus gegenüber als große Bewahrung erwiesen.

Abschluss:

Ein Lied aus dem Lobpreisteil wiederholen, je nach Schwerpunkt.

4 Teil

3. 2 Jesus sagt: Ich bin das Brot des Lebens (Joh. 6,35)

Zielgedanke: Jesus gibt uns ein erfülltes, „sattes“ Leben.

• Das Banner („Jesus sagt: Ich bin...“) wird um ein Bild von einem großen Brotlaib ergänzt.
• Auf einem kleinen Tisch liegen viele Prospekte: Werbung für Spielzeug, Reisekataloge, Möbelprospekte, etc.
• Daneben ist eine möglichst reichhaltige Schaufensterauslage aufgebaut: Eine große Playmobilpackung, eine Stereoanlage, CDs, schicke, modische Kleidung - eben alles, was das Herz begehrt.
• Etwas abseits unter einem Küchentuch liegt ein großer Brotlaib und ein Brotmesser.
• Farbfolien *(siehe Text)*

Ablauf:

Theaterstück:
Die folgende Szene kann pantomimisch (ohne Worte) oder aber auch im Selbstgespräch dargestellt werden. Ein Mädchen schaut sich die Prospekte an und wünscht sich alles, was sie dort angeboten bekommt. "Das brauche ich..." Dann beginnt sie, „einzukaufen“, rafft so viel wie möglich zusammen. Irgendwann fällt sie erschöpft auf einen Stuhl. „Jetzt habe ich alles, was ich brauche. Super!“ Doch langsam verzieht sich ihre Miene. Es wird deutlich, dass sie Hunger hat. Sie prüft ihr Portemonnaie und stellt fest, dass es nicht mal mehr reicht, um ein Brötchen für das Abendessen zu kaufen.

Der Moderator erscheint, bewundert ein bisschen die Schätze des Mädchens, merkt dann aber, dass ihr etwas Entscheidendes fehlt. „Ich glaube, ich habe etwas, das dich satt macht.“ Der Mitarbeiter lockt das Mädchen einen Weg durch die Zuhörer. Sie wird immer neugieriger: "Was ist es denn? Lasagne? Eis? Tiramisu?“ Sie kommen wieder vorne an und der Mitarbeiter enthüllt ein Tuch. Darunter liegt ein Brot, von dem er eine dicke Scheibe abschneidet. Das Mädchen: „Ohne was drauf???“ Dann beginnt sie aber zu essen und merkt, wie gut ihr das Brot tut.
Sie bleibt während der Kurzpredigt einfach zwischen ihren Sachen sitzen und isst ihr Brot.

Minipredigt:
Jetzt kann man ein paar Kinder mit einbeziehen: „Möchtet ihr auch ein Brot ?“ Einige können nach vorne kommen und bekommen etwas Brot. Im Gespräch sollte deutlich werden, dass Brot ein Grundnahrungsmittel ist. Wir sind aber so überreich, dass wir das oft gar nicht schätzen. Trotzdem ist es so: Brot macht uns satt. Wie lange macht es satt? Nun, nach einiger Zeit hat man wieder Hunger. Jesus hat uns ein Brot versprochen, dass uns immer satt macht. Er sagt: „Ich bin das Brot des Lebens. Wer dieses Brot isst, der wird in Ewigkeit leben.“ Wir haben nämlich nicht nur Hunger in unserem Bauch und auch nicht nur Hunger nach Dingen, die wir gerne besitzen möchten. Das macht uns auf lange Zeit gesehen nicht wirklich „satt“. Wir haben auch Hunger und Sehnsucht, nach Annahme, Vergebung und Liebe und nach einem erfüllten Leben.

Es gibt Tage, da liegen wir abends im Bett und sind einfach enttäuscht über uns selber. Vieles ist schief gelaufen: Deine Lehrerin hat gemeckert, weil du die Hausaufgaben nicht in ihrem Sinne gemacht hast, beim 50-Meter-Lauf bist du kurz vor dem Ziel gestolpert und auch zu Hause war nicht gerade tolle Stimmung. Eigentlich wollte Papa nach seinem Feierabend noch mit dir Schwimmen gehen, aber dann hat es aus unerfindlichen Gründen doch nicht geklappt. Zurück bleibt dann oft ein Gefühl der Leere. Dein Herz fühlt sich richtig hohl an. Dieses Gefühl kennen Erwachsene und Kinder, stimmt's? Doch wisst ihr, was das Gute ist? Jesus kann diese Leere unseres Herzens füllen. Die Leere unseres Herzens kann durch keine tollen Sachen, die man kaufen kann, und auch durch Menschen nicht zuverlässig gefüllt werden. Aber Jesus möchte uns genau das geben: er möchte uns satt machen.

Überleitung zum Lobpreis: Jesus möchte dich auch heute Morgen satt machen. Deshalb lade ich dich jetzt ein, mit offenem Herzen vor Gott zu stehen und die Lieder und Gebete mitzusingen. Sag Jesus, dass er auch dich heute morgen satt machen soll.

Lobpreis:

- Danke, dass du mich so liebst, *GL, VLB*
  mit den Strophen: Danke, Herr, du gibst uns Brot...
  Danke, Herr, du bist das Brot...
  Danke, Herr, du machst uns satt...
  Danke, dass du mich so liebst...
- Bei dir kommt keiner zu kurz, *DK2, HH, H9, HB*
- Jesus kam, *DK2, H6*

Dieses Lied ist ein Rap mit Frage und Antwort in den Strophen. Jemand sollte die Strophen als Vorsänger / -rapper anleiten. Bastelt eine große Pappe, auf deren einer Seite „Jesus Christus - Gottes Sohn“ und auf

deren anderer Seite „Jesus - nur er" steht. Ein größeres Kind kann das Schild an der entsprechenden Stelle während der Rap-Strophen hoch halten: fünfmal die erste Seite, einmal die zweite Seite.
Überleiten zum zweiten Aspekt, z. B. mit einem Gebet: Jesus gab sein eigenes Leben hin für uns. Er wurde selbst zum Brot. Er gab sein Leben hin, damit wir ewiges Leben haben.

- Mein Jesus, mein Retter, *D. Zschech, DbH 4*

Biblische Geschichte:
Es bieten sich zwei verschiedene Geschichten an: Das letzte Abendmahl Jesu mit seinen Jüngern (Matthäus 26, 20 - 29) oder die Speisung der Menschenmenge am See von Tiberias, die dem Wort vom „Brot des Lebens" vorausgeht (Johannes 6, 1 - 13). Wählt man die zweite Geschichte, sollte der Gottesdienst damit begonnen werden, da das kleine Theaterstück und der Lobpreis die Begebenheit vertiefen. Dagegen sollte die Erzählung vom Abendmahl am Schluss des Gottesdienstes stehen. Die Geschichten können gut mit Farbfolien erzählt werden:

1. Das letzte Abendmahl:
Grundfolie „Haus"; 12 Jü 7, 13 Ha 5, 13 Ha 6, 13 Gg 11
Wenn im Gottesdienst auch Abendmahl gefeiert wird, kann man natürlich auch hiermit die Lehre verknüpfen. Auch wenn die Kinder noch nicht beim Abendmahl dabei sind, können sie hier erste Dinge über ein zentrales Gottesdienstgeschehen lernen. Stelle hier Johannes 6, 51 in den Mittelpunkt. Jesus sagt von sich, dass er das Brot ist, das allen Menschen Leben gibt. Wer dieses Brot isst, wird ewig leben. Das Brot ist sein Leib, den er bereit war hinzugeben (= am Kreuz zu sterben), damit wir Menschen leben können.

2. Speisung der 5000:
Im Johannesevangelium ist diese Begebenheit sehr anschaulich erzählt - das Vorgehen Jesu und all die Zweifel der Jünger. Die Geschichte kann aus der „Hoffnung für alle" Vers für Vers langsam vorgelesen werden, während ein zweiter Mitarbeiter die Folien auflegt: *Grundfolie „Ufer"; 15 Gr 23, 15 Gr 24; 9 Je 2, 12 Jü 1, 10 Pt 2, 11 Ki 1 (5 Brote und und 2 Fische auf Folie malen), 9 Je 9, 11 Gr 7, 15 Gr 159, Je 12*

Tipp: Verteile beim Abschied kleine Brötchen für jeden, evtl. mit darinsteckenden Fähnchen „Ich bin das Brot des Lebens" oder beim „Kirchenkaffee" gibt's heute keine Kekse, sondern Brotchips oder belegte Brote.

Abschluss:

- Jesus, mir fehlen die Worte, *DK2, H8*

4 Teil

4.3.3 Jesus sagt: Ich bin das Licht der Welt (Joh. 8, 12)

▶ **Zielgedanke: Wo Jesus als das Licht der Welt einzieht, haben Kälte, Angst und Unsicherheit keinen Platz mehr.**

Diese Familienzeit eignet sich besonders gut für die Weihnachtszeit.

- viele Taschenlampen (am Sonntag vorher werden alle gebeten, Taschenlampen mitzubringen), Streichhölzer, Kerze, Schreibtischlampe, Bühnenstrahler, Poster mit einem schönen Leuchtturm
- Kostüm für den Hirten: ärmliche Tunika, grober Stock

Lobpreis:

- Wisst ihr noch, wie es geschehen, *DK2, H6*

Ablauf:

Heute ist ein Mitarbeiter sehr wichtig, der im richtigen Augenblick den Raum verdunkelt und den Bühnenstrahler anschaltet.

In der Weihnachtszeit werden ganz viele Lichter angezündet. Wenn wir durch die Straßen unserer Stadt gehen, sehen wir überall die Weihnachtsbeleuchtung. Vielleicht hast du auch in deinem Zimmer eine Lichterkette. In der Zeitschrift unseres Stromversorgers habe ich sogar gelesen, dass sie das Haus prämieren wollen, das in der Adventszeit am schönsten beleuchtet ist. Manche Beleuchtungen sind auch ganz schön kitschig. Wir wollen heute morgen entdecken, was es bedeutet, dass Jesus sich selbst das „Licht der Welt" nennt.

Illustration über die Bedeutung von „Licht":

(Raum so gut wie möglich verdunkeln; Vortrag je nach Größe der Gruppe entweder als Gespräch oder als lebhafte Einzelrede)

Ich habe Euch heute verschiedene Lichter mitgebracht. Mein erstes Licht ist ein ganz kleines **Streichholz.** Dieses kleine Streichholz sieht man sehr deutlich leuchten, wenn es rundherum dunkel ist. Allerdings brennt es nicht sehr lange, weil seine Energie, das Hölzchen, schnell verbraucht ist.

Wenn man mit dem Streichholz aber eine **Kerze** entzündet, dann hat man schon viel länger Licht. Das ist ein schönes warmes Licht. Wenn man viele Kerzen anmacht, wird es hell und gemütlich. Bei einer Kerze kann man auch gut ihren Lichtkegel erkennen. Wenn man nahe an der Kerze ist, hat man es hell.

Hier habe ich eine **Schreibtischlampe**. Sie gibt natürlich viel mehr Licht als eine Kerze. Sie gibt ein helles, klares Licht. Wenn du eine solche Lampe auf den Tisch stellst, dann kann du in ihrem Licht alles deutlich erkennen und gut lesen oder malen.
Hier oben an der Decke ist eine **Deckenleuchte**. Die ist so stark, dass sie einen ganzen Raum erhellt. Wenn sie an ist, können wir einander gut sehen.
Hinter mir ist ein ganz starker **Bühnenstrahler.** Die Birne in dieser Lampe hat 1000 Watt. Wenn ihr Licht auf etwas leuchtet, dann kann man es in weiter Entfernung sogar deutlich erkennen.
Es gibt auch Straßenlaternen, die die ganze Nacht hindurch brennen. Könnt ihr euch vorstellen, weshalb bei uns auch nachts, wenn eigentlich alle schlafen, Lichter auf den Straßen brennen? (Damit man sich nicht verirrt, wenn man spätabends mal unterwegs ist. Und als Schutz vor Verbrechen: Diebe lieben die Finsternis, im Hellen dagegen ist man sicherer).
Eine andere Lichtquelle ist der **Leuchtturm**. Er zeigt den Schiffen den Weg an gefährlichen Küsten.

Zusammenfassung: Wir brauchen also Licht, damit wir überhaupt sehen können, Licht gibt uns Sicherheit, Geborgenheit und Klarheit.

Bibel-Licht-Marathon:
In der Bibel wird ganz oft von Jesus gesagt, dass er das Licht der ganzen Welt und das Licht für alle Menschen ist. Jesus sagt das selbst über sich und andere sagen das über ihn.

Ihr dürft jetzt mal eure Taschenlampen hervorholen. Wir wollen jetzt immer, wenn das Wort „Licht" in dem Satz vorkommt, der vorgelesen wird, ein kurzes Blitzlicht an die Decke werfen. Dann macht ihr sie schnell wieder aus.
(Am besten macht man ein paar Probeläufe mit Sätzen, in denen das Wort Licht vorkommt, damit sich die Aufregung ein bisschen legt und die Kinder verstehen, wie es gemacht wird).

Textlesungen mit Taschenlampenaktion:
(Verschiedene Erwachsene aus der Gemeinde können diese Bibelworte vorlesen).
Jesaja 8, 23 • Jesaja 9, 1 + 5 • Jesaja 60, 1 - 3 • Johannes 1, 1 – 2 + 5 + 9 • Johannes 8, 12 • 1. Johannes 1, 5 - 7

Die Aktion mit den Taschenlampen ist ein gutes Beispiel dafür, wie Kinder und Erwachsene erreicht werden. Diese Bibeltexte zu lesen, u.a. prophetische Texte über Jesus als Licht der Welt, stellt für die Erwachsenen eine Vertiefung des Themas dar. Während sie die Worte der Bibel auf sich wirken lassen können, sind die Kinder damit beschäftigt, das Wort „Licht" herauszuhören und schnell die Taschenlampe an und auszuknipsen. Aber auch Erwachsene sind natürlich ablenkbar. Deshalb fordere sie ruhig noch einmal auf, auf die Worte der Bibel wirklich zu hören.

Lobpreis:

• Gott sprach am Anfang: Es werde Licht, *DK2, KFL, H6*

Überleitung: Jesus kam in die Dunkelheit von vielen Menschen. Er kommt auch heute zu dir und mir.

• Ich hab seinen Stern geseh'n, *DK2, H6*

Gebet: Danke Jesus, dass er das helle Licht, der Morgenstern, ist.

• Du bist das Licht der Welt/So sehr hat Gott die Welt geliebt *A. Frey, FJ 1*

weitere mögliche Lieder:

• Raus aus der Finsternis, *DK1, VLB, KFL*

• Mache du uns zur Stadt auf dem Berge, *Daniel Kallauch, aus: Jetzt und für immer*

• Hurra für Jesus, *VLB, DK1*, mit folgenden Strophen:

1. Jesus, du kamst hier zu uns
als Kind in einer Krippe.
Doch Kleines wird bei dir ganz groß.
Gott hat den Sieg.
Jesus ist König, Jesus ist Gott...

2. Der Vater sandte dich zu uns
und du warst gehorsam.
Deine Liebe ist so stark.
Gott hat den Sieg.
Jesus ist König, Jesus ist Gott...

3. Du gabst dich für uns selber hin,
damit wir Frieden haben.
Wir dürfen Gottes Kinder sein.
Gott hat den Sieg.
Jesus ist König, Jesus ist Gott...

Jesus ist das Licht der Welt:

(Wie standen die Menschen früher dazu? Wie stehst du dazu?)

Tempelszene:

Am Overhead mit Farbfolien: Jesus (9 Je 2, 9 Je 8), Zuhörer (15 Gr 15, 15 Gr 26), ablehnende Zuhörer (17 Pe 7, 15 Gr 11)

Als Jesus auf der Erde lebte, tat er nicht nur viele Wunder, er nutzte auch jede

Gelegenheit, den Menschen von Gott zu erzählen und von der Möglichkeit, zu ihm zu kommen und mit ihm zu leben. Wir haben z. B. gehört, dass er sagte: Ich bin der Weg, der zum Leben führt. Einmal war Jesus wieder im Tempel und er sagte zu den Menschen *(ganz betont, um den Anspruch Jesus herauszuheben):*

„Ich, ich bin das Licht der Welt, ja, ich bin das Licht des Kosmos. Wer mir nachfolgt, wird nicht mehr in der Dunkelheit herumirren, sondern er wird das Licht des Lebens haben. Wer im Dunkeln geht, kann weder seinen Weg noch das Ziel erkennen. Vertraut euch dem Licht an, solange ihr es habt, dann werdet ihr im Licht leben" *(Johannes 8, 12 und 12, 35 + 36).*

(15 Gr 15 wegnehmen und 15 Gr 11 auflegen) Da unterbrachen ihn die Pharisäer und sagten: Das ist doch nur der Sohn von Joseph dem Zimmermann. „Licht der Welt" - so ein Unsinn! *(17 Pe 7 auflegen)* Ganz spöttisch sagte einer: „Er ist nur eine kleine Leuchte! Und da will er das Licht des Kosmos, das Licht des Universums sein. Da kann ja jeder kommen und so etwas von sich selbst behaupten. Wer sagt denn, dass das stimmt?!"

Biblische Szene:
Während der Overhead abgeschaltet wird, öffnet sich die Tür. Ein alter Hirte tritt, auf einen Stock gestützt, ein. Seine Stimme ist schon ein bisschen zittrig, aber voller Überzeugung. Er redet zu den imaginären Pharisäern:

O, das kann ich bezeugen, dass das stimmt! Ich bin ein Zeuge dafür, dass Jesus das Licht der Welt ist. Ja, ihr klugen Herren... Jesus hat mein Leben ganz hell gemacht, schon vor langer Zeit. Es muss wohl so an die 30 Jahre her sein. Ich war noch ein junger Kerl. Es war keine gute Zeit damals. Die Römer machten sich immer mehr breit und wir jungen Leute hatten keine Perspektive. Was sollte nur aus unserem Volk werden?

In jener Nacht, von der ich erzählen will, saßen wir Hirten um unser Feuer, um uns ein wenig zu wärmen. Die Herde war zur Ruhe gekommen, aber unsere Herzen waren es nicht. Im Gegenteil, wir hatten eine hitzige Debatte. Woran sich der Streit entzündet hatte, wusste am Schluss niemand mehr. Man war verletzend geworden. Im Stillen dachte ich, wie so oft, an die alten Versprechen Gottes und ich betete, ja ich schrie, in meinem Herzen: „Gott Israels, Gott meiner Väter, erbarme dich! Schick doch endlich den Messias. Errette uns." *(kurze Pause)* Auf einmal begann etwas zu leuchten, es wurde immer heller, immer heller. Ich kann gar nicht sagen, war es oben, war es neben uns auf dem Feld. Und da - kristallisierte sich aus diesem Licht eine Gestalt heraus! Ein Engel, ein Bote Gottes! *(An dieser Stelle wird der Bühnenstrahler direkt auf den Hirten gerichtet.)*

Ich rieb mir die Augen, konnte denn das sein? Meine Kollegen und ich erschraken sehr, manche fielen vor Furcht auf die Erde. Und da sagte der Engel zu uns:"Fürchtet euch nicht! Ich bringe euch die größte Freude für alle Menschen. Heute ist für euch in der Davidsstadt der lang ersehnte Retter zur Welt gekommen. Es ist Christus, der Messias, der Herr! Er liegt als kleines Kind, in Windeln gewickelt, in einer Futterkrippe." Dann waren wir auf einmal von unzähligen Engeln umgeben. Der Himmel begann zu singen. Es war ein unglaublicher Klang! „Ehre sei Gott, Gloria in exelsis deo!" Gott wollte uns besuchen!!!

Als die Engel verschwunden waren, zögerten wir nicht lange. Wir wollten sehen, was in der Davidsstadt passiert war. Zuerst gingen wir, dann rannten wir! Wir hatten solch eine Sehnsucht nach dem Messias, nach dem, der endlich Licht in unsere Dunkelheit bringen würde.

Und dann sahen wir ihn. Ein kleines Baby in einem ärmlichen Stall. Aber was ging da von ihm aus! Ich wusste tief in meinem Herzen: Das ist er, der Retter der Welt. Das ist der, der meinem Leben Sinn gibt. Und in diesem Moment war es, als ob ein helles Licht mitten in mein dunkles Herz fiel. Meine Hoffnungslosigkeit, meine Armut und auch all die bösen Taten, Worte und Gedanken, der Zorn dieses Abends - alles war auf einmal von seinem Licht erleuchtet. Den anderen Hirten ging es nicht anders! Mein Leben war danach nicht mehr dasselbe! Es war hell geworden. Und es ist bis heute hell, weil er das Licht der Welt ist. *(Der Hirte geht ab. Eventuell singt er beim Hinausgehen noch: „Immer werden wir's erzählen, wie das Wunder einst geschehen und wie wir das Licht gesehen, mitten in der dunklen Nacht...").*

Abschluss:

Der Moderator fasst die Weihnachtsgeschichte kurz zusammen und leitet zum letzten Lied über.

• Du bist das Licht der Welt, *FJ (Wdh.)*

4 Teil

4.4 Das Wirken des Heiligen Geistes

Die Apostelgeschichte enthält einen wahren Fundus an Berichten über das verändernde Handeln Gottes an einzelnen Menschen, aber auch an einer ganzen Gruppe, den Jüngern Jesu. Wie konnten sich die Dinge nur derart positiv entwickeln? Ein ängstlicher Haufen meist wenig gebildeter Fischer wird zu einer Einsatztruppe, die die damalige Gesellschaft aufmischt, die teils offene Feindseligkeit, teils helle Begeisterung hervorruft.

Und es geht ja nicht nur um diese zwölf Jünger! Die jüdische Gemeinde in Jerusalem und Judäa und bald auch über diese Grenzen hinaus wird von der verändernden Kraft des Heiligen Geistes erfasst. Menschen werden geheilt, sie erleben Befreiung von Bindungen, gleich welcher Art. Und sie beginnen, Liebe, Annahme und Vergebung praktisch zu leben. Sie nehmen ernst, dass Jesus zu ihnen gesagt hat: „Ich habe euch ein Beispiel gegeben, dem ihr folgen sollt!" Die Jünger nehmen das wörtlich.

Der Schlüssel für diesen neuen Lebensstil ist das Kommen des Heiligen Geistes in Kraft *(Apostelgeschichte 2)*. Doch es bleibt nicht bei der Verzückung des Pfingsttages. In den folgenden Einheiten kann man dem Wirken des Heiligen Geistes auf die Spur kommen:

1. Petrus - ein veränderter Mensch *(Apostelgeschichte 2, 42 - 47)*
2. Die Taufe am Pfingsttag - Wie man dazugehören kann *(Apg 2, 1 - 44)*
3. Stephanus - der erste Märtyrer *(Apostelgeschichte 6, 8 - 15; 54 - 60)*

4 Teil

4.1 Petrus - ein veränderter Mensch (Apg. 2, 42-47)

Zielgedanke: Unter dem Einfluss des Heiligen Geistes können Menschen sich wirklich ändern - auch du und ich.

- Eine Handpuppe
- Drei Kartonstreifen mit den Aufschriften „Irgendwann vor Ostern", „Irgendwann vor Pfingsten",„Pfingstsonntag, abends"
- Zwei Telefone, zwei Stühle
- Verkleidung für drei Jünger (einfache Obergewänder und Kopfbedeckungen)
- Ein Brief mit Umschlag (siehe Text)
- Eine große Bibel

Lobpreis:

- Ich schmeiß die Arme in die Luft, *DK2*

Handpuppengeschichte:
Folgende Szene ist eine ganz bekannte Willibald-Geschichte von Daniel Kallauch. Vielleicht kann sie dir als Muster dienen für die Erarbeitung eigener Handpuppengeschichten, siehe auch „Handpuppen – mehr als Theater".

Willibald und sein Freund Rudi
(die Handpuppe unterbricht in den letzten Takten die Musik und schluchzt laut an der Schulter des Puppenspielers)

D: Willibald, du wolltest doch noch was von deinem Freund erzählen...
W: Also, das war so: Neulich haben wir zusammen gespielt. Meine ganzen Freunde. Und der Rudi war auch dabei.

D: Kenn ich den Rudi?
W: Ich glaube nicht, aber das ist ein rabenstarker Typ, sag ich dir! Wir waren also ganz enge Freund... damals noch..., durch dick und doof!

D: Äh, du meinst: dick und dünn?
W: Ist doch egal, von mir aus. Jedenfalls: wir haben so ganz toll zusammen gespielt

- auf einmal kamen die Großen an. Die ärgern uns manchmal. Oder sie nehmen sogar einen von uns gefangen.

D: Und?
W: Na, ja, wir sind ganz schnell weggerannt. Aber den Rudi, den haben sie erwischt und mitgenommen...

D: ....und dann habt ihr ihn alle gemeinsam befreit.
W: Na ja, nicht ganz so. Ich war der einzige.

D: Willibald, ich wusste, dass du zu deinem Freund hälst, du bist echt mutig!
W: Also: ich bin ganz nah rangeschlichen, aber plötzlich entdeckte mich einer von den Großen. Er kam her und sagte: Hey, du bist doch auch'n Freund vom Rudi, oder?

D: Und dann hast du zu ihm gesagt: Gebt mir den Rudi wieder raus, das ist mein Freund!
W: Nicht ganz so... Ich hab gesagt: Rudi? Kenn ich nicht, nie gesehn, nie gehört.

D: Was?! Aber das stimmt doch überhaupt nicht!
W: Aber ich hatte doch solche Angst *(heult)*. Rudi sagt jetzt: Ich bin nicht mehr sein Freund *(schluchzt)*. Außerdem meint er, ich wär ein Angstrabe.

D (schmunzelt): Du meinst Angsthase.
W: Ne, ich bin doch kein Hase, ich bin ein Rabe! Aber ist doch ganz egal *(verzweifelt)*. Was soll ich denn jetzt machen?

D: Willibald, es tut dir aber schon leid, dass du den Rudi im Stich gelassen hast, oder?
W: Na klar!!
D: Ich denke, dann solltest du hingehen und ihm das sagen. Du sagst, dass es blöd war, was du gemacht hast. Echte Freunde verzeihen einander.

W: Meinst du wirklich?
D: Ich bin mir ganz sicher. - Übrigens habe ich schon mal was ganz ähnliches gehört.
W: Du meinst, andere haben sich auch so doof verhalten wie ich?! Erzähl mal...

D: Also, das war im Grunde genauso wie bei dir: Da waren einige Freunde, einer von ihnen hieß Jesus. Der wurde gefangengenommen, alle sind weggerannt. Nur ein

ganz Mutiger, der schlich hinterher. Aber am Ende hat er dann auch gekniffen - so wie du. Nur am Schluß, da war das dann anders: Als Jesus nämlich diesen einen wiedertraf, hat er ihn nicht beschuldigt und gesagt: Verschwinde, du Angsthase! Du hast mich enttäuscht, ich will nichts mehr mit dir zu tun haben.
W: Was hat er denn getan?
D: Er hat gefragt: Hast du mich lieb? Und dann hat er noch zu ihm gesagt: Komm, wir wollen Freunde sein.
W: Oh, das ist ja ein toller Freund, dieser Jesus.

D (betont): Das kann man wohl sagen!
W: Warum sagst'n das so komisch?
D: Na, er ist doch auch mein Freund!

(solistisch, mit persönlicher Einleitung)
• Jesus, zu dir kann ich so kommen, wie ich bin, *Johannes Nitsch, FJ*

Das ist ein ganz wichtiger Satz, den wir gerade in diesem Lied gehört haben: Zu Gott kannst du kommen, wie du bist, mit all den Fehlern, mit deiner Schuld, mit all den Dingen, die dich an dir selbst ärgern. Das Tolle ist aber auch, dass wir mit unseren Schwierigkeiten und den Punkten, die wir an uns selber blöd finden, nicht alleine bleiben, sondern dass Gott uns in seiner Kraft auch verändern will - wenn wir das selbst wollen!

Ein unglaubliches Beispiel dafür, dass der Heilige Geist das Leben von Menschen verändert, ist Petrus. Kennt ihr Petrus? Na, wenn nicht, dann werdet ihr ihn gleich kennen lernen!

1. Szene: *Zwei Männer (Jakobus und Johannes) sitzen auf Stühlen, Rücken an Rücken, jeder hat ein Telefon. Jemand trägt ein Schild mit der Aufschrift „Irgendwann vor Ostern" einmal quer über die Bühne. Das Telefon läutet bei Johannes.*

Johannes: Johannes ben Zebedäus.
Jakobus: Hallo, Johannes, hier ist dein Bruder Jakobus.
Johannes: Hallo, Jakobus, schön, dass du mal anrufst.
Jakobus: Ja, wir haben uns schon lange nicht mehr gesprochen. Es ist schon ganz schön aufregend mit Jesus und den anderen Jüngern so Tag für Tag unterwegs zu sein. Man kommt zu nichts mehr...

Johannes: Das kannst du laut sagen. Es ist ganz schön anstrengend. Und unter uns gesagt: Es sind ja nicht alle von den Jüngern so nette und verträgliche Menschen wie du.
Jakobus: Na, na, wie meinst du denn das?

Johannes: Du, ich will nicht schlecht über die anderen Jünger reden - ich meine nur so... Wir sind ja so unterschiedliche Typen. Nehmen wir z. B. den Petrus. *(Johannes und Jakobus lachen)* Na, der Petrus, das ist so einer...

Jakobus: Der Petrus ist immer der Erste. Manchmal ist er auch ein bisschen zu schnell. Weißt du noch, als Jesus mitten in der Nacht auf dem Wasser zu uns kam?
Johannes: Klar, wie könnte ich das vergessen?! Erst waren wir zu Tode erschrocken, aber dann merkten wir, es ist Jesus. Und Petrus, was tut der? Er sagt: Herr, wenn du es bist, dann lass mich auch auf dem Wasser laufen, so wie du.

Jakobus: Und das als Nichtschwimmer! Aber so ist Petrus - erst handeln, dann denken! Er ist dann ja auch noch ganz schön nass geworden.

Johannes: Das ist schon ein verrückter Typ, der Petrus. Als wir vor ein paar Wochen mit Jesus auf dem Berg waren und die Herrlichkeit Gottes auf uns kam, da hatte er doch die Idee, dass wir drei Hütten bauen sollen - eine für Elia, eine für Mose und eine für Jesus. Wir sind doch nicht im Kindergarten!

Jakobus: Petrus drängelt sich eben immer ein bisschen vor. Wenn Jesus erklären will, weshalb er überhaupt zu uns gekommen ist, schreit er gleich dazwischen: „Herr, du darfst nicht sterben. Und wenn alle dich verlassen sollten, ich niemals!" Meinst du, Petrus ist wirklich so mutig?
Johannes: Na ja, bei Petrus gilt eben „ganz oder gar nicht". Als Jesus uns die Füße gewaschen hat, wollte er gleich am ganzen Körper gewaschen werden.
Jakobus: Ach, das war doch nur, weil er mal wieder nicht kapiert hat, was Jesus meinte.

Johannes: Also, ich bin gespannt, wie das mit Petrus weitergeht, ich meine, ob Jesus ihn wirklich in seinem Reich gebrauchen kann?!
Jakobus: Na ja, das bezweifle ich... *(Johannes und Jakobus verabschieden sich.)*

2. Szene: *Das Schild mit der Aufschrift „Irgendwann vor Pfingsten" wird über die Bühne getragen. Jakobus und Johannes kommen von verschiedenen Seiten auf die Bühne.*

Jakobus (aufgeregt): Hallo, Johannes, ich habe gerade einen Brief von unserem Freund Petrus bekommen. Der ist vielleicht fertig!

Johannes (interessiert): Ja, was ist denn mit ihm?
Jakobus: Lies doch mal, ...wenn du den Brief entziffern kannst. Er ist feucht von Tränen.
Johannes (nimmt den Brief, lies laut vor, ist bestürzt über Petrus):

„Lieber Jakobus!
Mein Herz ist so schwer, ich fühle mich so schuldig Jesus gegenüber. Er hat mir gesagt, er betet für meinen Glauben, dass ich ihn nicht verliere. Und wenn ich zurückkehre zu ihm, dann soll ich den Glauben meiner Brüder stärken. Ich war so entsetzt, ich sagte ihm, dass ich mit ihm ins Gefängnis gehen würde. Ich war sogar bereit, für ihn zu sterben. Aber Jesus sagte mir, dass ich ihn dreimal verleugnen würde, ehe am nächsten Morgen der Hahn kräht. Er hat Recht behalten!
Als die Soldaten ihn verhafteten und ihn zu dem Hohenpriester in den Palast brachten, ging ich ihnen nach. Ich setzte mich mit ans Feuer und dort erkannte mich ein Dienstmädchen. Doch ich leugnete, Jesus jemals gesehen zu haben. Er hat Recht behalten, ich verleugnete ihn an diesem Abend noch zweimal. Jesus hat alles mit angehört und als er mich ansah, erinnerte ich mich daran, was er gesagt hatte. Ich drehte mich weg und weinte - so sehr schämte ich mich.
Als Jesus dann auferstanden war und uns eines Morgens am See Tiberias besuchte, fragte er mich wieder drei mal:„Liebst du mich?“ Dreimal sagte ich: „Ja, natürlich.“ Ich glaube, er zweifelte daran. Kein Wunder, ich war ja auch so feige. Aber ich liebe Jesus doch... Warum habe ich das nur getan? Ich bin so verzweifelt.“

Jakobus: Dem Petrus geht es ja wirklich schlecht, was?
Johannes: Ohne Zweifel, er ist tief deprimiert...! *Johannes und Jakobus gehen ab.)*

3. Szene: *Das Schild mit der Aufschrift „Pfingstsonntag, abends“ wird über die Bühne getragen. In begeisterter Stimmung kommen Jakobus, Johannes und Petrus auf die Bühne. Die Stimmung hat sich im Vergleich zur vorherigen Szene total verändert. Die Szene sollte mit viel Elan gespielt werden. Jakobus und Johannes sollten Petrus richtig anfeuern!*

Johannes: Petrus, das war ja ein unglaublicher Tag! *(Johannes und Jakobus umarmen Petrus, klopfen ihm auf die Schultern, klatschen sich ab)*

Jakobus: Was für eine Predigt! Wie du das alles erklärt hast! Wahnsinn!

Petrus: Holy moly! So etwas habe ich ja auch noch niemals in meinem Leben gemacht! Aber auf einmal wusste ich, was zu tun war. Das war ganz komisch!!!

Johannes: Unglaublich! Die Leute, die sahen, wie der Heilige Geist auf uns kam, waren ja ganz schön verwirrt und fragten sich, was da abgeht.

Jakobus: Und dann hast du das Wort ergriffen und das so super erklärt, dass das ja schon längst im Wort Gottes steht, dass der Geist Gottes mit Kraft kommen wird.

Petrus: Na, ich dachte: Jetzt oder nie! Ich meine, nach allem was vorher gewesen ist und wie ich mich so benommen habe, ihr wisst schon...
(Jakobus und Johannes nicken verstehend)

Petrus: Ich habe gedacht, alles wäre vorbei, ich werde wieder Fischer. Ich glaubte, was Jesus mir persönlich versprochen hat, gilt nicht mehr. Und daran bin nur ich selber schuld! Aber das Unglaubliche ist heute passiert! Egal, was ich getan habe, Jesus will mich gebrauchen!

Johannes: Petrus, woher hattest du den Mut für so eine Predigt heute?

Petrus: Ich stand da und der Heilige Geist hat durch mich geredet oder glaubt ihr, ich hätte von mir aus diesen Leuten auf den Kopf zugesagt, dass Jesus wirklich der Sohn Gottes war und sie die Mörder Jesu waren? Vor ein paar Wochen hätte ich mir noch in die Hose gemacht vor Angst! Aber jetzt hatte ich plötzlich den Mut. Das war nicht mehr ich, das war nicht mehr der alte Petrus! Der Heilige Geist hat mich verändert und ich glaube, das ist erst der Anfang!!!
Wenn ich das Neue Testament richtig verstehe, dann stehen da noch ganz andere Sachen über mich(!). Der Heilige Geist ist unglaublich. Er hat mich echt verändert. Ich konnte den Leuten echt sagen *(holt sein „Manuskript" = Bibel)*: „Kehrt um, ändert euer Leben, wendet euch Gott zu! Lasst euch auf den Namen Jesu taufen, damit Gott euch eure Sünden vergibt...

(fängt schon wieder begeistert an zu predigen) Gott verändert auch heute unser Leben, er benutzt, was schon da ist und macht etwas Tolles daraus! Aus schwachen Menschen macht er starke Typen! *(beginnt, die anwesende Gemeinde anzusprechen, ist voller Begeisterung)*

Johannes und Jakobus nicken und spornen ihn an: „Preach it brother!" *Zusammen gehen sie, falls möglich durch einen Gang durch die Gemeinde und verlassen den Raum durch einen anderen Ausgang.*

Lobpreis:

Moderator leitet zum Lobpreis über:

Die hatten damals wirklich etwas zu feiern, was?! Tausende waren durch die Predigt von Petrus zum Glauben gekommen. Für Petrus muss das überwältigend gewesen sein. Noch kurz vorher hatte er von sich selbst geglaubt, ein echter „Looser" zu sein, einer, den Jesus ganz bestimmt nicht gebrauchen kann. Aber Jesus hat das ganz anders gesehen!

- Vom ersten Moment, *DK2, VLB*

Wenn wir uns selber im Licht von Jesu Möglichkeiten sehen, dann gibt es keinen Grund, hoffnungslos zu werden! Mit der Kraft des Geistes Gottes kannst du sagen: Ich will nicht mehr sagen: Ich kann das nicht.

- Ich will nicht mehr sagen: Ich kann das nicht, *DK2, H8, HB*
- Jesus, ich brauche Hilfe, *VLB*

Einladung, Gebet zu empfangen:

Wer dieses Lied jetzt aus vollem Herzen gesungen hat und auch an dem ein oder anderen Punkt die Hilfe Gottes in Anspruch nehmen möchte, der kann jetzt nach vorne kommen. Du kannst kommen, wenn du entmutigt bist und wenn du versagt hast. Du kannst kommen, wenn du immer wieder die gleichen Fehler machst. Du kannst kommen, wenn du einfach spürst, dass du die verändernde Kraft Gottes brauchst, um glücklich zu leben und Gott zu dienen.

Gestalte diese Gebetszeit gemäß den Möglichkeiten deiner Gemeinde. Vielleicht können Mitarbeiter aus dem Gebetsdienst für diejenigen beten, die nach vorne kommen, vielleicht die Kindermitarbeiter oder Hauskreisleiter. Fordere Kinder und Erwachsene auf, der Einladung Gottes zu folgen. Während des Gebets kann leise Musik gespielt werden.

Abschluss:

- Reinige mein Herz, *Brian Doerksen, DbH 2*
- Hier bin ich, einmal mehr, *Craig Musseau, DbH 3*
- Mein Jesus, mein Retter, *Darlene Zschech, DbH 4*

4 Teil

4.2 Die Taufe am Pfingsttag (Apg. 2,1-44)

Zielgedanke: Taufe heißt Umkehr.

Vorüberlegungen:

Die Situation der Kinder: Im Freundeskreis der Kinder sind die meisten als Babys getauft. Die Kinder erleben, dass ihre Freunde ihre Erstkommunion empfangen und das auch ausgiebig gefeiert wird. In der evangelischen und katholischen Kirche werden Kinder als Babys getauft. Die Taufe wird hier als ein Handeln Gottes begriffen: Gott nimmt dieses Kind an, es wird in die Gemeinschaft der Christen hineingetauft. Bei der Säuglingstaufe werden die Kinder nur mit Wasser besprengt. In den Freikirchen wird die Taufe zum größten Teil anders verstanden: Ein Mensch wird getauft, wenn er an Christus gläubig geworden ist, wenn er Jesus als Herrn in seinem Leben angenommen hat. Getauft wird durch völliges Untertauchen. So wird der Sinn des Taufens deutlich gemacht:

- **Wer getauft wird, gehört ganz und gar zu Jesus - mit-gestorben, mit-auferstanden** *(vgl. Römer 6, 1 - 11).*
- **Wer getauft wird, hat die Abwaschung der Sünden erlebt** *(vgl. Apg. 22, 16).*
- **Wer getauft wird, erlebt das „Bad der Wiedergeburt“** *(vgl. Titus 3, 5).*
- **Wer getauft wird, bekräftigt, dass er wie Jesus leben möchte, seinem Wesen ähnlich werden will** *(vgl. Galater 3, 27).*
- **Wer getauft wird, wird in die Gemeinde eingegliedert** *(vgl. 1. Korinther 12, 13).*

- Verkleidung für zwei jüdische Frauen
- ein Korb mit Wäsche (Laken etc.)
- CD Hurra für Jesus 8

Dieser Gottesdienst-Entwurf basiert auf einem Verständnis der Taufe als Glaubenstaufe. Auch wenn in den meisten Freikirchen gläubige Kinder erst ab dem Alter der religionsmündigkeit getauft werden, ist es für die Kinder wichtig zu wissen, was es mit der Taufe auf sich hat. Eine solche Familienzeit bietet sich am Sonntag vor einem Taufgottesdienst an.

Ablauf:

Begrüßung, Anknüpfung an einen geplanten Taufgottesdienst

Lobpreis:

- Wir haben einen Grund zum Feiern, *H8, DK2*

Wir wollen euch heute mitnehmen in die Zeit kurz nach Pfingsten. Es war noch gar nicht so lange her, dass Jesus sichtbar unter den Jüngern gelebt hatte. Aber jetzt war er wieder bei seinem Vater im Himmel. Die Jünger und allen voran Petrus predigten überall von Jesus. Und ganz oft begannen die Menschen dann, an Jesus zu glauben. Kommt mit nach Jerusalem, dann könnt ihr sehen, was da so los war!

Theaterstück „Die Taufe am Pfingsttag":

Die beiden Frauen treffen sich an einem Waschplatz und waschen ihre Wäsche, bzw. legen sie zusammen. Am Ende des Textes haben beide ihre Wäsche zusammengelegt und verlassen mit ihrem Waschkorb den Raum.

Priscilla: Hallo Johanna, was für ein tolles Gewand hast du denn heute an?! Das war doch sicherlich recht teuer. Woher hattest du denn das Geld? Du hattest doch früher nie Geld!
Johanna: Das habe ich von einem Bruder bekommen!
Priscilla: Ich wusste gar nicht, dass du Geschwister hast…
Johanna: Weißt du, ich gehöre jetzt zu den Jesus Jüngern. Das sind meine Brüder und Schwestern.
Priscilla: Ah, von denen habe ich schon gehört. Sind das nicht lauter Verrückte? Und du, du gehörst auch zu denen? Und, soviel ich weiß, lebt doch dieser Jesus gar nicht mehr. Wurde der nicht sogar gekreuzigt?
Johanna: Ja, du hast recht, er wurde gekreuzigt, aber er ist wieder auferstanden, er lebt. Und er ist vielen von meinen neuen Geschwistern begegnet, war bei ihnen, hat mit ihnen gesprochen – ganze 40 Tage lang. Und dann ist er in den Himmel aufgefahren.

Priscilla: Dann ist er also doch nicht mehr da…
Johanna: Nein, nicht direkt, aber am Pfingsttag in Jerusalem, da hat er uns seinen Geist gesandt. Seither ist er bei uns, spürbar, unsichtbar und doch so real und erfahrbar…

Priscilla: Das hört sich alles ziemlich seltsam an, Johanna, gestorben, wieder auferstanden, in den Himmel aufgefahren und jetzt für dich spürbar da?!
Johanna: Ja, ich weiß, das hört man nicht alle Tage, aber lass mich erzählen, was geschehen ist:
Priscilla: Ja, erzähle es mir, aber vergiss nicht, mir zu sagen, woher du dein schickes Gewand hast…

Johanna: Nun, das war so: Am Pfingsttag war ich in Jerusalem. Es war mächtig was los in der Stadt. Ich kam gerade mit einigen Nachbarn aus dem Tempel, da stand da eine Gruppe Männer, die redeten und predigten laut in ganz unterschiedlichen Sprachen. Da war auch meine lateinische Sprache dabei. Die Männer verhielten sich ganz seltsam und manche dachten schon, die sind betrunken. Aber das war nicht so: Es war ja erst 9:00 Uhr morgens und die waren so nüchtern, wie ich es gerade bin.

Priscilla (winkt ab): …bist du dir da so sicher?
Johanna: Ja, natürlich! Da war einer, ein ganz einfacher Fischer, der predigte lateinisch, ich konnte alles verstehen, bin stehen geblieben und habe ihm zugehört. Er redete von Rettung und von diesem Jesus. Jesus wurde von Gott auf die Erde gesandt, um die Menschen zu erlösen. Er war Gottes Sohn, ganz ohne Sünde und starb doch für alle, die voller Schuld sind – wie mich. Als dieser Fischer – er hieß übrigens Petrus - von Jesus sprach, da ging es mir mitten durchs Herz. Ich verstand, dass Jesus für mich an diesem elenden Kreuz gestorben war. Für mich, Johanna, die Hartherzige, die Betrügerin und lieblose Ehefrau. Dass er aber stärker war als der Tod…
(Musikeinspielung „Wer zu Jesus gehört", aus: H8 - die beiden erstarren)

Priscilla: Ja, und was dann?
Johanna: Dann habe ich diesem Petrus zugerufen: „Ihr Männer, das ist ja alles recht und gut, aber was sollen wir denn nun tun?" Und Petrus sagte: „Ändert euch und euer Leben, wendet euch Gott zu, lasst euch taufen auf den Namen Jesus Christi, damit euch Gott eure Sünden vergibt und ihr den Heiligen Geist empfangt." Tja, das war es, was ich schon lange wollte: Einen Neuanfang, wieder eine weiße Weste haben, den ganzen alten Mist zu Grabe tragen. Und dann habe ich's gemacht.
Priscilla: Was gemacht?
Johanna: Na, mich taufen lassen.
Priscilla: Taufen? Was bedeutet denn das?

Johanna: Ja, das war so: Noch lange saßen wir mit vielen Menschen an dem Tag um diesen Petrus und die anderen Jesus Jünger herum und stellten ihnen Fragen. Und als es Abend wurde, gingen wir zusammen hinaus vor die Stadt an den Bach. Es waren ungefähr 3000 Menschen aus aller Herren Länder – alle ließen sich taufen. Wir stiegen mit Petrus ins Wasser, er tauchte uns unter und versprach uns nochmals, dass nun alle unsere Sünden vergeben sind und wir ein neues Leben mit Christus haben.

Priscilla: Das hört sich ja wirklich beeindruckend an. Aber jetzt hast du mir noch immer nicht gesagt, woher du das neue Gewand hast…
Johanna: Ich bin doch dabei, es dir zu sagen: Du musst die ganze Geschichte hören, um zu verstehen. Wir sind nach dieser Taufe dann mit den Jesus-Jüngern gegangen und treffen uns seitdem jeden Abend zum Brotbrechen und zum Gebet und um mehr von Jesus zu hören.
Priscilla: Ha, du und Brotbrechen! Wo bekommst du denn schon Brot her? Du bist doch arm wie eine Kirchenmaus!
(Johanna legt den Arm um Priscilla, sie gehen langsam hinaus)

Johanna: Das ist es ja gerade. Meine neuen Geschwister teilen alles, was sie haben mit jedem. Da ist der reiche Pharisäer Simon, der versorgt uns, der gibt uns von seinem Brot und auch von seinen Kleidern. Von seiner Frau habe ich das schöne Gewand!
Priscilla: Wie, der reiche Jude Simon wurde etwa auch mit dir getauft?
Johanna: Ja. Und wer getauft wird, der sagt damit: Ich kehre um von meinem alten Lebenswandel, ich glaube an Christus. Und dann gehört er dazu.
Priscilla: …und kriegt neue Kleider.
Johanna: Na, wenn er sie braucht, dann schon…

Minipredigt: Johanna hat sich also taufen lassen. Habt ihr verstanden, weshalb sie das tat? Sie hat verstanden: Jesus ist der Sohn Gottes und er ist für mich gestorben. Sie hat erlebt: Meine Schuld wurde vergeben *(Diese zentralen Sätze können noch zusätzlich mit dem Overhead projiziert werden)*. Das war eine riesige Veränderung in ihrem Leben. Es hat sich ungefähr so angefühlt:

Ich bitte euch einmal alle aufzustehen, und euch um 90° nach links zu drehen. *(warten, bis sich alle gedreht und ihre Position gefunden haben)* Bislang hatte Julia so gelebt: Sie hatte ihre Meinungen und Angewohnheiten, sie hat eine bestimmte Vorstellung von Gott gehabt und sie hat einfach ihr Leben gelebt und war ihr eigener Chef. Dann kam diese Predigt von Petrus über Jesus - dass er der Sohn Gottes ist und dass er ihre Schuld vergibt. Was hat sie dann dem Petrus zugerufen? „Was sollen wir denn jetzt tun?“ *(alle diesen Satz rufen lassen)* Und Petrus sagte: „Kehrt um!“ *(alle sich um 180° wenden lassen, d.h. alle schauen nun in die entgegengesetzte Richtung)* Jetzt sah die Welt ganz anders aus. Was sie vorher für richtig gefunden hatte, das galt nun auf einmal nicht mehr. Sie war ein neuer Mensch geworden. Ihre Schuld war vergeben, sie hatte Jesus eingeladen, den Thron in ihrem Leben einzunehmen. Sie war Christin geworden. Diese Umkehr sollten aber alle mitbekommen, diese Umkehr - die sollte man sehen können. Deshalb sagte Petrus noch etwas: „Lasst euch taufen! Zeigt, dass ihr zu Jesus gehört. Wer getauft wird, der sagt damit, dass er nun wirklich mit Jesus leben möchte." Und dann gehörte sie dazu.

Lobpreis:

- Der Tod hat seine Macht verlor'n, *H8, DK2*
- Mein ganzes Herz gehört nur Jesus, *VLB, KFL*
- Hoffnung, Rettung, Leben, *EJ*

Zeige ein Video über einen schönen Taufgottesdienst. Vielleicht habt ihr bei der letzten Taufe gefilmt und jemand kann daraus einen Zusammenschnitt mit Musikunterlegung herstellen. Es gibt auch die Möglichkeit, eine DVD bei Willow Creek Deutschland zu bestellen. Dort wird ein sehr ergreifender Taufgottesdienst in Chicago gezeigt (siehe: www.willowcreek.de).

Lebensberichte von Taufkanditaten: Wie bist du zum Glauben an Christus gekommen? Weshalb wirst du dich bald taufen lassen? Lass jeden Interviewpartner ein Lied aussuchen, das mit ihrem Zeugnis zu tun hat.

Abschluss:

Moderator schließt den Gottesdienst mit einem Vaterunser-Lied, z. B. „Bist zu uns wie eine Vater" oder „Vater unser im Himmel", EJ

(Die Idee zum Theaterstück stammt aus www.allesumdiekinderkirche.de)

4 Teil

4. 3 Stephanus - der erste Märtyrer (Apg. 6,8-15; 54-60

▶ **Zielgedanke: Wer in brenzligen Situationen Farbe bekennt, der wird von Gott mit dem ewigen Leben belohnt.**

Vor dieser Familienzeit müssen zwei Dialoge (siehe Text) als kleine Hörspielszenen auf Kassette aufgenommen werden. Es ist gut, ein wenig Atmosphäre mit aufzunehmen. Die Szenen spielen alle in einer Kneipe in Jerusalem. Etwas Musik im Hintergrund wäre gut, ebenso Gläserklirren oder das Einschenken eines Getränkes.

• Wenn wie vorgeschlagen an das vorhergehende Thema angeknüpft wird, braucht man noch einmal den Slogan des vorhergehenden Sonntags: Begeisterung verrauscht, der Heilige Geist schafft Bleibendes *(als Spruchband an einer Leine aufgehängt)*
• Verkleidung für den Agenten: Trenchcoat, Hut, dunkle Sonnenbrille, Ausweispapiere
• eine Schachtel mit der Aufschrift „für Stephanus", die einen Lorbeer- oder Efeukranz und ein Kärtchen mit der Aufschrift „gemäß Jakobus 1, Vers 12" enthält
• Overheadfolie mit Jakobus 1, 12: „Glücklich ist der zu nennen, der die Bewährungsproben besteht und im Glauben fest bleibt. Gott wird ihn mit dem Siegeskranz, dem ewigen Leben, krönen. Das hat er allen versprochen, die ihn lieben."

Lobpreis:

• Unser Gott ist stark, *VLB*

Anknüpfung an das Thema des letzten Sonntages:
Durch die Apostel Petrus und Johannes geschahen Heilungen - sie bestätigten die Predigten und viele, viele Menschen bekehrten sich. Wir haben am vorletzten Sonntag auch gehört, wie die ersten Christen in Einheit zusammen lebten: Gebet, Gütergemeinschaft und brüderliche Liebe prägten ihren Alltag. Die Gegenwart Gottes war so unglaublich stark unter ihnen und Tausende kamen zum Glauben. Habt ihr euch auch schon mal gewünscht, in dieser ersten Zeit der Christen gelebt zu haben? Was war ihr Geheimnis? *(Hinweis auf den Satz an der Leine).*

Überleitung zum Thema „Verfolgung":
Nun, ganz so einfach hatten sie es nicht immer. Nicht alle waren ihnen wohlgesonnen. Es bekehrten sich immer mehr Juden, auch Männer, die Priester gewesen waren. Das fanden die, die beim jüdischen Glauben blieben, natürlich gar nicht gut.

Unter den leitenden Christen war einer, der hieß Stephanus. Er liebte Jesus leidenschaftlich und tat genau wie Petrus und Johannes aufsehenerregende Wunder. Das blieb natürlich nicht verborgen. Ich habe mal ein Gespräch von ein paar Männern in einer Kneipe in Jerusalem belauscht, die sich über Stephanus aufregten.

Dialog 1 *(mit Atmosphäre vorher auf Kassette aufgenommen)*

A: Hallo, guten Abend. Warst du heute auch in der Synagoge der Libertiner? Dort hat wieder dieser Stephanus gesprochen. Ein echter Fanatiker.

B: Ach, heute war er in der Libertiner-Synagoge? Gestern war er in der Synagoge der Alexandriner.

C: ...und vorgestern war er bei uns! Also, Stephanus lässt keine Versammlung aus.

A: Ich sag's ja: Ein echter Fanatiker...

B: Und immer ergreift er das Wort und sagt seine Meinung zum vorgelesenen Abschnitt des Gesetzes.

A: Ja, und immer kommt er auf Jesus von Nazareth zu sprechen. Er kann nicht mal den Mund darüber halten. Unsere Gesetzesauslegung war doch auch sonst ganz interessant.

C: Na ja, es sind ja nicht nur seine Reden, die für Aufregung sorgen.

A + B (murmeln beifällig)

C: Letzte Woche noch hat er zwei blinde Mädchen geheilt. Und eine paar Tage vorher hat er die Ohren des tauben Matthias nur kurz berührt und plötzlich konnte er wieder hören.

A: Das ist schon sehr erstaunlich, wirklich!

B: Aber Stephanus hält nichts von Traditionen. Kürzlich hat er eine ganze Gruppe von jüdischen Priestern überzeugt, dass Jesus der Messias ist. Sie sind jetzt Christen!

A: Wirklich?! Also, ich finde, das geht zu weit! Diese Jesus-Jünger sollen sich nur nicht zuviel herausnehmen!

Eines Tages spitzte sich die Situation zu: Stephanus konnte und wollte nicht aufhören, allen zu erzählen, dass Jesus wirklich Gottes Sohn war, der versprochene Retter. Stephanus war so überzeugend, weil der Heilige Geist, der in ihm lebte, ihm immer sagte, wie und was er predigen sollte. Die Leute, mit denen er redete, ärgerten sich sehr darüber. Aber Stephanus ließ sich nicht einschüchtern. Dann geschah Folgendes:

Dialog 2 *(auch vorher auf Kassette aufgenommen)*

A: Mir reicht das mit Stephanus' Reden! Der bekehrt ja noch das ganze Volk zu diesem Jesus.

B: Ich finde auch, wir sollten etwas unternehmen.

C: Lass mich das mal machen. Ich kenne da eine paar Leute, die für Geld fast alles tun...

A (leicht entrüstet): Wie meinst du denn das?

C: Na ja, wenn ich denen was zustecke, sagen die vor Gericht gerne mal etwas aus, was nicht so ganz de Tatsachen entspricht.

A+B (hämisch kichernd): Keine schlechte Idee.

C: Ich werde ihnen sagen, sie sollen vor Gericht aussagen: Stephanus beleidigt fortwährend Gott und Mose. Wir haben es selbst mehrfach gehört! Das ist Wasser auf den Mühlen des Hohen Rates, das könnt ihr glauben!

B: Ja, genau. Wenn wir das geschickt einfädeln, dann wird er vielleicht sogar gesteinigt und wir sind ihn los, diesen Quertreiber.

A: Zumindest wird er bestimmt so eingeschüchtert, dass er endgültig den Mund hält. Genau, so machen wir es!

So verbündeten sich die Leute gegen Stephanus. Aber Stephanus gab nicht klein bei! Sogar noch vor Gericht sagte er den Männern: Ihr habt den Sohn Gottes getötet. Anstatt ihre Schuld einzugestehen, hielten sich die Leute die Ohren zu und stürzten sich wütend auf Stephanus. In dieser Situation schenkte Gott ihm eine ganz tolle Vision: Sein Gesicht glänzte von der Herrlichkeit Gottes und er sah den Himmel offen und Jesus auf dem Ehrenplatz an der rechten Seite Gottes.

Und dann wurde Stephanus grausam getötet, indem die Leute Steine auf ihn schmissen. Er war der erste Christ, der wegen seines Glaubens sterben musste. Nach ihm kamen viele andere. Vor 20 Jahren starben noch viele Christen in Russland und in Rumänien. Heute sterben unsere Brüder und Schwestern im Sudan in Afrika und in China an manchen Orten. Aber alle erleben, dass der Heilige Geist etwas Bleibendes schafft.

(Es klopft an einer Tür. Ein Agent - schwarz gekleidet, Hut, Sonnenbrille, hat eine Schachtel in der Hand - tritt ein. Die Szene sollte etwas unheimlich und spannend wirken.)

Moderator: Ja, guten Tag, kann ich ihnen irgendwie helfen?
Agent (ganz förmlich und ernst): Ich komme direkt von oberster Stelle und soll etwas überbringen.
Moderator: Entschuldigung, das kann ja jeder sagen, kann ich mal Ihren Ausweis sehen?
Agent: Selbstverständlich *(zeigt seine Dienstmarke).*
Moderator (beeindruckt): Du liebe Güte, der kommt ja direkt von der Chefetage... Was sollen Sie denn hier überbringen?
Agent: Uns kam zu Ohren, dass Sie Kontakt zu Stephanus, dem Märtyrer, haben.
Moderator: Na, ja, Kontakt ist wirklich ein bisschen zu viel gesagt. Ich habe mich intensiv mit seinem Leben beschäftigt... und mit seinem tragischen Tod.
Agent: Mein Befehl lautet jedenfalls, das *(zeigt auf den Karton)* hier heute abzugeben. Für Stephanus, den Märtyrer *(geht ab).*

Moderator: Na, so was. Ob ich das öffnen darf? *(öffnet den Karton, holt völlig erstaunt einen Lorbeerkranz heraus)* Ein Lorbeerkranz! Da liegt ja auch noch eine Zettel: „Für Stephanus, gemäß Jakobus 1, 12". Hat jemand eine Bibel dabei? Kann jemand Jakobus 1, 12 vorlesen?

Nachdem jemand aus der Gemeinde den Vers vorgelesen hat, legt der Moderator den Satz noch mal als Overheadfolie auf: „Glücklich ist der zu nennen, der die Bewährungsproben besteht und im Glauben fest bleibt. Gott wird ihn mit dem Siegeskranz, dem ewigen Leben, krönen. Das hat er allen versprochen, die ihn lieben."

Tja, das sagt mir, dass das Leben von Stephanus letztlich einen sehr sieghaften Ausgang gehabt hat - eine Belohnung, die ihm niemand nehmen kann. Die Frage ist nur: Wenn du oder ich in eine solche Situation wie Stephanus kämen - wie würden wir damit umgehen? Ob wir auch so mutig wären?

Zwei Möglichkeiten:
• *Bringe einen aktuellen Bericht über die Situation verfolgter Christen. Wir sollten nicht die Augen davor verschließen, dass es das heute gibt! In verschiedenen christlichen Magazinen oder Nachrichtendiensten (idea, DAWN-Freitagsfax) findet man Berichte darüber. Betet für diese Menschen um Durchhaltevermögen und auch um Veränderung der politischen oder gesellschaftlichen Situation. Stelle aber in den Mittelpunkt, dass der Geist Gottes nach der Verheißung Jesu jedem Menschen, der sich zu ihm bekennt, beisteht. In Matthäus 10, 32 steht: Wer sich öffentlich zu mir bekennt, für den werde ich auch vor meinem himmlischen Vater eintreten.*

4 – *Wenn alle sagen: „Wie kann man nur so dumm sein, zu glauben, dass es Gott gibt", dann bekenne ich mich zu ihm.*

3 – *Ich rede auch dann über Jesus und bete vielleicht für einen Kranken, wenn niemand damit rechnet.*

2 – *Wenn über den Glauben diskutiert wird, sage ich meine Meinung, auch wenn ich damit alleine stehe.*

1 – *Wenn ich merke, daß die anderen positiv über Jesus denken, sage ich auch etwas.*

0 – *Ich bin lieber still.*

-1 – *Ich tue so, als ob ich nicht zu Jesus gehöre.*

• Bildet kleine Familiengruppen und denkt zusammen darüber nach, was es bedeutet, Jesus mutig zu bekennen. Betet füreinander um Mut und Durchhaltevermögen. Man kann auch mit einer Skala arbeiten: Wozu habe ich Mut? (siehe links)

Lobpreis:

Einleitung: Als Stephanus so bösartig vor Gericht verleumdet wurde, betrachtete er es als eine Ehre, für Jesus zu leiden. Und selbst, als er gesteinigt wurde und dem Tod ins Auge schauen musste, orientierte er sich an Jesus. Auch Jesus hatte das alles durchgemacht, er hatte Verrat und Verspottung, Schläge und Schmerzen hinter sich.

- Beim Vater war es himmlisch, *VLB, DK1*

Gebet: Jesus, du bist der Herr! Auch in Situationen, die erst noch auf mich zukommen, bist du der Herr. Ich vertraue dir, dass du mir auch im richtigen Moment die richtigen Worte geben wirst. Ich weiß jetzt schon, dass ich es nicht alleine durchstehen kann, wenn andere sich über mich und über meine Liebe zu dir lustig machen oder mir sogar etwas antun wollen. Ich brauche deine Hilfe, Herr, um mich mutig zu dir zu bekennen. Danke, dass dein Heiliger Geist dann ein echter Helfer für mich ist!

- Jesus, ich brauche Hilfe, *VLB*
- Gott hat mir seinen Geist gegeben, *DK2, H8*

Dieses Thema ist eine ganz ernste Sache - aber lass nicht am Schluss alle trübsinnig bösen Zeiten entgegensehen. Jesus ist immer noch der Herr! Deshalb ist es auch gut, am Schluss ein ganz aufgelockertes Lied zu singen. „Gott hat mir seinen Geist gegeben" ist ein guter Ausblick auf ein vertrauensvolles Leben mit Jesus Christus!

Extra - Tipp für die Kleingruppe: Bastel mit den Kindern Kränze aus Efeu. Sprich mit ihnen darüber, was es bedeutet, einen Siegespreis (vielleicht eine Urkunde bei den Bundesjugendspielen) zu bekommen. Wie sieht unsere Belohnung aus, wenn wir ein Leben lang zu Jesus stehen?

4 Teil

4.5 Paulus

Paulus ist einer der großen Glaubensmänner des Neuen Testamentes. Ein frommer Jude, der das Gesetz genau kannte und um seine Durchsetzung besorgt war. Ein Mann, den Gott auf eine dramatische Weise erwischte, der eine radikale Wende durchmachte und der dann sein ganzes Leben in den Dienst Jesu stellte.

Er nahm gefährliche Reisen auf sich, zu Wasser und zu Land. Er war mutig und unerschrocken und durch ihn kamen Tausende von Menschen zum Glauben an Jesus Christus. Er gründete viele Gemeinden im ganzen östlichen Mittelmeerraum und er leitete andere an, wie sie dasselbe tun konnten wie er.

Er rang darum, Gott immer besser kennen zu lernen und in seinem Willen zu leben. Er war ein Mann des Gebets und ein Mann, der so großen Glauben hatte, dass Gott viele Wunder durch ihn tun konnte. Durch Paulus wurden Kranke geheilt und Menschen, die vom Satan versklavt waren, bekamen ihre Freiheit zurück. Von Paulus kann man viel lernen und sich von ihm anstecken lassen, Jesus radikal nachzufolgen.

Vorbereitung der Mitarbeiter:

Wer mit der Geschichte des Paulus noch nicht so vertraut ist, dem empfehle ich, zunächst die Apostelgeschichte in einem Durchgang zu lesen. Danach sollte man sich mit den Hintergründen und der Zeit des Paulus beschäftigen. Eine sehr einfache Methode ist, einen Paulus-Roman zu lesen, etwa H. Horie, Paulus - Apostel nach Gottes Willen, oder J. Dobraczynski, Paulus - Kämpfer im Namen des Herrn, oder Hörspielkassetten *(H. Herzler, Abenteuer zwischen Himmel und Erde - Paulus, Gerth-Medien)*. Auf diese Weise wird man mit der Geschichte warm und es fällt viel leichter, kreative Lektionen daraus zu formen.

Gestalte eine möglichst große Landkarte des östlichen Mittelmeerraumes *(Rom sollte auf der linken Seite gerade noch zu sehen sein)*. Die wichtigsten Orte und Stationen *(je nach Auswahl der Geschichten, die in der Reihe erzählt werden)* sind eingezeichnet. Für jede Geschichte wird ein kleines Bild *(ca. 10 - 15 cm Durchmesser - ja nach Kartengröße)* gemalt, das eine markante Szene zeigt.

Rahmenhandlung:

Wir haben eine fiktive Person gewählt, die Paulus auf seinen Reisen begleitet. Durch sein modernes Outfit wird deutlich, dass es keine echte Gestalt des Neuen Testamentes ist. Dieser Reporter macht jedes Mal den Einstieg. Er kommt immer in der gleichen Verkleidung *(siehe „Paulus – eine dramatische Wende")* und hat einen bestimmten Charakter *(hektisch, wortgewandt, immer auf der Suche nach etwas Neuem, schwer von Paulus beeindruckt - das steigert sich im Laufe der Reihe)*. Meistens erzählt der Reporter selber die Paulus-Story oder aber er bedient sich vielfältiger „Medienelemente" *(Diaserie, Tonmitschnitt, Fernseh-Live-Übertragung, Quiz...)*.

Oft hat er einen kuriosen Gegenstand in seinem Rucksack, das mit dem Ereignis zusammenhängt *(eine durchgelaufene Sandale, das Tuch, das Paulus um die Augen gebunden wurde, einen Stein...)*.

Spiel - Tipp: Zu jeder Geschichte gehört ein spezielles Szenenbild. Dieses Bild könnte z.B. im Raum versteckt sein. Der Finder darf es auf die Landkarte kleben.

Vorschlag für eine Themenreihe über Paulus:

Datum	Thema / Text	Team
	• Paulus - eine dramatische Wende (Apostelgeschichte 9) • Gott bereitet Paulus für seine Aufgabe vor: Mission unter Heiden (Apostelgeschichte 11, 19 - 26 + 13, 1 - 3) • Beginn der ersten Reise: Zypern - Vollmacht über böse Geister und andere Widerstände (Apostelgeschichte 13, 4 - 13) • Paulus in Lystra (Apostelgeschichte 14) • "Komm herüber und hilf uns...". Europa - Philippi (Apostelgeschichte 16, 6 - 24) • Erdbeben und Taufe in Philippi (Apostelgeschichte 16, 25ff.) • Paulus, leidenschaftlicher Gemeindebauer (Apostelgeschichte 20, 13 - 38) • Paulus vor Gericht - bis zum Letzten gehen (Apostelgeschichte 21 + 22) • Paulus in Rom (Apostelgeschichte 21 - 23 und 27 - 28)	

Auf den folgenden Seiten findest du die Umsetzung der Einheiten „Paulus – eine dramatische Wende", „Paulus in Lystra" und „Paulus in Rom".

5 Teil

5.1 Paulus - eine dramatische Wende (Apg. 9)

Zielgedanke: Gott hat einen Plan für dein Leben.

• Verkleidung für den Reporter (schwarze Weste mit vielen Taschen oder eine Lederjacke, supercoole Sonnenbrille, Bleistift hinterm Ohr, Notizblock, Flugtickets, umgehängter Kassettenrekorder, Fotoapparat, Rucksack, Jeans und weiße Bluse / Hemd). Die Utensilien können an den einzelnen Gottesdiensten natürlich auch etwas variieren.
• Diaserie über Apg. 9, evtl. aus einem Buch abfotografiert, Dia-Projektor
• Große Landkarte des Mittelmeerraums, dazu einen Schriftzug „Paulus"
• Ein rundes Szenenbild der heutigen Geschichte (Paulus wird vom Licht geblendet, ca. 20 cm Durchmesser)

Ablauf:

Reporter (betritt hektisch den Raum, man merkt, wie eilig er es hat und dass er ein sehr wichtiger Reporter ist!): Bin im gesamten römischen Reich unterwegs, von Britannien bis Nordafrika, von Spanien bis Palästina, bin überall schon gewesen. Schließlich haben die Römer dieses ganze Gebiet erobert, der Kaiser von Rom hat alles im Griff: Ganz Germanien, ganz Makedonien, ganz Gallien - ganz Gallien... nein, da war doch was... Ein von unbeugsamen Galliern bevölkertes Dorf hört nicht auf, den Eindringlingen Widerstand zu leisten, aber davon habe ich ja in einer gesonderten Reportage berichtet... Jetzt bin ich wieder auf einer ganz heißen Spur!! Kommt ihr mit?...

Also, am spannendsten finde ich es zur Zeit im Nahen Osten, in Palästina. Da gibt es so eine neue Gruppierung, die Jesus-Jünger. Die behaupten doch tatsächlich, dass Jesus von Nazareth von den Toten auferstanden ist und dass Gott die Menschen liebt und alles für sie tun würde... oder so ähnlich.

Aber es gibt auch wesentlich vernünftigere Menschen in Jerusalem und Umgebung, Menschen, die für die alte Ordnung stehen, die wissen was Recht und Ordnung ist, Menschen, die nichts von so spinnerten Ideen halten. Aber wie gesagt: Es geht heiß her in Jerusalem. Einige von den Jesus-Jüngern sind schon verhaftet worden! Und nicht ganz unschuldig daran war ein Mann, von dem ich in einer kleinen Bildreportage berichten will. Ich hab ja überall meine Kamera dabei...

(Geschichte vom Reporter so erzählt, als hätte er die Bilder geschossen - hier können unterschiedliche Diaserien, die die Apostelgeschichte 9 zeigen, verwendet werden. Wende dich an die Materialstellen deines Gemeindebundes oder Vereins.)

Tipp: Wenn keine Dias zur Verfügung stehen: Male die Szenen mit größeren Kindern auf DIN A1 Pappen.

Das ist er: Saulus von Tarsus. Er kannte das Gesetz Gottes ganz genau. Und er wollte, dass alle Juden es einhalten. „Wer das Gesetz nicht beachtet, der begeht eine Todsünde", dachte er...

Die Geschichte wird der Bildfolge entsprechend erzählt. Die Betonung sollte auf der radikalen Wende in Paulus Leben liegen. Er hatte ein klares Ziel vor Augen: Die Durchsetzung des jüdischen Gesetzes - ein hohes Ziel! Doch er lag daneben mit seinem Ziel! Gott hatte einen anderen Plan für sein Leben. Abschluss der Geschichte: Der Reporter klebt das Szenenbild auf die große Landkarte. Dann verabschiedet er sich. Er ist sehr beeindruckt von dem, was er gesehen hat. Leider muss er weiter, denn er hat schon wieder von großen Neuigkeiten in Antiochia gehört. Er wedelt mit einem Flugticket und verlässt eilig den Raum.

***Minipredigt:** Der Moderator kommentiert kurz diesen überraschenden Auftritt des Reporters und kündigt an, dass wir wahrscheinlich noch häufiger mit ihm zu tun haben werden.*

Während Paulus als Saulus noch die Christen verfolgte, hatte Gott längst einen guten Plan für sein Leben. Gott wusste genau: Das ist ein Mann, auf den ich mich verlassen kann. Der macht unbeirrt weiter, auch wenn es unbequem und schwierig oder sogar lebensgefährlich für ihn wird. Gott kannte alle Stärken und Schwächen von Paulus. Genauso weiß er sehr genau, worin du besonders gut bist und auch, wo du so deine Schwierigkeiten hast. Gott hat also nicht nur einen Plan mit Paulus, sondern ganz genauso für dich. Er kann dich und dich und dich - ja, euch alle hier ganz genauso gut gebrauchen wie den Paulus.

Wenn ich Geschichten über Menschen lese, die ganz viel für Gott in dieser Welt bewegt haben, dann fällt mir auf, dass viele von ihnen schon, als sie noch ganz jung waren, vielleicht 12 oder 14 Jahre, gespürt haben, dass Gott einen Plan mit ihrem Leben hat... Nicht immer haben sie das, was Gott mit ihnen vorhatte, später ohne zu zögern auch umgesetzt. Manchmal dachten sie, dass das, was Gott von ihnen möchte, doch gar nicht geht! Und dann musste Gott sie oft noch ein zweites Mal rufen. Du kennst das vielleicht, wenn du am Computer sitzt und ganz in ein Spiel vertieft bist, dann hörst du oft nicht sofort, wenn deine Mutter dich ruft. Manchmal muss sie richtig in dein Zimmer kommen und dich anstupsen. Gott geht das mit uns Menschen wohl ähnlich.

Richtig glücklich und zufrieden ist aber nur der Mensch, der weiß, dass Gott etwas mit ihm vorhat und der das dann auch tut. Es ist einfach fantastisch zu wissen, dass es für jeden Einzelnen von uns einen Extra-Plan gibt. Es gibt einen Ulrike-Plan, einen Mona-Plan, einen Kevin-Plan, einen Tom-Plan... Und herausfinden können wir Gottes Plan für unser Leben, indem wir auf seine Stimme hören und nah an ihm dran bleiben.

Lobpreis:

Überleitung: Wofür bist du Feuer und Flamme? Es ist wichtig, Begeisterung nicht für irgendetwas zu haben, sondern für das Wichtigste im Leben: Gott liebt mich und möchte mich gebrauchen.

- Feuer und Flamme, *VLB, DK1*

Paulus, so haben wir gerade gehört, war zunächst auf dem völlig falschen Dampfer, aber Gott hatte Erbarmen mit ihm und hat ihn auf den richtigen Weg geführt und ihm alles vergeben, was er vorher getan hatte. Wenn du spürst, dass du einen falschen Weg eingeschlagen hast, ist es nie zu spät, umzukehren und Gottes Plan mit deinem Leben auszufüllen.

- Du hast Erbarmen und vergibst / Wer ist ein Gott, *A. Frey, FJ*
- Hurra für Jesus, *VLB, DK1*
- Verrückt für meinen König, *DK 2, H9*

Die besondere Gelegenheit (Aufruf):

Bist du von der richtigen Sache begeistert? Hast du eine Ahnung, was Gottes Plan für dein Leben ist? Heute ist die Gelegenheit, diese Fragen vor Gott zu bringen und ihn zu bitten, in dein Leben hineinzusprechen. In der Minipredigt haben wir gerade gehört, dass Gott die Menschen, mit denen er etwas vorhatte, oft schon ganz früh - als Kinder oder Teenager - berufen und vorbereitet hat. Du darfst erwarten, dass Gott auch dich vorbereitet.

Der Moderator fordert Erwachsene und Kinder, die das möchten auf, aufzustehen und mit offenen Händen vor Gott zu stehen. Bete für diejenigen, die sich angesprochen fühlen. Einige Mitarbeiter könnten zu den einzelnen gehen und kurz für sie beten (währenddessen wird leise Musik gemacht). Oder: Bete von vorne für alle gemeinsam.

Abschluss:

- Ich will nicht mehr sagen: Ich kann das nicht, *DK 2, H8, HB*

4 Teil

4.5. 2 Paulus in Lystra (Apg. 14)

▶ **Zielgedanke: Allein Gott gehört die Ehre.**

- Reporterverkleidung, diesmal mit ein paar durchgetretenen Sandalen
- Mittelmeerkarte und Szenenbild mit einem Schiff und ein Szenenbild für die Ereignisse in Lystra (z. B. ein Priester, der ein Opfertier bringt)
- Für die zweite Szene: 3 x einfache orientalische Gewänder

Ablauf:

Reporter (kommt etwas abgeschlafft in den Gottesdienstraum): Meine Güte, bin ich kaputt... *(stöhnt)* Die haben vielleicht eine Kondition, der Paulus und der Barnabas! Immer unterwegs - als seien sie von einer unsichtbaren Kraft ständig angespornt und getrieben. Puh!

Aber ihr wisst ja vielleicht gar nicht, wer ich bin. Ich bin Reporter von Beruf. Sozusagen von Berufs wegen bin ich immer dort, wo was los ist. Im ganzen römischen Reich bin ich unterwegs... Momentan allerdings mehr im östlichen Mittelmeerraum. Da passieren vielleicht Dinge! Könnt ihr euch noch an die Story auf Zypern erinnern? Ich bin nämlich dem Paulus immer auf den Fersen. Also, in Paphos auf Zypern, da ist der Paulus einem unheimlichen Zauberer entgegengetreten, sodass dem Hören und Sehen vergangen ist! Unglaublich!

Dann ging's mit dem Schiff weiter *(klebt Schiff auf Mittelmeerkarte)* nach Perge - und dann gleich zu Fuß weiter nach Antiochia. Wisst ihr, wie weit das war? 250 km zu Fuß. Nicht einen schönen Wanderweg entlang, ne, ne, über Stock und Stein ging das. Und dann sofort wieder auf die Kanzel, der Paulus und gepredigt, was das Zeug hielt. *(deklamiert)* „Jesus ist der Messias und er ist von den Toten auferstanden. Glaubt an ihn und ihr werdet gerettet!" Und viele fingen an, an Jesus zu glauben. Besonders viele Nichtjuden. Die freuten sich so sehr, dass Gott sie als seine Kinder annehmen wollte. Aber es dauerte nicht lange und es gab Zoff in Antiochia, also zogen Paulus und Barnabas weiter nach Ikonium.

Wieder 150 km querfeldein... und ich immer hinterher!! Kurz vor Ikonium waren meine Schuhe dann endgültig hinüber *(schmeißt resigniert seine Sandalen über die*

Schultern). In Ikonium gab's dann sehr bald Ärger. Wieder hatten sich viele bekehrt und Paulus und Barnabas taten Zeichen und Wunder. Heilungen, Befreiung von bösen Mächten - ihr könnt euch das nicht vorstellen!!! Aber dann wurde es eng. *(saugt Luft ein)*

Den Leuten gefiel nicht, was Paulus predigte und sie beschlossen, ihn zu steinigen. Sie wollten ihn vor die Stadttore schleppen und solange mit dicken Steinen beschmeißen, bis er tot war! Ich hab noch nie eine solche Angst gehabt wie an dem Tag. Hals über Kopf schnürten wir unser Bündel und flüchteten nach Lystra. Aber Paulus hatte natürlich nicht vor, sich zu verstecken, nein im Gegenteil! Er erzählte überall von Jesus und der Rettung, die durch ihn möglich ist! *(schüttelt den Kopf)* Und in Lystra, da passierte dann Folgendes:

Wir gehen so durchs Städtchen, da sitzt da ein gelähmter Mann auf dem Boden. Der hatte noch nie einen Schritt gehen können. Er hörte Paulus äußerst aufmerksam zu. Paulus sah ihn an und merkte, wie er mir später erzählte, dass dieser Mann Glauben hatte, dass Gott ihn heilen könnte. Paulus rief ihm laut zu: „Steh auf und stell dich auf deine Füße!" Ich weiß gar nicht, wo der Paulus immer den Mut her nimmt für solche Aktionen!!! Der Mann konnte sofort aufspringen und jubelte natürlich über seine Heilung, was das Zeug hielt!

Und dann überschlugen sich die Ereignisse *(erzählt ganz aufgeregt).* Ich meine, die Leute in Lystra, die sprechen ja nicht lateinisch oder griechisch, so wie andere gebildete Leute, sondern die haben da eine eigene Sprache. Deshalb hat Paulus nicht gleich gemerkt, was sich da zusammenbraute. Auf jeden Fall glaubten diese Menschen, dass die Götter in Menschengestalt zu ihnen gekommen wären! Sie sagten: „O Zeus, unser Göttervater" - damit meinten sie Barnabas - und „Hermes, der Götterbote" - damit war Paulus gemeint, weil er ja offensichtlich eine himmlische Botschaft hatte.

Also, ich fand das eigentlich erst ganz witzig. Ich dachte mir, das könnte ja auch seine Vorteile haben, wenn man für einen Gott gehalten wird. Aber Paulus und Barnabas, die zerrissen vor Entsetzen ihre Kleider, als da auf einmal ein Zeuspriester mit einem Opferstier auftauchte und hübsche Mädchen ihnen Blumenkränze umhängen wollten. Sie wehrten ab und riefen: „Was macht ihr da?! Wir sind doch nur Menschen aus Fleisch und Blut. Wir wollten euch doch gerade sagen, dass ihr nicht mehr den toten Götzen dienen sollt, sondern euch zu dem lebendigen Gott bekehren sollt!"

Tja, dann war's auch schon wieder aus mit der Freundlichkeit. Plötzlich schlug die Begeisterung in Wut um und sie schleiften Paulus vor die Tore der Stadt und steinigten ihn halbtot. Als die Leute von Paulus abließen, sind wir natürlich gleich hin. Paulus kam wieder zu sich, stand auf und ging zurück in die Stadt. Der kennt keine Angst, der Paulus, unglaublich!!!

Tja und jetzt - das ist ja der eigentliche Grund für meinen Besuch bei euch heute morgen - jetzt brauche ich eure Hilfe. Da komme ich doch heute morgen in meine Redaktion, das ist mein Büro, und da sitzen drei Typen, die alle von sich behaupten, Paulus zu sein. Die sehen sich nur so verflixt ähnlich, deshalb weiß ich jetzt gar nicht mehr, wer der echte Paulus ist. Ich denke, ihr könnt mir helfen, herauszufinden, wer denn wirklich Paulus ist. Ich werde den dreien einfach ein paar knifflige Fragen stellen und dann kriegen wir das schon raus, o.k.?

Quiz: „Wer ist der echte Paulus?"

Drei Personen kommen nacheinander herein, verneigen sich kurz vor der Gemeinde und jeder sagt: „Ich bin Paulus von Tarsus". Dann setzen sie sich auf drei Stühle.

Reporter (verschwörerisch zur Gemeinde): Ich hab's ja gesagt, jeder sagt er ist Paulus! Aber jetzt machen wir den ultimativen Test und Sie helfen mir, o.k.?
(zu den drei Personen): Ja, meine Herren, ich möchte euch gerne zu den Ereignissen am gestrigen Tag befragen.

Die drei (nicken, murmeln): Nur zu, nur zu...

Reporter: Wie sind die Leute in Lystra eigentlich auf dich und Barnabas aufmerksam geworden ?

1. Paulus (Charakter: Paulus, der Angsthase): Ich wollte eigentlich gar nicht gesehen werden, dort in Lystra. Schließlich war ich ja gerade knapp einer Steinigung in Ikonium entgangen... Aber dann trat mir der gelähmte Mann am Boden leid und ich habe ihm zugeflüstert: „Stell dich auf die Beine und sei gesund." Aber der ist dann gleich mit Jubel und Geschrei hochgesprungen - unangenehm. Ich wollte mich dann davonschleichen.

2. Paulus (Charakter: Paulus, der Angeber): Na ja, ich habe da so einen Mann geheilt. Ich habe gerufen: „Leute von Lystra, schaut alle her! Ein Wunder wird sich vor euren

Augen ereignen!" Dann habe ich den Mann angehaucht, drei Mal mit dem Finger geschnipst - ha! Und der Mann jumpte auf seine Füße. Haste nicht gesehen! Die haben vielleicht gestaunt!

3. Paulus (der Echte, spricht bescheiden aber bestimmt): Nun, das hing mit der Heilung des gelähmten Mannes zusammen. Ich sah, dass dieser arme Mann Glauben hatte, dass Gott ihn heilen konnte. Deshalb sagte ich laut: „Steh auf, stell dich auf deine Füße." Gott tat ein Wunder, der Mann sprang auf und konnte laufen. So etwas bleibt natürlich nicht verborgen.

Reporter: Wie haben die Leute von Lystra auf die Heilung des gelähmten Mannes reagiert?

1. Paulus (der Angsthase): Die haben vielleicht einen Wirbel gemacht!!! Sie kamen mit Stieren, die sie opfern wollten. Und dabei habe ich doch solche Angst vor gefährlichen Tieren!

2. Paulus (der Angeber): Das war vielleicht stark! Die kamen mit Blumenkränzen und Opfertieren und haben uns auf ein Podest gestellt. „Zeus" und „Hermes" haben sie zu uns gesagt *(lächelt geschmeichelt, zieht die Luft ein und macht auf „gute Figur").* Endlich mal Menschen, die merken, was wir so auf dem Kasten haben.

3. Paulus (der Echte, schüttelt den Kopf): Die kamen gleich mit Opfertieren und Blumenkränzen an! Erst haben wir nicht genau verstanden, was sie eigentlich wollten, weil sie Lyakonisch sprachen. Doch dann merkten Barnabas und ich, dass sie uns für Götter in Menschengestalt hielten.

Reporter: Und was haben Barnabas und du darauf hin gemacht?

1. Paulus (der Angsthase): Na, wir sind auf und davon - wie der Blitz! Ab in die nächste Gasse und hinter einem Haus versteckt... *(kleinlaut)* Aber die haben uns wieder hervorgezerrt.

2. Paulus (der Angeber): Wir haben uns feiern lassen - was glaubst du denn? Wir haben uns die schönen Blumenkränze umgehängt. Die hatten wir dann den ganzen Tag an, sodass jeder es sehen konnte.

3. Paulus (der Echte, aufgebracht): Wir waren entsetzt! Wir zerrissen unsere Kleider und konnten die Leute nur mit Mühe davon abbringen, uns Opfer zu bringen. Wir erklärten ihnen, dass man nur den lebendigen Gott, den Vater von Jesus Christus anbeten darf.

Reporter (der Gemeinde zugewandt): Habt Ihr schon eine Ahnung, wer der richtige Paulus ist? Die klingen alle ziemlich überzeugend, oder?! Ich stelle jetzt noch eine letzte Frage, die mit dem Ausgang der Geschichte zu tun hat. Dann werden wir es ganz genau wissen, wer der echte Paulus ist! Paulus, am nächsten Tag wurdest du ja gesteinigt. Wie war das für dich?

1. Paulus (der Angsthase): Gesteinigt? Wir waren schon längst über alle Berge. Wir haben uns ganz schnell verkrümelt. Ich spüre noch die Beulen vom letzten Mal!

2. Paulus (der Angeber): Gesteinigt? Keine Spur!!! Wir haben die Nacht durchgefeiert und am nächsten Tag haben sie mich gefragt, ob ich Bürgermeister von Lystra werden will!!!

3. Paulus (der Echte, ernst): So schlimm hatte ich das noch nie erlebt. Die Menge hat mich fast zu Tode gesteinigt. Ich wurde ohnmächtig. Für einen Moment war ich gar nicht mehr auf dieser Welt. Aber der Herr hat Gnade gegeben und ich kam wieder zu mir.

Reporter: Na, jetzt ist mir klar, wer der echte Paulus ist, euch auch? *(macht eine Abstimmung oder fragt einige Leute direkt; die drei Paulusse gehen winkend ab)*

Reporter (verabschiedet sich): Na, das waren aufregende Tage hier in Lystra! Hoffentlich machen Paulus und Barnabas jetzt mal eine kleine Pause. Die könnte ich echt gebrauchen... *(humpelt hinaus)*

Das war ja eine heiße Geschichte, die unser Paulus erlebt hat. Ich stelle mir vor, dass das eine ziemliche Versuchung für ihn war: Er hatte einen hoffnungslos Kranken geheilt und die Menschen wollten ihm ein bisschen Ehre erweisen. Warum hat er sich wohl nicht feiern lassen? *(kurzes Gespräch mit der Gemeinde)*

Paulus gab alle Ehre Gott. Verrückt war, dass die Menschen in Lystra Paulus und Barnabas auch noch für Götter hielten, obwohl Paulus so deutlich gesagt hatte, dass es nur einen einzigen Gott gibt, der es wert ist, angebetet zu werden. Ich

möchte heute morgen mal jemanden fragen, der sich sehr viel mit der Anbetung Gottes beschäftigt, was das für ihn bedeutet.
(kurzes Interview mit dem Lobpreisleiter) Was ist Anbetung? Wie kann man anbeten?

Lobpreis:

- Lord, I lift your name on high, *DbH 4* 
- Du bist der Schöpfer des Universums, *DbH 4*

Gebet: Fordere die Gemeinde auf, Gott die Ehre zu erweisen und in kurzen Sätzen auszudrücken, wie einzigartig er ist.

- Halleluja, der Herr regiert, *DbH 4*
- Weil du in allem, *DK2, H9*

Abschluss:

Schließe die Familienzeit mit einigen Versen aus Psalm 96 ab (Psalm 96, 4 + 5 + 10):

Groß ist der Herr, jeder soll ihn rühmen!
Von allen Göttern soll man ihn allein fürchten.
Die Götter der Völker sind machtlose Figuren,
der Herr aber hat den Himmel geschaffen!
Majestät und Pracht gehen von ihm aus,
seine Stärke und Schönheit erfüllen den Tempel.
Sagt den Völkern: Der Herr allein ist König!
Amen

Teil 4.5.3 Paulus in Rom (Apg. 21-23 und 27-28)

Zielgedanke: Bleib dran - denn Gott vergisst dich nie!

- Reporterverkleidung, diesmal mit einigen Asterixheften im Rucksack
- Folienbild, schon fertig gelegt auf dem Overheadprojektor: 21 Te 11, 20 Ha 14, 15 Gr 24, 12 So 15,12 So 8, 10 Ps 2, 11 Gr 9
- Große Karte vom Mittelmeerraum
- Ortseingangsschild von Rom
- Faltbare Wand (Paravent) vorne, hinter der zunächst der Soldat und Paulus versteckt sind, sie treten im Lauf der Geschichte an beiden Seiten hervor
- Türschild: „Paulus von Tarsus"
- Verkleidung für einen Soldaten (Helm, möglichst gesichtsbedeckend, weil er ganz unbeweglich über eine längere Zeit da steht, Schwert, Brustpanzer)
- Verkleidung für Paulus
- Ein Schreibpult (steht neben der Faltwand), Tintenfass, Feder, Pergamentrolle
- Zwei DIN A 4 Briefumschläge, auf denen „an die Philipper" und „an die Epheser" steht

Lobpreis:

- Einfach spitze, dass du da bist, *DK1, VLB, GV*

Reporter (tritt auf die Bühne): ...wo kann er bloß sein? Wo kann er sich verstecken?... Ach, ihr seid ja auch schon da, guten Morgen allerseits... Ob ihr's glaubt oder nicht, aber ich habe ihn verloren - endgültig, glaube ich... Wen ich verloren habe? Natürlich den Paulus. Ich meine, es war ja schon alles sehr gefährlich und brenzlig damals - na lasst mich überlegen, das muss so vier Jahre her sein, damals in Jerusalem. Die Menschenmenge in Jerusalem war ja derart aufgebracht. Die haben Paulus fast gelyncht!!! Ich hab da doch noch einen Schnappschuss, wartet mal... *(legt Folienbild auf),* Paulus war ja überall unterwegs gewesen, in Griechenland, Kleinasien, auf den Inseln... *(zeigt die Stationen auf der großen Landkarte).*

Na ja, und da kommt er nach Jerusalem zurück zur Basisgemeinde und will eine Spende bringen, da verdächtigen ihn die gesetzestreuen Juden doch glatt, dass er den Tempel entehren will. Voller Wut stürzen sie sich auf ihn. Aber Jerusalem hat ja ein unglaubliche Militärpräsenz und zum Glück konnte der römische Kommandant mit einem Trupp Soldaten gerade noch das Schlimmste verhindern. Aber er legte Paulus in Ketten und brachte ihn in die Festung, das war das Gefängnis. Am nächsten Tag war eine öffentliche Gerichtsverhandlung, die rein gar nichts brachte, außer, dass sich 40 Männer zusammenrotteten, die Paulus ermorden wollten. An dem Tag konnte ich noch kurz mit Paulus sprechen und ich fragte ihn: „Paulus, hast du nicht Todesangst?", und wisst ihr, was er mir sagte: Gott hat im Traum heute Nacht zu mir gesprochen: Sei unbesorgt, so wie du in Jerusalem mein Zeuge warst, so wirst du auch in Rom mein Zeuge sein.

Wow, dachte ich, was für ein Versprechen! Das war ja schon immer sein Wunsch gewesen, nach Rom zu fahren! Aber dann wurde Paulus in einer Nacht-und-Nebel-Aktion ins Hochsicherheitsgefängnis in Cäsarea gebracht - das ist vielleicht ein Bunker... Tja, da habe ich dann ein paar Wochen vergeblich gewartet, aber ich bekam einfach keine Besuchserlaubnis. Nun ja, ich muss gestehen, dann habe ich mich anderen Dingen zugewandt - ich musste ja noch diese Reportage in Westgallien fortführen *(zieht Asterixhefte aus dem Rucksack).*

Aber das ist jetzt auch ein auslaufendes Modell. So habe ich mir gedacht, ich reise mal wieder nach Rom. Verlaufen konnte ich mich nicht, schließlich führen alle Wege nach Rom *(läuft eine Runde durch den Raum, kommt wieder vorne an; Ortseingangsschild „Rom - Hauptstadt des Römischen Reiches" wird von einem Mitarbeiter hochgehalten).*

So, jetzt ist sie langsam in Sicht *(kommt ins Schwärmen...)* Rom, du ewige Stadt, die du auf sieben Hügeln errichtet bist, du Stadt am Tiber, Sitz des mächtigen Kaisers Nero... ah, die Via Appia,... das Dianabad,... oh, die Prätorianergarde - da drücke ich mich mal lieber in einen Hauseingang *(wird von unsichtbaren Soldaten an die Faltwand gedrängelt; nimmt das Klingelschild wahr: „Paulus von Tarsus").* Das gibt's doch nicht: Paulus von Tarsus - hier in Rom?! Ob das unser Paulus ist? *(klopft, es wird ihm geöffnet, d.h. Paulus tritt an einer Seite, der Soldat an der anderen hervor, begrüßen sich)* Paulus, du bist es wirklich! Wie lange haben wir uns nicht gesehen?

Paulus: Nun, mein Freund, das dürfte annähernd vier Jahre her sein.

Reporter (erschreckt vor dem Soldaten): Aber was ist das?! Du stehst immer noch unter Militärschutz?

Paulus: Na ja, Schutz ist zu viel gesagt. Ich bin immer noch ein Gefangener des römischen Staates und dieser gute Prätorianer bewacht mich Tag und Nacht. Auch wenn ich natürlich hier in einer Mietwohnung sein darf und nicht in einem finsteren Gefängnis hocken muss.

Reporter: Hattest du denn jetzt endlich einen fairen Prozess? Und wie bist du überhaupt hierher gekommen? Und was machst du den ganzen Tag? O, du musst mir alles erzählen! Ich mach mal gerade ein Foto von dir und hole meinen Notizblock, einen kleinen Moment bitte.

Paulus: Nun ja, wir haben uns ja in Jerusalem das letzte Mal gesehen *(zeigt es auf der Karte)*, dann kam ich ins Gefängnis nach Cäsarea. Das war eine trübe Zeit. Ich war so entmutigt! Mal war ein Verhör, dann musste ich wieder wochenlang warten und nichts passierte. Als ich dann eines Tages vor dem neuen Gouverneur Festus erscheinen musste, sagte ich: „Ich bin ein römischer Bürger. Ich verlange, dass mein Fall vor dem Kaiser verhandelt wird. Ziemlich umgehend wurde ich auf einem Handelschiff eingeschifft und eine lange mühsame Schiffsreise im späten Herbst begann. Kurz: Es kam, wie es kommen musste, wir gerieten in einen entsetzlichen, tagelangen Sturm! Die Mannschaft war völlig am Ende ihrer Kräfte. Aber ich hatte die Verheißung Gottes immer vor Augen: Du warst in Jerusalem mein Zeuge, du wirst auch in Rom mein Zeuge sein. Ich wusste: Ich werde leben und mit mir auch die Schiffsbesatzung und die Soldaten, die mich bewachten. Wir strandeten auf Malta und es war wie eigentlich überall: Gott wollte auch dort von mir, dass ich predigte und heilte.

Reporter: Wie? Du bist ein Schiffbrüchiger, hast alles verloren außer den Sachen, die du am Leibe hast und dann stellst du dich hin und predigst?!

Paulus: Aber natürlich, mein Sohn! Das ist doch meine Berufung! Ich bin zwar nicht mehr frei, kann nicht mehr in der ganzen Welt umherreisen, wie es mir gefällt, aber Gott hat doch einen Auftrag für mich!

Reporter: Aber was machst du denn hier den ganzen Tag?

Paulus: Ich schreibe. Ich schreibe Briefe *(geht zu seinem Pult und holt einen hervor, auf dem "an die Epheser" steht).* Hier schreibe ich zum Beispiel darüber, was für einen Plan Gott mit der Gemeinde hat: Jesus Christus herrscht! Er ist das Haupt der Gemeinde und die Gemeinde ist sein Leib, der von Christus erfüllt ist. Ach warte, ich muss noch etwas einfügen *(nimmt seine Feder und schreibt):* Die Gemeinde ist sein Leib, der von Christus, dem Schöpfer und Vollender aller Dinge erfüllt ist. Ja, so ist es gut! Das soll die Kirche nicht vergessen, dass durch Christus alles geschaffen ist, dass er selber Gott ist!

Reporter: Das klingt ja ziemlich wichtig, was du da schreibst. Das ist ja viel zu schade, dass das nur die Epheser zu lesen bekommen.

Paulus (lacht): Mein Lieber, ich glaube, das werden nicht nur die Epheser lesen, sondern, falls der Herr nicht vorher wiederkommt auch die Menschen in Gallien, Britannien und sogar in Germanien.

Reporter: Und was sind das da für Briefe?

Paulus: Dieser Brief geht an die Gemeinde in Philippi.

Reporter: Ach, da war doch damals das Erdbeben, als du auch mal wieder eingebuchtet warst...

Paulus: Ja, an meine geliebten Kinder in Philippi schreibe ich…

Reporter: Lass mich raten. Du schreibst bestimmt: „Ruft ein Fasten aus! Betet für meine Freilassung. Ich habe es satt, hier eingesperrt und ständig kontrolliert zu sein." *(böser Blick auf den Soldaten)*

Paulus: Hier, ich lese dir einen kleinen Abschnitt vor: „Helft und ermutigt ihr euch als Christen gegenseitig? Seid ihr zu liebevollem Trost bereit? Spürt man bei euch etwas von der Gemeinschaft, die der Heilige Geist schafft?" Und hier, ein bisschen weiter hinten: „Freut euch allezeit im Herrn! Noch einmal sage ich: Freuet euch! Jeder soll eure Güte und Freundlichkeit erfahren. Macht euch keine Sorgen! Ihr dürft Gott um alles bitten; sagt ihm, was euch fehlt."

Reporter: Aber Paulus, wie kannst du so etwas schreiben?! Du bist hier seit vier Jahren gefangen, wartest und wartest auf deinen Prozess... und wer weiß, wie der ausgehen wird?! Und dann ermutigst du die anderen?

Paulus: Aber, mein Sohn, das habe ich doch schon vor Jahren an die Gemeinde hier in Rom geschrieben: „Leben wir, dann leben wir für den Herrn, sterben wir, dann sterben wir für den Herrn!" Und ich lebe noch für den Herrn. Ich richte meinen Blick fest auf ihn. Hier in diesem Brief an die Gemeinde in Kolossä - das ist auch in Kleinasien - habe ich geschrieben: „Christus lebt als der Auferstandene mitten unter euch. Er hat euch die Hoffnung auf die Herrlichkeit Gottes geschenkt." *(schreibt weiter an seinem Pult und vertieft sich; der Soldat bugsiert den Reporter hinaus; Paravent wird geschlossen)*

Reporter: Das ist ein Glaube, was?! Lebt seit vier Jahren in einer Art Warteschleife und schriebt solche Briefe... Ach, apropos Warteschleife. Ich wollte doch noch einen kleinen Rundflug über Rom machen *(geht ab)*.

Unglaublich, nicht wahr?! So viele Jahre hat Paulus im Gefängnis gesessen und er hat nicht den Auftrag vergessen, den Gott ihm gegeben hat - dass er nämlich allen Menschen von Jesus Christus erzählen soll. Ganz hartnäckig war er und hat sich nicht von äußeren Umständen entmutigen lassen. Als er in einem wilden Sturm unterwegs war, hat er den Menschen auf dem Schiff von Jesus erzählt. Als er in einer kleinen Wohnung in Rom Hausarrest hatte, hat er eben viele zu sich eingeladen und außerdem Briefe an die Gemeinden, die er gegründet hatte, geschrieben. Mir kommt es so vor, als ob wir oft nur warten, bis alle Umstände ideal sind und dann erst anfangen, uns zu unserem Glauben zu bekennen. Zum Glück hat Paulus das nicht getan, sonst hätten wir in „Germanien" womöglich nie etwas von Gottes Liebe zu uns erfahren.

Lobpreis:

• Groß ist unser Gott, *L. Kosse, DbH 3*

Gott hält alles in seiner Hand: Unser ganzes „Schicksal", nennen das manche. Egal in welcher Situation wir sind: Du kannst fest darauf vertrauen, dass Gott alles unter seiner Kontrolle hat. Das finde ich ganz schön beruhigend!

• Wer zu Jesus gehört, *DK 2*

• Gott vergisst seine Kinder - nie!, *DK 2, GV*

Wer vor der sichtbaren und unsichtbaren Welt heute zeigen möchte, dass er Gott vertraut, der kann jetzt aufstehen und dieses Lied mit uns zum Abschluss singen:

• Mein Jesus, mein Retter, *D. Zschech, DbH 4*

5 Teil

5.6 Helden aus dem Alten Testament

Die folgenden Gottesdienstentwürfe beinhalten bekannte und weniger bekannte Erzählungen aus dem Alten Testament. Wenn man sich genauer mit den Texten beschäftigt, merkt man, wie aktuell sie sind. Sie haben mit unserem Leben als Christen und mit unserem Weg als Gemeinde zu tun. Grund genug, Abraham, Nehemia und Mose genauer kennen zu lernen.

Gerade bei den Erzählungen des Alten Testamentes besteht die Gefahr, sie nur als Historie zu behandeln. Sicher sind manche Ereignisse einzigartig, auch in ihrer heilsgeschichtlichen Bedeutung. Gottes Bund mit Abraham begründet die Erwählung des Volkes Israel. Der Auszug aus Ägypten ist schlicht das Ereignis in der Geschichte von Gottes Volk. Aber die Männer und Frauen im alten Bund sind auch Vorbilder des Glaubens. Sie waren bereit, für den unsichtbaren Gott, dessen Reden sie ganz deutlich hörten, Visionäres zu wagen. Da Gott auch heute noch an, mit und durch sein Volk des neuen Bundes handelt, sucht er auch im 21. Jahrhundert nach Menschen, die sich Gott hingeben und die es wagen, alles auf eine Karte zu setzen. Darin sind uns die Helden der Bibel Vorbilder und Herausforderung.

In den Gottesdienstentwürfen habe ich versucht, diesen Bezug zu unserem Leben und Glauben herauszuarbeiten.

4 Teil
4.6.1 Abraham und Lot trennen sich (1. Mose 13, 1-18)

▶ **Zielgedanke: Bei Gott kommt keiner zu kurz.**

• Ein Bilderrätsel mit Symbolen der aufgeführten Tiere. Je nach Raumgröße kann man entweder mit DIN A 1 Fotokarton arbeiten oder zwei Overheadprojektoren *(alternativ: Beamer)* verwenden. Wichtig ist, eine Fläche zu schaffen, wo die zwei Gegner des Wettspiels die Anfangsbuchstaben der Tiere eintragen können.
• Verkleidung für Abraham und Lot (Gewänder, evtl. einen Stab)
• Eine große Leiter, die von zwei Seiten zu besteigen ist *(alternativ: zwei Haushaltsleitern, die versetzt hintereinander aufgestellt werden)*
• Anordnung des Raumes: So bestuhlen, dass man die Zuhörer deutlich in zwei Gruppen einteilen kann *(Gang in der Mitte)*
• Overheadfolie oder Powerpointfolie mit dem Bibeltext 1. Mose 13, 14b - 17
• Situationsfotos *(siehe Anwendung)*

Ablauf / Lobpreis:

Ich begrüße den Tag mit einem neuen Lied, *DH, HB*

Moderator teilt die Zuhörer in zwei Gruppen ein. Jede Gruppe bestimmt einen Vertreter (das könnte ein Zweit- oder Dritt-Klässler sein), der ein Bilderrätsel lösen muss.

Achtung: Es ist für das folgende Anspiel wichtig, hierbei eine Wettbewerbsstimmung der beiden Zuhörergruppen zu erzeugen! Die Gruppen sollen ihren Vertreter richtig anfeuern. Wer es als erster geschafft hat, wird richtig bejubelt.

Bilderrätsel:

1. Fisch
2. Reh
3. Igel
4. Eule
5. Dackel
6. Elefant
7. Nilpferd
8. Hase
9. Affe
10. Löwe
11. Tiger
12. Eichhörnchen
13. Nashorn

Lösung (= alle Anfangsbuchstaben der Tiere): FRIEDEN HALTEN

Auweia, da haben wir uns für heute aber ein schwieriges Thema ausgesucht. Frieden mit seinen Mitmenschen zu haben, das wünschen wir uns zwar, aber es ist gar nicht so einfach. Hauptsächlich liegt das daran, dass jeder so seine eigenen Interessen hat. Und wenn man spürt, dass man benachteiligt werden könnte, dann gehen die meisten auf die Barrikaden. Keiner will zu kurz kommen, deshalb fangen wir lieber an zu streiten. Abraham war ein Mann, der glaubte, dass er bei Gott nicht zu kurz kommt, wenn er seinen Verheißungen vertraut. Um ihn geht es heute.

Abraham und seine Familie waren Nomaden, das heißt, sie zogen mit ihren Schafherden, mit ihren Rindern, Eseln und Kamelen durch das Land Kanaan. Sie schlugen für eine Weile ihre Zelte auf und wenn es dann z. B. zu trocken wurde, zogen sie in ein anderes Gebiet. Sie versuchten immer, gute Weidegründe zu finden. Man konnte natürlich nicht überall einfach so mit seinen Herden hinziehen, da musste man sich schon mit den anderen Leuten, die dort wohnten, absprechen. Abrahams Familie hatte ein bestimmtes Gebiet, wo sie wohnten und wo sie ihre Schafe weiden ließen.

Abraham hatte noch keinen Sohn, als die Geschichte spielt, von der wir erzählen wollen, aber er hatte einen Neffen, Lot. Der war auch schon längst erwachsen und hatte seine eigenen Schaf- und Ziegenherden. Für lange Zeit grasten Abrahams und Lots Herden friedlich nebeneinander. Die Knechte von Abraham und Lot führten die Tiere mal hierhin, mal dorthin. Aber die Herden wuchsen – und das Weideland wurde nicht gerade besser. Da ereignete sich Folgendes:

Szene mit Abraham und Lot:
Beide wenden sich immer wieder ihren Hirtengruppen zu, heizen die Stimmung an, besonders Lot.
Eine Leiter ist im Hintergrund aufgebaut.

Lot (spricht zur einen Hälfte der Zuschauer): Ich bin Lot, euer Herr, und ihr seid meine Knechte, die meine Schafe betreuen. Ich bin ein guter Herr für euch und ihr vertraut mir, nicht wahr?! Ich muss gleich mit meinem Onkel Abraham sprechen und ich erwarte, dass ihr hinter mir steht.

Abraham (spricht zu anderen Hälfte der Zuschauer): Ich bin Abraham, euer Herr. Ihr arbeitet gut für mich und ich vertraue euch, dass ihr meine Schafe gut bewacht. Ihr könnt mit allen Sorgen zu mir kommen. Wir gehören zusammen.

(Abraham und Lot gehen aufeinander zu.)
Abraham: Lot, mein Sohn, wie geht es dir heute morgen?
Lot: Nicht so gut, Onkel Abraham. Es gibt Ärger.
Abraham: Ja, das spüre ich auch. Was ist los?
Lot: Abraham, ich sag es gerade heraus: Meine Knechte haben sich beschwert.
Abraham: ... meine auch, Lot.
Lot: Was du nicht sagst...
Abraham: Nun, berichte du zuerst.

Lot: Deine Knechte haben meine Knechte nicht zu Tränke gelassen. Stundenlang haben sie mit den Mutterschafen und ihren Lämmern in der heißen Sonne gewartet! Und dann kam es sogar zu dieser üblen Prügelei zwischen den Vorarbeitern...
Abraham: So, so. Meine Hirten haben erzählt, dass deine Schafe schon wieder die Weide beim Zedernhain abgegrast haben, genau wie letzte und vorletzte Woche.
Lot: Aber das ist eben einfach das beste Gebiet!!! Wie weit sollen meine Hirten denn noch laufen, um auch mal an ergiebige Weiden zu kommen?

Abraham: Lieber Lot, so geht das nicht weiter. Es ist ja nicht das erste Mal, dass wir uns streiten. Wir müssen eine Lösung für dieses Problem finden. Es gibt einfach nicht genug Weideplätze für uns alle.
Lot: Na, da werde ich als Jüngerer bestimmt den Kürzeren ziehen, wie immer.
Abraham: Lot, es soll auf keinen Fall böses Blut zwischen uns geben. Wir sind doch miteinander verwandt! Ich will dir etwas zeigen, komm doch mit mir auf diesen Berg *(Abraham führt Lot zu Leiter. Sie steigen hinauf und sehen sich um).*

Abraham: Ich denke, es ist besser, wenn wir uns trennen. Das Land ist groß genug. Entscheide du, wo du dich niederlassen möchtest! Wenn du den Westen wählst, gehe ich nach Osten. Wenn du lieber nach Osten ziehst, gehe ich nach Westen. Sieh dich nur um.
Lot (staunt, zeigt nach Osten): Die fruchtbare Jordanebene, reich bewässert, bis zum Horizont! Wie der Garten des Herrn oder das Niltal in Ägypten!
(zeigt und schaut nach Westen) Die Gegend von Hebron. Na, ja, ziemlich dürr, nachdem es so lange nicht geregnet hat. Recht steinig obendrein.
(zu Abraham) Und ich habe die freie Wahl???
(zu seinen Knechten) Was soll ich wählen???
Abraham (zu seinen Knechten): Seid ganz ruhig! Was immer er wählt, ich bin sicher, dass Gott es gut mit mir meint. Bei Gott kommen wir niemals zu kurz.

Lot: Ich hab's, Abraham. Ich gehe in die Jordangegend, nach Osten.
(steigt vom Berg, ruft seinen Knechten zu) Auf geht's, wir haben das beste Land bekommen.

Streit kommt vor, das ist klar. Und oft liegt es daran, dass jeder für sich das Beste will. Egoismus nennt man das. Was hättet ihr an Lots Stelle gewählt, was hättet ihr an Abrahams Stelle getan?
War Abraham jetzt der Dumme? Auf jeden Fall war jetzt die Ursache für die ewigen Streitereien beseitigt und Friede kehrte ein. Abraham wusste, dass Gott es gut mit ihm meint. Und er erlebte gleich nach dem Umzug von Lot etwas Wunderbares: Gott erneuerte seine Verheißung! Er versprach Abraham *(Folie auflegen)*: „Schau dich nach allen Seiten um! Das ganze Land, alles was du jetzt siehst, will ich dir und deinen Nachkommen schenken, dass sie unzählbar sind wie der Staub auf der Erde! Mach dich auf den Weg und durchziehe das Land nach allen Richtungen, denn ich will es dir geben!"

Lobpreis:

- Bei dir kommt keiner zu kurz, *H9, DK2, HH, KFL, HB*

Tipp: Auf der CD „Kraftfutter - Lieder" gibt es hierzu auch einen Videoclip, der an dieser Stelle eingespielt werden könnte.

Gott meint es auch gut mit dir uns mir, deshalb dürfen wir gelassen wie Abraham sein und müssen nicht auf unserem Recht bestehen. Es ist wichtiger, Frieden mit unserem Nächsten zu halten und lieber mal nachzugeben. Wo kann das in unserem Leben so gehen?

(zeigt gestellte Situationsfotos über Alltagsstreitigkeiten, die unnötig sind: z.B. zwei Nachbarn, die sich über dem Gartenzaun streiten, zwei Kinder, die versuchen sich gegenseitig einen Fußball zu entreißen, zwei Radfahrer an einer Weggabelung, die in unterschiedliche Richtungen zweigen und sich offensichtlich darüber in die Haare geraten, ein Streit um Geld,... Wenn es die Größe der Gruppe zulässt, kann man auch miteinander darüber ins Gespräch kommen oder noch eine selbst erlebte Situation erzählen, in der Frieden möglich gewesen wäre, wenn sich die Parteien bewusst gewesen wären, dass sie bei Gott nicht benachteiligt werden.)

Klar, echte Konflikte gehören auch zu unserem Leben, aber viel Streit ist überflüssig, wenn man tief in seinem Herzen wie Abraham weiß, dass man bei Gott nie zu kurz kommt.

Lobpreis:

(Zwischen den Liedern können die angegebenen Bibeltexte gelesen werden.)

- Bei dir, bei dir, bei dir, *DV*

Psalm 119, 161 - 168

- Du meinst es gut mit mir, *DV*

Galater 5, 22

- Tun, was noch keiner tat, *DH, HB*

Kolosser 3, 12 - 15

- Jesus, du allein bist genug, *FJ II*

Abschluss:

- Immer und überall, *DK1, VLB, GV*

4 Teil

4.6. 2 Der Auszug Israels aus Ägypten: Die 10. Plage

Zielgedanke: Das Blut Jesu rettet uns, so wie damals das Blut am Türpfosten.
Merkvers: Kolosser 1, 13

Anmerkung: Wenn man noch nicht so erfahren im Theaterspiel im Gottesdienst ist, eignet sich dieser Entwurf besonders gut. Der Moderator erzählt und moderiert (mit Textblatt in der Hand) die ganze Geschichte und der (verkleidete) Pharao hat nur recht wenig Text zu sprechen. Er sollte dafür umso ausdrucksstärker spielen. Ich hatte Sir Peter Ustinov als Nero in dem bekannten Kinofilm „Quo vadis" vor Augen, als wir den Pharao einstudierten... Daneben gibt es noch eine stumme Rolle, die parallel zur Erzählung agiert.

Man gestaltet den Vortragsraum am besten in zwei kleine Szenenplätze: Türrahmen mit dem imaginären Haus dahinter - Pharao auf seinem Thron. Wenn es technisch im Raum möglich ist, kann man farbige Spots auf die beiden Szenenplätze richten.

• Ein Türrahmen, schlicht gebaut aus drei Latten, mit Winkeln auf einer Bodenplatte verschraubt
• rote Wandfarbe aus dem Baumarkt und ein großer Pinsel
• Verkleidung für den Pharao: ein glänzendes Gewand, eine goldene Kopfbedeckung, kajalbemalte Augen, einen Krummstab usw. Am besten orientiert man sich an Pharaonendarstellungen in Sachbüchern
• Verkleidung für den Israeliten: einfaches graues/beiges Gewand, einen Leinbeutel, ein Handfeger
• für den Lernvers: vier Stühle

Moderator: Heute wollen wir von dem aufregendsten Tag und der aufregendsten Nacht in der Geschichte des Volkes Israel hören. Vielleicht möchtest du dich jetzt zurücklehnen und sagen: „Erzähl du mal – was hat das mit mir zu tun?" Ich kann dir sagen, dass diese Geschichte auch mit dem aufregendsten Tag der Geschichte dieser ganzen Welt zu tun hat. Und das hat für jeden Menschen Bedeutung. Aber fangen wir von vorne an:
Unsere Geschichte beginnt im Flussdelta des Nils, einer der fruchtbarsten Gegenden Afrikas, vor ca. 3500 Jahren. *(Evtl. kann man an dieser Stelle einen Soundtrack mit*

„ägyptischer" Musik einspielen). Die Israeliten waren Sklaven der Ägypter, sie wurden unterdrückt und mussten hart für die Ägypter arbeiten. Sie brannten Ziegelsteine und schufteten Tag für Tag und Jahr für Jahr unter der heißen Sonne Ägyptens. Ihr Lohn waren Schläge.

Doch Gott hatte sein Volk Israel nicht vergessen. Er rief Mose nach Ägypten und gab ihm den Auftrag, das ganze Volk Israel aus Ägypten herauszuführen und nach Kanaan zu bringen. Das war leichter gesagt als getan, der König der Ägypter, der Pharao, sah überhaupt nicht ein, dass er dieses Volk von Arbeitern gehen lassen sollte.

(Der Pharao betritt die Bühne und nimmt umständlich auf seinem Thron Platz).
Gott sagte zu Mose: „Geh zum Pharao und sage ihm: Lass mein Volk ziehen". Mose ging zum Pharao in den Palast und sagte: „Gott sagt: Du sollst mein Volk Israel ziehen lassen. Wenn Du sie nicht gehen lässt, wird alles Wasser in Ägypten in Blut verwandet werden". *(Der Moderator bleibt der Gemeinde zugewandt, der Pharao spielt seine Szene quasi unabhängig vom Moderator.)* Der Pharao antwortete:

Pharao: Wasser in Blut?? Das können meine Zauberer auch!

Moderator: Mose sagte: „Wenn du mein Volk Israel nicht gehen lässt, dann werde ich Frösche in großen Mengen über Ägypten kommen lassen. Überall werdet ihr ekelige, schleimige Frösche finden". Der Pharao war unbeeindruckt und er sagte:

Pharao: Frösche? Das können meine Zauberer auch!

Moderator: Na, ja so ganz recht sollte er nicht behalten, die Zauberer des Pharao konnten zwar auch Frösche herzaubern, aber sie konnten sie leider nicht wieder zum Verschwinden bringen. Mose sagte: Mein Gott wird dir seine Stärke zeigen! Er schickt Stechmücken über das ganze Land, die die Menschen stechen und plagen. Lässt du jetzt mein Volk ziehen? Der Pharao sagte:

Pharao: Nein!

Moderator: „Nun", sagte Mose zum Pharao, „dann wird eine Stechfliegenplage über Ägypten hereinbrechen, Fliegen, die Krankheiten übertragen! Lässt du jetzt mein Volk ziehen, damit wir unserem Gott opfern und ihn anbeten können?" Der Pharao sagte:

Pharao: Ihr könnt eurem Gott ja hier opfern. Ich lasse euch nicht ziehen!

Moderator: Da sandte Gott eine Viehpest auf das Land. Mose fragte: „Pharao, lässt du jetzt mein Volk Israel ziehen?" Der Pharao sagte:

Pharao: Nein!

Moderator: Da schlug Gott die Ägypter mit Hautkrankheiten. Geschwüre und offene Wunden plagten die Menschen. Mose sagte zum Pharao: „Lässt Du mein Volk ziehen?" Der Pharao sagte:

Pharao: Nein!

Moderator: Gott sandte Hagel-Unwetter auf Ägypten, die die halbe Ernte vernichteten. Mose fragte: „Pharao, lässt du mein Volk ziehen?" Der Pharao überlegte:

Pharao: Na ja, vielleicht könnt ihr ziehen – aber ohne eure Frauen und Kinder!

Moderator: Gott schickte daraufhin eine Heuschreckenplage auf das Land. Mose ging wieder zum Pharao und fragte: „Lässt du mein Volk ziehen?" Der Pharao sagte:

Pharao: Nein!!!

Moderator: Selbst als Gott das ganze Land in eine Finsternis tauchte und die Menschen vor Furcht schrien, ließ sich der Pharao nicht erweichen. Mose fragte den Pharao: „Lässt du mein Volk ziehen?" Der Pharao antwortete:

Pharao: Ihr könnt ziehen, aber das Vieh bleibt hier.

Moderator: Aber so hatte Mose nicht gewettet. Er kündigte nun dem Pharao die schlimmste Strafe an, die Gott für Ägypten vorgesehen hatte: Alle Erstgeborenen sollten sterben - der älteste Sohn des Pharao, aber auch der Erstgeborene in jeder anderen Familie, selbst das Erstgeborene von jedem Tier im Stall. Und so kam es auch. Da ging der Pharao in die Knie...

Pharao: O, nein, mein Sohn, oh nein, geht, ihr Israeliten, euer Gott ist stärker... *(fällt auf sein Angesicht, trommelt mit den Fäusten auf den Boden, bleibt dann reglos liegen)*

Minipredigt: Was geschah nun in jener Nacht, als diese schlimmste Plage über Ägypten kam? *(Während der Moderator nun weiter spricht, kommt Leben in den zweiten Szenenplatz und eine als Israelitin verkleidete Frau führt pantomimisch das Gesagte aus.)* Mose hatte dem Volk Israel genaue Anweisungen gegeben: Jede Hausfrau sollte ihr Haus gut ausfegen, sodass kein Krümelchen Sauerteig mehr im Haus zurückblieb. An diesem Abend sollte es nur ungesäuertes Brot geben. Jeder sollte seine Familie zusammenholen, alle sollen bereit sein, mit Sandalen an den Füßen und einem Wanderstock in der Hand aufzubrechen.

Eine Israelitin agiert parallel zur Erzählung im „Haus" mit dem Türrahmen.

Aber zunächst musste in jeder Familie ein Schaf geschlachtet und gebraten werden. Alle sollten noch ein stärkendes Mahl zu sich nehmen. Wenn eine Familie zu klein war, um ein ganzes Schaf zu essen, sollten die Nachbarn dazu geholt werden. Nichts sollte übrig bleiben, weil die Israeliten in dieser Nacht endgültig Ägypten verließen.

Das Blut vom Schlachten wurde in den Schalen aufgefangen. Und dann, so hatte Gott es den Israeliten durch Mose gesagt, musste jede Familie ihre Haustür mit Blut bestreichen. Danach durfte niemand mehr das Haus verlassen.

Es war eine seltsame Nacht. Die Kinder haben sich bestimmt gefragt: „Warum ist diese Nacht so anders als alle anderen Nächte?" Der Vater antwortete: „Weil unser Gott uns heute aus der Sklaverei befreit".

Und dann ging der Engel des Herrn in Ägypten herum und alle Erstgeborenen der Ägypter, der Sohn in jeder Familie, aber auch die erstgeborenen Tiere wurden getötet. Aber an den Häusern, deren Türen mit Blut bestrichen waren, ging der Engel des Herrn vorbei. Daran erkannte er: Hier wohnt das Volk Gottes!

Die Ägypter jammerten und klagten in dieser Nacht, drängten die Israeliten zur Eile: „Wenn ihr noch länger hier bleibt, kommen wir alle um!" Sie verteilen sogar ihren Schmuck an die Israeliten. Die Israeliten packten alles in Leinbeutel.

Und dann verließen sie Ägypten, mitten in der Nacht.

Das war wirklich eine besondere Nacht. Vielleicht hat sie sich angefühlt wie die Millenniumsnacht an Silvester 1999 oder vielleicht erinnerst du dich an die Nacht, in der in eurer Familie ein Baby geboren wurde. Es ist ein Gefühl, dass du mitten drin bist in ganz besonderen Ereignissen. Die Nacht damals in Ägypten war ein Übergang von 400 Jahren Sklaverei in ein neues Leben: Das Volk Israel brach auf zu einer Reise, die sie in ein Land führte, in dem sie keine Sklaven mehr waren, sondern in dem sie frei leben konnten, ein Land, in dem Milch und Honig floss!

An diese Nacht hat sich das Volk Israel immer erinnert und jedes Jahr ein Fest gefeiert, das Passah-Fest. Dann kam 1500 Jahre später ein ganz besonderes Passah. Es lag Spannung in der Luft und ein Mann wurde getötet. Dieser Mann war nicht nur ein Mensch, er war auch Gottes Sohn. Die Bibel sagt von ihm, dass er wie ein Lamm war, das zu Schlachtbank geführt wurde. Er war stumm wie ein Lamm, hat alles widerspruchslos ertragen und sich nicht gewehrt. Ihr wisst, dass es Jesus war, der gestorben ist, damit wir leben können.

Wenn wir sagen „jemand hat sein Blut vergossen", dann ist das ein anderer Ausdruck dafür, dass jemand stirbt. In der unsichtbaren Welt war das so wie in jener Nacht in Ägypten. Das Blut Jesu, die Tatsache, dass er starb, bewahrt die Menschen, die an ihn glauben, vor dem Tod. Für uns Christen ist es jetzt so, wie für die israelitischen Familien, die sicher in ihrem Haus mit dem Blut bestrichenen Türrahmen saßen. Sie wurden nicht bestraft. Sie wussten: In dieser Nacht beginnt die Freiheit. Sie waren befreit von der Macht der Sklaverei, durften in ein neues Land ziehen. Jeder, der an Jesus glaubt, an dem geht die Strafe vorbei, der muss nicht sterben, der darf leben und frei sein.

(Wenn es möglich ist, sollte man nun die Lichtverhältnisse verändern, damit alle aus dieser spannenden Geschichte auftauchen können. Vier Stühle werden nun nebeneinander aufgestellt. Drei Mitarbeiter oder Helfer, die die Bewegungen des Lernverses schon kennen, setzen sich auf die Stühle. Am Rand bleibt ein Stuhl frei. Mit den Füßen klopfen sie einen regelmäßigen Rhythmus.)

Es gibt einen Vers im Neuen Testament, der das noch mal genau zusammenfasst, dass alle Menschen eigentlich genauso gefangene Sklaven sind, wie die Israeliten damals, dass sie aber durch Jesus frei werden können. Wir wollen diesen Vers mit Bewegungen lernen.

Du hast uns errettet (Stellt euch vor, jemand ist in einem See am Ertrinken, du kannst ihm einen Rettungsring mit einem starken Seil zuwerfen, er ergreift es und du ziehst jetzt am Seil).

... von der Macht der Finsternis *(eine Hand vor den Augen)*

...und hast uns versetzt *(bei den letzten beiden Silben versetzen sich die drei um einen Platz nach links/rechts)*

...in das Reich *(mit den Händen eine Krone bilden)*

...deines Sohnes *(die so geformten Hände heben)*

...Jesus *(die Hände nach oben öffnen)*

Der Moderator leitet nun alle an, gemeinsam diesen Vers zu sprechen und die Bewegungen zu machen. Dabei muss auch im Publikum am Rand und / oder am Gang in jeder Reihe ein Platz frei bleiben.

Abschluss / Lobpreis:

Die Rettungstat Jesu soll im Mittelpunkt stehen: Er hat uns befreit, von der Macht des Todes erlöst und uns zu Kindern Gottes gemacht.

- Ihr sollt frei sein, *H6, DK2*
- Der Tod hat seine Macht verlor'n, *H8, DK2*
- Gott wird Mensch, VLB, DK1, GV
- Danke, dass du mich so liebst (Text anpassen: Danke, dass du für uns starbst) , *GL*
- Mein Jesus, mein Retter, *FJ II*

4 Teil

4.6.3 Gemeinsam vorwärts: Einzug nach Kanaan 4. Mose 32

Zielgedanke: Gott will auf keinen verzichten, wenn er sein Reich baut.

• Folie der Grafik „gemeinsam vorwärts" für Overhead oder Beamer
• Verkleidung für die Schauspieler Mose, Ruben, Gad *(Führer ihrer Stämme)*
• Kärtchen aus verschiedenfarbigem Tonpapier, um die ganze Gemeinde in die 12 Stämme Israels einzuteilen. Auf jedem Sitzplatz liegt ein Kärtchen.

Lobpreis:

Ich begrüße den Tag, *DH, HB* 

„An diesem Tag will Gott mit uns sein, für den Großen sind wir nicht zu klein" haben wir gerade gesungen. Das ist eine wunderbare Verheißung: Gott ist jeden Tag mit uns und er kann und will uns gebrauchen, egal, wie groß oder klein, stark oder schwach, alt oder jung wir sind.
Genau darum soll es heute gehen: Dass jeder in der Gemeinde einen Platz in Gottes Reich hat, wo er Gott dienen kann und wo er unverzichtbar ist.
Bevor wir Gott mit Lieder ehren wollen, hören wir auf sein Wort. Es sind Verse aus dem ersten Petrusbrief, die revolutionär für die Entwicklung der Kirche waren. Als Martin Luther diese Worte gelesen und verstanden hatte, lehrte er ab diesem Zeitpunkt, dass jeder, der glaubt und getauft ist, zu Gottes auserwähltem Volk gehört und sich ihm wie ein Priester nahen darf. Wir wollen uns diese Verse anhören: ***Textlesung: 1. Petrus 2, 9 - 10***

Lobpreis:

• Du bist der Herr, du und kein anderer, *DK2, H8*
• Du hast die Sonne gemacht, Mike Müllerbauer, *aus: Schwappdidu und Peperoni (cap! - music)*
• Herr, dein Name sei erhöht, *FJ II, DbH Kids II*
• Unser Gott ist ein mächtiger Gott, *DbH II*

(Folie „Gemeinsam vorwärts" projizieren)
Was steckt wohl hinter diesem Bild? Wir wollen heute morgen von einer ganz entscheidenden Situation in der Geschichte des Volkes Israel erzählen. Wie Gott mit Israel umging, zeigt uns etwas über Gottes Art. Wir können davon lernen. Und wie Israel geistlich handelte, ist ein Vorbild für die Gemeinde, das wird in dieser Geschichte deutlich.

Wir wollen uns mal vorstellen, dass wir alle heute morgen das Volk Israel sind. Israel bestand aus zwölf Stämmen, große Sippen mit tausenden Familien, die geordnet 40 Jahre durch die Wüste gezogen waren. Auf euren Plätzen findet ihr jeweils den Namen eines solchen Stammes. Gleich wird der Führer des Volkes zu uns kommen, den Gott berufen hatte, Israel aus Ägypten bis in das gelobte Land Kanaan zu führen. Stellt euch vor, ihr steht am Ostufer des Jordans. Auf der anderen Seite kann man die Hügel Judäas sehen, eine befestigte Stadt, grüne Felder. Aber Achtung, jetzt will Mose zu uns sprechen. Wenn er euch auffordert, aufzustehen, dann solltet ihr das tun. Mose verdient es, respektiert zu werden.

Theaterstück „Der Aufstand von Ruben und Gad":
(Ruben und Gad sitzen in den Reihen bei ihrem jeweiligen Stamm)

Mose: Volk Israel, ihr 12 Stämme, hört, was ich euch zu sagen habe! Wir stehen hier vor dem gelobten Land, das uns Gott verheißen hat. Schon einmal standen wir hier vor dem Jordan, der uns vom gelobten Land trennt. Es war vor 40 Jahren, als eure Väter Angst hatten, gegen die Bewohner des verheißenen Landes zu kämpfen und das versprochene Land einzunehmen. So schickte uns Gott zurück in die Wüste, die wir weitere 40 Jahre durchwandern mussten, als Strafe für unseren Ungehorsam. Aber wir haben einen großen und treuen Gott, der uns jetzt Gnade erweist und uns eine neue Chance gibt, das gelobte Land einzunehmen. Ich habe Josua als meinen Nachfolger und euren Führer gewählt. Ich selbst werde das gelobte Land nicht betreten, denn ich werde vorher sterben. Gott hat uns damals gesagt, dass niemand das verheißene Land betreten wird, der vor 40 Jahren ungehorsam war außer Josua und Kaleb. Ich werde jetzt durchzählen, wie viele Männer über 20 Jahren jeder Stamm hat und überprüfen, ob keiner übrig ist von denen, die damals Angst hatten.

Stamm Ruben, erhebe dich! Gut, es sind 43730.
Stamm Simeon! 22200!
Ihr Söhne Gads steht auf! 40500, sehr gut!

Die Söhne Judas! Sogar 76500!
Die Sippen Issaschars steht auf! 64300!
Stamm Sebulon! 60500!
Ihr Söhne Manasses! 52700!
Stamm Ephraim erhebe dich! 32500!
Ihr Söhne Benjamins erhebt euch! 45600
Söhne des Stammes Dan! 64400!
Stamm Asser! 53400!
Söhne Naphtalis! 45400!

Das sind zusammen 601730 Männer, eine stolze Zahl, die das gelobte Land erben wird. Welch ein Freudentag wird das! Wir sind am Ziel unserer langen Wanderung angekommen! Wir nehmen das Land ein!

Gad (steht auf und räuspert sich): Ähm... also, wie soll ich anfangen? Lieber Mose, wie du weißt, bin ich ein begeisterter Viehzüchter, unser Stamm hat sehr viel Vieh genauso wie der Stamm Ruben.

Ruben (steht auf): Genau, der Stamm Ruben ist der Stamm mit den meisten Schafen - und auch den Besten. Unsere Schafe brauchen natürlich saftige Weiden, damit sie die besten und schmackhaftesten bleiben.

Gad: Und die besten Weiden, die wir uns vorstellen können, sind hier auf dieser Seite des Jordan. Was wir damit sagen wollen, ist: Die Stämme Ruben und Gad möchten hier bleiben und nicht mit über den Jordan ziehen.

Mose: Was soll das heißen? Ihr wollt eure Brüder in den Kampf ziehen lassen und ihr wollt hier bleiben und es euch gemütlich machen? Habt ihr denn vergessen, was vor 40 Jahren passiert ist? Wegen solcher Drückeberger wie euch mussten wir zurück in die Wüste und konnten eure Väter das verheißene Land nicht einnehmen! Ihr gefährdet das gesamte Unternehmen, jetzt, wo wir so kurz vor dem Ziel stehen. Ihr habt anscheinend gar nichts aus der Geschichte gelernt! Soll wegen euch und ein paar Schafen der Zorn Gottes erneut über uns kommen? Wenn ihr euch gegen Gottes Plan stellt, wird wegen euch das ganze Volk zu Grunde gerichtet. Wollt ihr das?

Ruben: Ups, daran habe ich gar nicht gedacht. Als Schafzüchter hat man eben nicht den nötigen Weitblick! Natürlich wollen wir das Projekt nicht gefährden. Gad, was denkst du? Was sollen wir tun?

Gad: Dieses Land hier ist einmalig, so etwas finden wir nie wieder, aber unter diesen Umständen wäre ich dafür, zuerst mit den anderen das gelobte Land zu erobern und dann hierher zurück zu kommen und mit der Schafzucht weiterzumachen.

Ruben: Ein Spaziergang wird das nicht werden, aber wir wollen das Risiko auf uns nehmen. Wir werden sogar in der ersten Reihe kämpfen!

Gad: Mose, gib uns nur etwas Zeit, damit wir Zäune für unsere Schafe und Zelte für unsere Frauen und Kinder aufbauen können.

Ruben: Genau, aber wir Männer werden erst zurück kommen, wenn jeder Stamm seinen Erbteil, sein Stück Land bekommen hat.

Mose: Wenn ihr das tut, sollt ihr schuldlos sein vor dem Herrn und dieses Land hier soll euch gehören. Schwört vor den Priestern, das ihr tun werdet, wie ihr gesagt habt!

Ruben und Gad: Wie der Herr zu deinen Knechten geredet hat, so wollen wir es tun! Wir werden vor den anderen herziehen und kämpfen!

Mose: So sei es! Und nun auf, fangt an, macht euch bereit!

Gott möchte, dass sein Volk gemeinsam voran geht. Das Volk Gottes, die Gemeinde, ist wie ein Leib, wie eine Familie, aber auch wie eine Armee. Gott braucht jeden, um sein Reich zu bauen. Er braucht ganz unterschiedliche Menschen, Gaben und Fähigkeiten. Und Gott möchte auch sein ganzes Volk segnen. Als die Israeliten aus Ägypten ausgezogen waren, hatten sie alle Stämme mitgenommen. Alle Stämme sollten auch den Segen der Verheißung bekommen.
Wen braucht Gott heute? Er braucht Menschen aus jeder Generation. Ich bitte jetzt aus jeder Generation einmal eine Person nach vorne.

Wer ist unter 10 Jahren? *(bittet ein Kind stellvertretend nach vorne)*
Gott braucht euch Kinder. Oft habt ihr mehr Glauben als wir Großen, wenn ihr betet. Jesus selbst hat ein Kind in die Mitte gestellt und seinen Jüngern gesagt, dass sie sich ein Beispiel am Vertrauen eines Kindes nehmen sollen. Wir können auch von euer Unbeschwertheit und Fröhlichkeit lernen. So wie ihr als Kinder eurer Eltern lebt, dürfen die Großen als Kinder Gottes leben.

Wer von euch ist unter 20 Jahren? *(bittet einen Jugendlichen nach vorne)*
Wer sollte die Jugendlichen in unserem Land mit der Botschaft erreichen, dass Gott unser Vater sein möchte, wenn nicht ihr? Ihr sprecht die Sprache eurer Generation, ihr wisst, was Jugendlichen wichtig ist. Gott braucht euch – und deshalb braucht die Gemeinde euch. In vielen von euch brennt die erste Liebe für Jesus. Davon können wir uns anstecken lassen.

Wer von euch ist unter 30 Jahren? *(bittet einen jungen Erwachsenen nach vorne)*
Ihr seid die Generation der Ideen, voller Kraft und Tatendrang. Ihr wollt manchmal Revolutionen anstiften - und das ist gut so. Gott braucht eure Wachheit, eure gestalterische Kraft und eure kritischen Ideen – deshalb brauchen wir euch auch.

Wer ist unter 45 Jahren?
Ihr seid Menschen, die ihren Platz in der Gesellschaft gefunden haben. Ihr steht voll in Familien- und Berufsleben und habt dadurch gelernt, was es heißt, Dinge zu meistern. Ihr seid im gleichen Alter wie meisten Jünger Jesu, als er sie aufforderte, das Land und die Welt mit dem Evangelium zu durchdringen. Gott braucht euch und euer Durchhaltevermögen.

Wer von euch ist unter 60 Jahren?
Ihr habt Grenzen erfahren, seid durch Schwierigkeiten gegangen und in vielen Dingen ernüchtert. Mancher hat vielleicht schon das Gefühl: Die besten Jahre sind vorbei. Aber in diesen Lebensjahren ist euer Blick schärfer geworden. Ihr könnt Möglichkeiten erkennen, die andere vielleicht noch nicht sehen. Deshalb braucht das Reich Gottes euch. Werdet die Förderer der jungen Menschen, nehmt euren Einfluss wahr.

Wer ist über 60 Jahren?
Ihr könnt auf ein langes Leben zurücksehen und habt die Güte und das Durchtragen Gottes am eigenen Leib erlebt. Hört nicht auf, uns davon zu erzählen. Beratet die Jungen, die jetzt das Ruder in der Hand haben mit Weisheit und Geduld. Helft uns im Gebet, setzt eure Zeit für Gott ein. Wir brauchen euch und auch Gott braucht eure Generation. Was könnt ihr dazu beitragen?

(Eine Gebetszeit kann sich hier anschließen, in der sich alle Generationen beteiligen können. Wenn die räumlichen Möglichkeiten das hergeben, kann man die Zuhörer auch bitten, sich in ihren Altersstufen in Kreisen zusammenzustellen und für Einheit und das Ergreifen der Berufung zu beten.)

Abschluss:

- Du gehörst dazu, *HH*
- Wir gehören nicht mehr uns selber / Wir stehen auf

Wir stehen auf:

Text & Melodie: Daniel Kallauch

4 Teil
6.4. Mit Nehemia auf der Baustelle (Nehemia 1, 1-2, 8)

Einführung:
Das Buch Nehemia ist ein oft nicht so beachtetes Buch im Alten Testament. Es braucht einige Kenntnisse der Geschichte Israels, um es gründlich behandeln zu können. Gute Nachschlagewerke helfen, den Hintergrund der Geschichte zu verstehen (z. B. Das große Bibellexikon, Band 2, Brockhaus / Brunnen oder S. J. Schultz: Die Welt des Alten Testamentes, S. 305 - 315). Das Buch enthält zahlreiche biblische Wahrheiten, Parallelen, die man zwischen dem Aufbau der Stadt Jerusalem im 5. Jahrhundert vor Christus und dem Bau des Reiches Gottes und dem Aufbau von Gemeinde heute ziehen kann. Warum also nicht in der Familienzeit oder im Kindergottesdienst eine Serie über Nehemia wagen?

Wir haben eine Kulisse gebaut, die eine zerstörte Stadtmauer darstellte. Sonntag für Sonntag wurde die Mauer mit vorbereiten Styroporplatten komplettiert. Jeden Sonntag erschien ein neues Graffiti auf der Stadtmauer mit „Tipps" von Nehemia, d.h. mit geistlichen Prinzipien, die wir auf unser Leben als Gemeinde und als Christen anwenden können. Die Tipps reichten von „Tu, was Gott dir sagt" (Nehemia 2) über „Haltet zusammen und behaltet Gott in eurer Mitte" (Nehemia 3), „Lass dir durch Gottes Wort die Fehler in deinem Leben zeigen" (Nehemia 5) bis zu „Feiere deinen Gott" (Nehemia 8).

Mit Nehemia 1, 1 - 2, 8 unter dem Motto „Mach Gottes Anliegen zu deiner Sache" haben wir in einer Familienzeit die Serie gestartet. Interessanterweise befand sich die Gemeinde in einer heißen Bauphase eines Gemeindezentrums. So wurde der Text für uns sehr aktuell.

Zielgedanke: Mach Gottes Anliegen zu deiner Sache.

• Eventuell eine Kulisse, die den Palast von Susa darstellt
• vornehme Verkleidung für Nehemia, zerrissene Kleidung für Hanani, Verkleidung für den Diener
• Ein Tablett mit einem Weinbecher, ein Teller mit Essen, Trauben
• Drei Plakate mit der Aufschriften: NEIN bzw. KOPF AB bzw. OK
• Ein Briefumschlag
• Ein Leinen- oder Lederrucksack

Lobpreis:

- Hier bewegt sich was, *BF, HB*

(es empfiehlt sich, das Playback zu verwenden)

Herzlich willkommen zu unserem Gottesdienst, der uns schon ziemlich in Bewegung gebracht hat. Wenn Christen am Sonntag morgen zusammenkommen, tun sie das, um Gott anzubeten und von ihm Ermutigung und Wegweisung zu bekommen. Oft setzt uns das auch ganz schön in Bewegung. Aber es geht nicht darum, irgendwie in Bewegung zu sein, sondern gut zuzuhören, in welche Richtung uns Gott in Bewegung bringen möchte. Um das sicher zu wissen, müssen wir Gottes Wort gut kennen, und zwar das ganze Wort Gottes. In der Bibel kann man so viel entdecken, im Alten wie im Neuen Testament. In den nächsten Wochen wollen wir uns in die Tiefen des Alten Testamentes begeben und Gottes Wort dadurch besser kennen lernen.

Lobpreis:

- Die Bibel ist ein Schatz, *BF*

Mit Nehemia beschäftigten wir uns, während unsere Gemeinde ein neues Haus baute. Vielleicht gibt es bei euch auch einen praktischen Anknüpfungspunkt .

Im Kindergottesdienst werden wir uns bis zu den Sommerferien auf eine Baustelle begeben. Man kann also in den nächsten Wochen nicht nur samstags auf einer Baustelle sein und am Bau des Gemeindezentrums mithelfen, sondern auch sonntags. Heute morgen möchte ich euch erzählen, wie es überhaupt dazu kam, dass man mit diesem speziellen Bauprojekt in Jerusalem, um das es in unserer Geschichte geht, anfing. Unsere Geschichte beginnt weit weg von Jerusalem, in einem Palast des Königs von Babylon, dem mächtigsten Mann der damaligen Zeit. Dort lebte und arbeitete Nehemia.

Nehemia (sehr vornehme Kleidung; würdiges Auftreten): Ich bin Nehemia.

Moderator: Nehemia war der Mundschenk des Königs.

Nehemia: Ich bin der Mundschenk des Königs. Das ist eine sehr vertrauensvolle Position.

Moderator: Ja, das kann man wohl sagen. Der mächtigste Mann der Welt vertraute Nehemia. Er hatte die Aufgabe, alle Getränke und Speisen zu kosten, bevor sie dem König serviert wurden. Ein mächtiger Mann hat nämlich immer Feinde und schon oft hatte man versucht, einen König zu vergiften. Nehemia war also für die Sicherheit des Königs verantwortlich.

Nehemia: Ich bin für die Sicherheit des Königs verantwortlich *(Ein Diener bringt Nehemia ein Getränk und er kostet, nickt anerkennend).* Ein guter Tropfen. Und absolut giftfrei.

Moderator: Nehemia ging es also sehr gut: Er war reich, er hatte eine sehr gute Stellung, ein Appartement im Palast von Susa. Was wollte er mehr? Nehemia gehörte zum Volk Gottes. Bis 80 Jahre zuvor hatten viele Juden in Babylon gelebt. Die Babylonier hatten sie aus ihrer Heimat verschleppt und Jerusalem dem Erdboden gleichgemacht. Aber dann, 80 Jahre vor unserer Geschichte, durften die meisten Juden nach Jerusalem zurückkehren. Ob es ihnen auch gut ging? Eines Tages bekam Nehemia Besuch aus Jerusalem.

Diener (mit vielen Verbeugungen): Nehemia, du bekommst Besuch von deinem Bruder *(Nehemias Bruder, staubig, mit zerrissenen Kleidern kommt zu Nehemia).*

Nehemia: Hanani, mein Bruder, was für eine Überraschung! Ganz aus Jerusalem bist du gekommen, du bist bestimmt drei Monate unterwegs gewesen, lass dich umarmen! Wie geht es all unseren Verwandten, Freunden, all den Rückkehrern in Jerusalem?

Hanani: Ach Nehemia, unser Volk leidet bittere Not. Sie werden beschimpft und immer wieder von Räubern überfallen. Von den Stadtmauern sind nur noch Trümmer übrig und die Tore liegen in Schutt und Asche…

Moderator: Und Nehemia ließ sich alles berichten, wie es seinem Volk ging. Es war schlimm *(stumme Unterhaltung von Nehemia und Hanani, Nehemia zeigt sich erschüttert).* Als Nehemia das alles hörte, wurde er sehr traurig. Er setze sich hin und weinte. Er trauerte tagelang. Er mochte nichts mehr essen *(ein Diener versucht ihm Essen zu bringen).* Ja, er fing an zu fasten und zu beten. Lasst uns mal hören, wie Nehemia betet:

Nehemia (betet mit erhobenen Händen): Ach Herr, du Gott des Himmels, du mächtiger Gott. Du hältst dich an deine Versprechen. Du hast dein Volk, das du liebst, aus Ägypten befreit und ihnen ein Land gegeben. Du hast ihnen deine Gebote gegeben. Aber dann haben wir gesündigt und schwere Schuld auf uns geladen. Das tut mir so leid. Bitte vergib uns Herr! Aber denk doch daran, wie du uns versprochen hast, dass du uns in unser Land zurückkehren lässt und dass wir dort wieder wohnen dürfen.

Moderator: So betete Nehemia. Er war erschüttert. Er betete einige Monate in dieser Weise. Es ließ ihn einfach nicht los, dass es dem Volk Gottes so schlecht ging. Dann fasste er einen Plan. Er wollte seinen Chef, den König von Babylon, um Hilfe bitten. Aber das war ein gefährlicher Plan. Er wollte ihn bitten, nach Jerusalem reisen zu dürfen, um die Stadt wieder aufzubauen und dem Volk Gottes zu helfen. Was würde passieren, wenn Nehemia mit dem König sprach? Es gab drei Möglichkeiten, wie der König reagieren konnte: Der König könnte sagen: „NEIN“ *(Nehemia hält ein Plakat mit dieser Aufschrift hoch).* Oder er könnte sagen: „KOPF AB“ *(Nehemia hält das Plakat hoch)*, weil der König denken würde: Nehemia will mich verraten. Oder er könnte sagen: „OK“ *(Nehemia hält das Plakat hoch).* Wie wird der König wohl reagieren?

Lobpreis:

• Nehemia–Song / Mamamia Nehemia - im Rock'n'Roll Stil
Text und Noten: Seite 160

Nehemia (steht nach dem Lied auf, strahlend, mit einem Umschlag in der Hand): Gott hat Gnade zu meinem Plan gegeben! Der König hat mir Vollmachten gegeben, dass ich nach Judäa reisen darf als Statthalter für Jerusalem.

Moderator: Also, Nehemia, eine Reise durch die Wüste, viele Widersacher, eine zerstörte Stadt – das klingt nicht gerade nach beruflichem Aufstieg!

Nehemia: Das ist mir völlig gleich! Ich weiß, wie traurig Gott über den Zustand Jerusalems ist. Er will nicht, dass sein Volk im Elend versinkt. Ich habe zu Gott gesagt: Ich bin bereit, sende mich. Selbst wenn ich tun muss, was vor mir noch keiner getan hat *(schultert Rucksack und verlässt den Raum).*

Moderator: So war Nehemia: Was Gott traurig gemacht hat, hat ihn auch traurig gemacht. Als sein Bruder ihm von der schlechten Situation seines Volkes im fernen

Jerusalem erzählte, ließ ihn das nicht unberührt. Er fing an zu beten. Und im Gebet wurde ihm ganz deutlich, dass Gott durch Hanani mit ihm geredet hatte und dass er, Nehemia, helfen könnte, die Not in Jerusalem zu beseitigen. Gott suchte nach einem Mann wie Nehemia. Und Nehemia ließ sich von Gott berühren und entschloss sich, Gottes Sache zu seiner eigenen zu machen.

Minipredigt: Worüber ist Gott heute traurig? Ich glaube am traurigsten ist er darüber, dass es so viele Menschen gibt, die ihn nicht kennen. So viele Menschen, die weit von Gott entfernt leben. So viele Menschen, die vor den Trümmern ihres Lebens stehen, so viele Menschen, die Schuld haben und nicht wissen, wie sie Vergebung bekommen können. So viele Menschen, die nicht wissen, dass Gott ein Vater im Himmel ist, der Kontakt mit seinen Kindern will.

Was macht das mit dir? Macht dich das auch traurig, was Gott traurig macht? Unsere Baustelle im Gemeindezentrum lädt uns dazu ein, mitzubauen an Gottes Reich. Wir bauen dieses Gebäude nicht wegen uns selbst, sondern weil es Gott unendlich wichtig ist, dass die Menschen in unserer Stadt und der Umgebung ihn kennen lernen. So ein Bau ist nicht einfach. Es gibt Schwierigkeiten, manchmal muss man ein Wagnis eingehen *(hält noch einmal die drei Schilder hoch)*. Wichtig ist, dass unser Herz bei allem, was wir tun, im Himmel ist, wie unser nächstes Lied sagt: Dass das, was auf Gottes Herzen ist, unser Herz berührt und in Bewegung setzt.

Lobpreis:

- Tun, was noch keiner tat

(Wenn es angemessen erscheint, kann jetzt die Möglichkeit gegeben werden, vor Gott festzumachen, seine Herzensanliegen immer besser kennen zu lernen und seine Anliegen zu unseren eigenen Prioritäten zu machen.)

- Wir verlassen uns auf Jesus, *DH*
- Gottes starker heiliger Geist, *DH*
- Hoffnung, Rettung, Leben, *EJ*
- Herr, das Licht deiner Liebe / Jesus, dein Licht, *FJII*
- Es ist so gut, wieder vor dir zu stehen, *FJII*

Abschluss:

Moderator beendet dem Gottesdienst mit einem Vaterunser - gesprochen oder gesungen.

Mama-Mia Nehemia

Rock'n'Roll feeling

Text und Musik: Daniel Kallauch

4 Teil
4.7. Spezialgottesdienste

Alle Jahre wieder kommen bestimmte Festtage, die man mit der ganzen Familie auch im Gottesdienst feiern möchte. Ich habe den Muttertag und den Schulbeginn herausgegriffen, weil es Tage sind, die eine Gemeinde mit vielen Kindern und Familien herausfordern, Gott ganz praktisch in ihren Alltag mit einzubeziehen.

„Gott hat in unserem Leben und in unseren Familien Platz" ist die Botschaft eines solchen Gottesdienstes. Und natürlich bietet es sich an diesen Eckpunkten des Jahres auch besonders an, Menschen einzuladen, die normalerweise nicht in den Gottesdienst kommen.

Weihnachten ist ein weiteres Datum, das für Familien wichtig ist - und für die Gemeinde! Was für eine Chance, Menschen einzuladen, die sonst nur ganz selten in eine Kirche gehen.

Auch an Erntedank wird in vielen Gemeinden traditionellerweise ein Familiengottesdienst gefeiert. Deshalb findet sich auch zu diesem Fest ein Entwurf.

Ungewöhnlich ist sicherlich ein Gottesdienst für die ganze Familie an Karfreitag. Anette Koch aus unserem Kindergottesdienstteam in Limburg ist neue Wege gegangen, um das Geschehen auf Golgatha für Kinder und Erwachsene erfahrbar zu machen.

Wenn deine Gemeinde wie so viele andere Christen weltweit die Gebetswoche der Evangelischen Allianz durchführt, wäre es doch schön, wenn die Kinder und Familien ein Teil davon sein könnten. Deshalb: ein Entwurf zum Thema „Gebet".

4 Teil .7. 1 Muttertagsgottesdienst

Zielgedanke: Das Band der Liebe hält unsere Familie zusammen

• An einer Wand ist ein Plakat (Tapetenrolle) mit einem überlebensgroßen Kind angebracht, darüber in großen Buchstaben: „Ehre deinen Vater und deine Mutter"

• Requisiten für Frühjahrsputz-Szene: Staubsauger, Staubwedel, Telefon, Duplo-Kiste mit Windel, Bügelbrett und -eisen, Fensterputzzeug (Eimer mit Seifenwasser, Abzieher), Schuhputzzeug, Topf mit Rührlöffel, zwei Schürzen

• Kleine Kärtchen mit dem Aufdruck „Das Band der Liebe hält unsere Familie zusammen", Schleifenband (ca. 1, 5 m pro Familie / Paar)

• Für jede Mutter ein schön gestalteter Liebesbrief (aus den im Anspiel verwendeten Briefen zusammengestellt)

Ablauf:

Heute ist ein besonderer Sonntag - die meisten von euch haben das beim Frühstück hoffentlich schon gemerkt. Ich, zum Beispiel, bin von einem lauten Geschepper geweckt worden: Ein Glas zersprang auf den Küchenfliesen. Da war also jemand in der Küche und bereitete etwas Geheimes vor. Ein Kaffeeduft zog durchs Haus und dann bekam ich ein Frühstück mit meinem Lieblingstoast ans Bett gebracht. Kann ein Muttertag schöner beginnen?

Ich begrüße heute also alle Mütter ganz besonders herzlich. Lasst uns den Müttern einen dicken Applaus geben! (...) Und jetzt möchten wir auch Gott in unserer Mitte begrüßen. Durch ihn sind wir überhaupt hier. Von ihm leben wir und bekommen die Kraft für unseren Alltag.

Lobpreis:

Lord, I lift your name on high, *FJ 2*

Abspielen einer CD (bis der Aufbau der Requisiten abgeschlossen ist): „Das kann nur meine Mutter sein..." aus: Daniel Kallauch „Freunde" (cap! - music)

Szene „Frühjahrsputz":
Die Szene sollte ganz locker und fröhlich gespielt werden, es wird deutlich, dass die beiden Tag für Tag eine ganze Menge bewältigen.

Zwei Hausfrauen wirbeln in ihren Häusern, räumen auf, bügeln, putzen, entdecken eine Windel im Kinderzimmer. Durch ein imaginäres Fenster unterhalten sich die beiden Nachbarinnen über alles, was so anliegt und was sie an diesem Tag noch zu tun haben: Kinder aus dem Kindergarten abholen, mit ihnen zum Zahnarzt gehen, einkaufen („Bringst du mir bitte 2 Liter Milch mit? Ich arbeite doch jetzt wieder ein paar Nächte im Monat als Krankenschwester, da muss ich mich noch ein bisschen ausruhen..."), zur Musikschule fahren, die Freunde der Kinder kommen zu Besuch, Hausaufgaben kontrollieren, Schuhe kaufen...

Ein Briefträger bringt die Post, einige Werbeblätter, aber auch für jede Frau einen persönlichen Brief, den sie parallel rasch überfliegen. Da die beiden Freundinnen sind, lesen sie ihn sich gegenseitig vor:

1. Hausfrau: Du, ich habe hier einen ganz erstaunlichen Brief bekommen...

2. Hausfrau: Wirklich? Ich auch! Mir wird ganz warm ums Herz.

1. Hausfrau: Wenn du magst, lese ich ihn dir mal vor... *(beide hocken sich auf eine imaginäre Treppe oder auf eine Gartenbank)*

Meine liebe...! Als ich an diesem Morgen die Sonne aufgehen ließ, dachte ich besonders an dich. So wie ich den Pflanzen Licht und Wärme gebe, gebe ich dir heute mein Licht und meine Klarheit, meine Wärme und Liebe. Mein Vaterherz steht dir heute offen und ich freue mich, wenn du mir alle deine Bedürfnisse sagst. Ich kann und werde dir helfen. Du bist selber eine Mutter und musst viel geben und trösten. Aber ich will deine Mutter sein und dir die Geborgenheit und den Trost geben, den du brauchst. Du darfst schwach sein, denn ich bin deine Stärke. Gib mir deine Lasten - ich trage sie für dich. Für dich ganz persönlich bin ich die Quelle des Lebens. Nichts und niemand kann dich von meiner Liebe trennen, die ich dir in meinem Sohn geschenkt habe. Ich liebe dich, mein Kind, und ich gieße meine Liebe in dein Herz aus. Dein himmlischer Vater --- Ist das nicht ein toller Brief?!

2. Hausfrau: Ja, wirklich. Der Brief klingt so, als ob Gott dich ganz genau kennt. Nein, nicht „als ob" - er kennt und anerkennt dich wirklich! Aber hör mal, mein Brief klingt auch ganz ähnlich:

Meine liebe...! Du bist mein geliebtes Kind. Schon als du heute morgen deine Augen aufgeschlagen hast, war ich bei dir. Ich dachte daran, wie wunderbar ich dich gemacht habe. Alles an dir ist einzigartig, niemand ist so wie du. Du hast irgendwann dein Herz verschlossen, aber ich war immer bei dir und habe es wieder aufgemacht. Du hast mir dein Leben gegeben und ich gebe dir meine Gnade und meine riesengroße Liebe. Ich bin dir immer treu - und das, ohne dass du etwas dafür tun musst, nur um deinetwillen. Meine Treue ist nicht abhängig davon, was du hast oder was du bist. Ich bin mit dir und ich will dich behüten, überall, wohin du gehst. Meine Liebe zu dir ist beständig. Ich liebe dich immer, egal was du tust, egal wie du aussiehst, egal was du denkst. Denk daran: Ich bin dein liebender himmlischer Vater.

Hier beziehen wir uns auf das Modell „Haus der Familie", wie es in den Büchern von Claudia und Eberhard Mühlan dargestellt wird

1. Hausfrau: Das erinnert mich an diese Predigt neulich: Haus der Familie - hast du diese Folie zufällig dabei? Fundament ist die bedingungslose Liebe. Ich dachte, das gilt nur für meine Kinder - dass ich sie bedingungslos lieben soll - aber ich wünsche mir das auch für mich! Ich möchte auch gerne geliebt sein, unabhängig von meiner Leistung, nicht weil wir den Haushalt gut machen...

2. Hausfrau: Genau das gibt Gott uns: Seine bedingungslose Liebe. So steht es in diesem Brief - und so steht es in seinem Wort! - Bin ich froh, dass seine Liebe zu mir nicht von Putz- und Bügelleistungen oder von der perfekten Kindererziehung abhängig ist! (*Die beiden bauen lachend ihre Haushaltsrequisiten ab und gehen ab*).

Lobpreis:

Heute Morgen gilt die Einladung Gottes wie an jedem anderen Tag: Mein Vaterherz steht dir offen. Du bist eingeladen, auch dein Herz zu öffnen und Gottes große Liebe in deinem Leben zu empfangen. Er kann unser Herz mit seiner Liebe voll machen.

• Gottes große Liebe, *DK2*
• I could sing of your love forever, *DbH 4, H6, GV, HB*
• Herr, deine Gnade, sie fällt auf mein Leben, *FJ 2*

Überleitung: Wenn Gottes überfließende, übersprudelnde Liebe in unser Leben kommt, dann können wir sie auch an andere Menschen, die um uns herum leben, weitergeben.

• Liebe Gott und deinen Nächsten, *DK1, VLB, GL*

Kinderpredigt „Ehre deinen Vater und deine Mutter“:
(das Transparent wird nach und nach um die Schlagworte ergänzt)

Bevor wir zu einer besonderen Predigt für Kinder kommen, möchte ich euch bitten, euch jetzt als Familien zusammenzusetzen.

Liebe Kids, eure Eltern machen sich oft Gedanken darüber, wie ihr als Familie leben könnt, sodass es Gott gefällt. Heute, am Muttertag, möchte ich euch Kindern erklären, wie ihr dazu beitragen könnt, dass eure Familie ein ganz besonderer Ort wird, ein Ort an dem man sicher ist, an dem man sich wohl fühlt und an dem Frieden herrscht. Auch ihr könnt nämlich etwas dafür tun, das traut Gott euch zu.

Schon in den Zehn Geboten, das sind die zehn wichtigsten Sätze im Alten Testament, steht etwas darüber. So wichtig ist Gott unser Leben in der Familie, dass folgender Satz auf den ersten Seiten der Bibel steht: Ehre deinen Vater und deine Mutter.

An diesem Kind und seinen Körperteilen will ich euch zeigen, was dieser Satz bedeutet:[6]

1. Die Ohren: HÖRE - auf den Rat deiner Eltern. In vielen Dingen haben sie mehr Erfahrung als du.

2. Die Augen: SCHAU - was sie dir alles gegeben haben. Sie haben dir das Leben geschenkt und dir viele andere Dinge gegeben, um für dich zu sorgen. Vielleicht erlauben sie dir, ein Instrument zu lernen oder einen Sport zu machen. Sie kochen oft dein Lieblingsessen und kaufen dir Kleider, in denen du dich wohl fühlst. Sei dankbar dafür.

[6] siehe hierzu: Sarah Knights Johnson: Die 10 Gebote; VLM Edition, Lahr, 1999

Extra - Tipp für die Kleingruppe: Vielleicht findest du es manchmal schwierig, deine Eltern auf diese Weise zu ehren. Sprich mit Gott darüber und bitte ihn um Hilfe.

3. Der Mund: ACHTE DARAUF - wie du mit ihnen und über sie sprichst. Die Bibel weiß viel über die Worte, die aus unserem Mund kommen. Worte können verletzend wie ein Pfeil sein oder auch giftig. Sie können aber auch süß wie Honig sein, angenehm im Geschmack und gesund obendrein! Wenn du deinen Eltern gegenüber freundliche Worte verwendest, dann ist es, als ob gute Luft in eurem Haus ist.

4. Die Hände: ZEIGE - ihnen deine Liebe und Achtung. Ich glaube, jeder von euch würde sagen, dass er seine Eltern lieb hat. Es ist aber auch wichtig, dass der andere unsere Liebe spürt. Das können wir auf unterschiedliche Weise tun: Kuscheln und helfen, freundlich sein und kleine Überraschungen für den anderen machen.

5. Die Füße: TU - was sie sagen. Deine Eltern kennen dich sehr gut und wissen oft, was das Beste für dich ist.

Überleitung zum Gebet:
Wir brauchen unbedingt Gottes Hilfe dazu, dass wir eine glückliche Familie sind. Deshalb wollen wir ihn auch um Hilfe bitten. Wir haben jetzt schöne Bänder vorbereitet. Jede Familie, egal ob sie vollständig ist, oder ob einer fehlt, und jedes Paar bekommt ein solches Band.

(jede Familie / jedes Paar bekommt ein Band, an dem ein Kärtchen mit der Aufschrift „Das Band der Liebe hält unsere Familie zusammen" befestigt ist)

Bitte wickelt jetzt dieses Band um eure Handgelenke. Wenn jemand von eurer Familie nicht da ist, bindet ihn in Gedanken mit ein oder macht eine kleine Schleife. Wenn du ganz alleine gekommen bist, kannst du auch das Band um dein Handgelenk wickeln und jetzt an die Menschen denken, die zu deiner Familie gehören - deine Eltern, deine Geschwister oder deine Kinder.

Gebet:
Der Pastor / Leiter betet um

- Liebe und Zuwendung in den Familien
- Verständnis füreinander und Annahme der Schwächen und Stärken der Einzelnen
- Vergebungsbereitschaft und gelebte Versöhnung
- Wachsen des Respekts voreinander und vor Gott
- Fantasie und Humor
- Zusammengehörigkeitsgefühl und Familienidentität

Tipp: versuche, diese Gebetsanliegen kindgemäß auszudrücken!

„Liebesbriefe" für die Mütter:
Aus den beiden Briefen, die unsere „Hausfrauen" bekommen haben, kann ein Brief für jede Mutter zusammengestellt werden.

Abschluss:

- I could sing of your love forever, *DbH 4*

4 Teil
4.7.2 Schulanfang

▶ **Zielgedanke: Ich bin nicht allein, wenn ich zur Schule geh'.**

An manchen Orten gibt es noch Schulgottesdienste zu Beginn eines neuen Schuljahres. Aber auch im Gemeindegottesdienst kann man an diesem Punkt des Jahres einen Akzent setzen. Schließlich kommt auf unsere Kinder Stück für Stück immer wieder Neues zu: Der Eintritt in den Kindergarten, die Einschulung, der Wechsel in eine weiterführende Schule. Und auch für Eltern ist es nicht leicht, ihre Kinder immer ein bisschen mehr loszulassen. So ist es eine großartige Möglichkeit, Menschen zu segnen und Gottes Treue und Schutz in den Mittelpunkt zu stellen.

- Psalm 91, 4, schön illustriert auf einem Plakat o. ä.
- ein „Kalender" (Zeichenblock DIN A 4) mit den Daten der letzten Ferientage (kleiner Gag: 30. 7. - 31. 7. - 32. 7. - 1.8.)
- typische „Sommerutensilien" (z. B. eine aufgeblasene Luftmatratze, Sonnenhut oder ein sog. „Ballermann"-Hut mit Platz für zwei Becher und Strohhalme, ein Beachball-Spiel, Schwimmflügel, Inliner oder Roller, Sonnenbrille oder knalliger Lippenstift)
- CD „Schule" bzw. Playbackversion, CD „Best of Hurra für Jesus"
- Viele Regenschirme *(am Sonntag vorher ankündigen)*
- Ein Ritterrüstungs-Schild
- Für jedes Kind eine hübsch gebastelte Schultüte mit kleinen Überraschungen

Ablauf:

Ein Mitarbeiter kommt als begeisterter Ferienfan herein (auf dem Roller fahrend oder Ball spielend), singt laut: „Ferienzeit, Zeit der Abenteuer..." *oder* „O la Paloma Blanca...", *erzählt, was er so klasse an den Ferien findet:* „Ich liebe die Sommerferien: Sonne, Strand, Meer - das ist das Schönste, was es gibt! Abends kann man ganz lange draußen spielen: Völkerball mit der ganzen Straße! Und morgens muss man nicht früh raus, sondern man kann ausschlafen, solange man will. Ich habe auch bei meiner Freundin / meinem Freund übernachtet und wir haben im Garten im Zelt geschlafen..."

Ein zweiter Mitarbeiter steht vorne und reißt ein Kalenderblatt nach dem anderen ab, bis ein Blatt erscheint, auf dem „Schulbeginn" steht.

Der Ferienfan stutzt: „O, nein, heißt das etwa, dass die schöne Zeit zu Ende geht?... nein, nein, nein... *(singt)* Summer is not over!"

Zweiter Mitarbeiter: „Aber was hast du denn? Findest du es so schlimm, dass die Schule wieder beginnt? Also, ich freu mich riesig auf die Schule: Da treffe ich alle aus meiner Klasse wieder, da hat man immer was zu tun, keine Langeweile mehr. Jeden Tag lerne ich neue Dinge und man hat riesigen Spaß. Ich finde Schule ist hip!"

- Hip Hop - Schule ist top, *HH (CD „Hip Hop – Schule ist top" von D. Kallauch – mit Playback vorgetragen oder mit der Band eingespielt)*
- Hausaufgaben, her damit, *HH*

Zu „Hip Hop - Schule ist top" gibt es tolle Bewegungen, die alle mitmachen können!

Moderator leitet zum Thema über: Tja, morgen beginnt tatsächlich wieder die Schule und der Kindergarten. Für alle die, die zum ersten Mal dort hingehen, ist das auch manchmal mit ein bisschen Angst verbunden: Den ganzen Vormittag ohne Mama? Ob ich wohl bald Freunde finde? Und wenn niemand mit mir spielen oder neben mir sitzen will? Und diejenigen von euch, die schon länger in der Schule sind, die denken vielleicht an ein paar unangenehme Lehrer oder an Mathematik...

Ich habe für euch alle, für die Größeren genauso wie für die Kleineren einen ganz tollen Satz aufgeschrieben: *„Gott wird dich behüten, wie eine Henne, die ihre Küken unter ihre Flügel nimmt" (Psalm 91, 4).*

Ein paar Kindergartenkinder, die sich trauen, dürfen mal zu mir nach vorne kommen. (...) Könnt ihr euch eine Henne auf dem Hühnerhof vorstellen? Wenn eine Gefahr kommt - wenn sich zum Beispiel ein Fuchs oder ein Marder heranschleicht, dann breitet sie schnell ihre Flügel aus und alle ihre Küken kommen schleunigst angerannt. Ganz, ganz dicht stellen sie sich an ihre Mutter und die Henne versteckt die kleinen hilflosen Küken unter ihren weichen großen Flügeln *(macht es mit den kleinen Kindern vor, wie sich die Henne um ihre Küken sorgt).*

In dem gleichen Psalm aus der Bibel wird auch gesagt, dass Gott wie ein Schirm ist. Wir Menschen, große und kleine, können sogar unter seinem Schirm wohnen. Er behütet uns Menschen und wacht über uns, so dass wir uns nicht fürchten müssen. Ich habe euch einen extra großen Regenschirm mitgebracht - wir werden uns mal ganz eng zusammenstellen und den Schirm aufspannen. Diejenigen, die auch einen Schirm mitgebracht haben, dürfen ihn jetzt auch aufspannen. Aber nicht den Nachbarn erschlagen!

1. Möglichkeit: Psalm 91 in Ausschnitten vorlesen (Verse 1 - 6 und 11 - 16)
2. Möglichkeit: Sing mit den Kindern das Regenschirmlied:

Seht mal meinen Regenschirm, ist der nicht schön,
jetzt kann ich bei jedem Wetter auf die Straße geh'n.
Klapp - ich spann ihn auf über meinem Kopf
und nun kann es regnen tropf, tropf, tropf.

Doch den allerschönsten Schirm, den es nur gibt,
den hat unser Vater in dem Himmel, der uns liebt.
Unter seinem Schirm bin ich wohl bewacht.
Er ist über uns bei Tag und Nacht.
(Text + Mel. Margret Birkenfeld, Rechte: Musikverlag Klaus Gerth, Asslar)

Moderator leitet über zum Familienlobpreis
Unser Vers hier vorne aus Psalm 91 geht noch weiter: „Seine Treue schützt dich wie ein starker Schild." (mit dem Rüstungsschild illustrieren) Ein Schild war für einen Kämpfer sehr wichtig, denn er schützte den ganzen Oberkörper und damit die wichtigen Organe wie Herz und Lunge. Gottes Treue schützt unser Leben ganz zuverlässig, sagt Gottes Wort. Wenn er angefangen hat, dein Leben zu bewahren und zu bewachen - und das hat er schon getan als du noch im Mutterleib warst - dann wird er es auch weiter tun! Wenn du in den Kindergarten oder in die Schule gehst, wenn du einen neuen Arbeitsplatz hast: Gott wird dich vom Anfang bis zum Ende behüten!

Lobpreis:

- Immer und überall, *VLB, DK1, GV*
- Von oben und von unten (Ich bin nicht allein), *GV*
- Vater, ich danke dir / Wer bittet, dem wird gegeben, *A. Frey, DbH 4, FJ2*

Moderator (bittet alle Schulanfänger mit ihren Eltern nach vorne):
Morgen ist ein großer und wichtiger Tag für euch. Freut ihr euch sehr? Oder habt ihr auch ein bisschen wackelige Knie? Wir wollen jetzt ein Lied für euch singen, das euch sagt, dass Jesus euch keinen Moment allein lassen wird. Er behält euch an der Hand, auch wenn ihr Mamas und Papas Hand jetzt loslasst.

• Jesus ist bei dir, Jesus ist da, *DK 2, H9*

Moderator bittet einige aus der Gemeinde (Älteste oder Gebetsteam oder auch ältere Kinder und Teens, die sich gut in die Lage der Erstklässler hineinversetzen können) nach vorne zu gehen und in kleinen Gruppen segnend für diese Familien zu beten. Währenddessen wird im Hintergrund nochmals das Lied „Ich bin nicht allein" (Hurra 7 oder Best of Hurra) gespielt, sodass keine Unruhe für die Gemeinde entsteht.

Moderator bittet die Eltern, sich wieder zu setzen. Die Schulanfänger dürfen sich noch in die erste Reihe oder vorne auf den Boden setzen.

Kurzinterview: Nicht nur für die Kinder, auch für die Eltern ist der Schulbeginn wie Eintauchen in eine neue Welt. Durch die Kinder lernt man meistens sehr viele neue Menschen kennen: Andere Eltern, Lehrer, Kinder. Das ist eine großartige Chance, unseren Glauben mit Menschen zu teilen - also unserer Bestimmung auf dieser Welt nach zugehen *(sucht zwei Interviewpartner).*

• Jemand engagiert sich in der Elternvertretung: Was bedeutet es für dich, Salz und Licht in diesem Bereich zu sein? Aspekte wie Verantwortung tragen, moralischen Einfluss nehmen, Umgang mit Geld und vieles mehr können vorkommen. Ein Vater sagte einmal: „Jeden Tag kann ich die Geschichte meines Sohnes ein bisschen mitschreiben. Das lasse ich mir auch nicht im Hinblick auf die Schule entgehen. Deshalb vertrete ich seine Interessen im Schulelternbeirat."

• Ein anderer engagiert sich in persönlicher Hinsicht: Lehrer brauchen Ermutigung. Wenn wir ihnen mit Offenheit und Vertrauen begegnen, können wir viel mehr bewirken (auch positive Einflussnahme) als wenn wir, wie es sehr verbreitet ist, den Lehrer als Gegner behandeln. Auch die anderen Eltern sind nicht nur Verbündete im Kampf gegen die Schulbehörden, sondern Menschen, die häufig nach Werten und Hilfe suchen. Wer kann hier auf andere zugehen?

Abschluss:

An jeden Erstklässler wird eine kleine Schultüte verteilt.

• Du bist der Schöpfer des Universums, *DH*

Teil

4.7. 3 Heiligabend: Das größte Geschenk.
Die Weihnachtsgeschichte in vier Standbildern

Für diesen Gottesdienst ist ein etwas aufwändigeres Bühnenbild nötig. Aber auch mit einfachen Mitteln ist das herzustellen. Wir brauchen einen doppelten Bühnenvorhang, d.h. ein hinteres, dunkles Bühnenbild, einen dunklen Vorhang, hinter dem die Schauspieler verschwinden können und einen vorderen Bühnenvorhang, der von der Mitte her zu öffnen ist. Wir haben hierzu ein Drahtseilsystem in ca. 2 m Entfernung voneinander in einer Ecke unseres Gemeindesaales angebracht und ca. 3 m lange Stoffbahnen an den Drahtseilen befestigt. Der Vorhang wurde für jede Szene von Hand geöffnet, die Mitarbeiter blieben einfach am Rand stehen. Jeder Raum wird für eine solche Bühnenkonstruktion eine andere Lösung nötig haben.

Da eine Projektion der Lieder an eine Leinwand von den Standbildern ablenken würde, sollte man von Liedblättern singen.
Es werden mindestens acht Schauspieler benötigt und eine Mitarbeiterin, die den Schauspielern hinter der Bühne hilft, ihre Verkleidung zu wechseln, dazu zwei Mitarbeiter für den Vorhang, einer fürs Licht und verschiedene Musiker. Der Gottesdienst gewinnt an Glanz, wenn ein Streicher- oder Flötenensemble die Szenen mit Instrumentalstücken untermalt.
Die eigentliche Erzählung wird als eine Art Dialogpredigt zwischen einem Engel (vielleicht der Prediger?) und einem (jugendlichem) Mitarbeiter bestritten.
Die Standbilder sollten mit den Schauspielern gut eingeübt werden, der Ausdruck jeder einzelnen Figur ist wichtig. Es sollten auch nicht zu kleine Kinder (nicht unter acht Jahre) mitspielen, da die Schauspieler-Figuren doch über einige Minuten in ihrer Position verharren müssen. Vorteilhaft ist das Mitwirken von Kindern und Erwachsenen, da dadurch Ausdruckskraft und Disziplin Hand in Hand gehen.

- Verkleidung für drei Könige (glänzende oder goldene Gewänder, Krone, Turban, diverser Schmuck)
- Großes Fernrohr (gebastelt aus Pappröhren)
- Schreibfeder
- Schriftrolle
- Ein glänzender Stern, am hinteren Vorhang befestigt.
- Verkleidung für den Wirt und seine Frau

• Ein Schild „Gasthaus"
• Verkleidung für Maria und Joseph (für Maria unter dem Kleid ein eng anliegendes T-Shirt und eine Leggins mit einem runden Kissen als „Bauch", Wanderstock für Joseph, Ledertasche)
• Verkleidung für die Hirten (einfache Tunikas, Filzhüte, Schaffelle, Stöcke, Stofflämmer)
• Die Geschenke der Weisen (glänzende Gefäße o.ä.)
• Eine einfache Krippe mit Stroh
• Babypuppe mit Tüchern
• Beleuchtung, die von der Erzählszene zur biblischen Geschichte wechseln kann
• Ein Tisch mit Geschenken
• Engelsflügel

Ablauf:

Liedvortrag:
Wir singen immer wieder, *PL*

Herzlich willkommen zu unserem Familiengottesdienst am Heiligabend. Wir sind heute Nachmittag zusammengekommen, um genau das zu feiern, wovon uns gerade gesungen wurde: Dass der große Gott uns ganz nahe gekommen ist. Vor 2000 Jahren kam er als ein kleines Baby in einer armen Familie in einem schäbigen Stall zur Welt.
Ich wünsche euch, dass euch Gott heute Nachmittag auch nahe kommt - in den Liedern und Musikstücken und wenn wir einen Teil der Weihnachtsgeschichte sehen, wenn dieser verheißungsvolle Vorhang aufgehen wird.
Außerdem werden wir dabei sein, wenn ein ganz normaler Mensch himmlischen Besuch bekommt.
Alle Lieder, die wir zusammen singen, stehen auf den Liedblättern, die ausgeteilt wurden.
Ich möchte jetzt Gott begrüßen, der gerne in unsere Mitte kommt, wenn wir uns in seinem Namen treffen.

Gebet:
Vater im Himmel,
wir danken dir für deine Gegenwart in diesem Raum.
Danke, dass wir mit dir reden können,
aber vor allem auch, dass du mit uns reden willst.

Danke, dass wir dir nicht egal sind,
sondern dass du für jeden heute ein Geschenk hast:
Für die Aufgeregten unter uns,
für diejenigen, die voller Dankbarkeit sind,
aber auch für diejenigen, die traurig oder voller Lasten sind.
Jesus, du bist der König der Herrlichkeit,
du kamst als Friedefürst auf diese Welt.
Und wir begrüßen dich, wie es die Menschen immer schon getan haben:
Hosianna unser König!
Amen

Wir hören jetzt ein Weihnachtslied mit Flöten und Cello *(oder welche Besetzung auch immer vorhanden ist).*

Instrumentalstück: Tochter Zion (oder anderes)

Unser nächstes gemeinsames Lied nimmt uns schon mitten hinein in die Weihnachtsgeschichte.

- Wisst ihr noch wie es geschehen, *EKG 414*

Textlesung (durch ein älteres Kind): Lukas 2, 1 - 14

1. Teil der Predigt
(währenddessen wird hinter dem Vorhang das 1. Standbild aufgebaut)
Jugendlicher (J) in einem Zimmer mit Gabentisch, dem ein Engel (E) erscheint.
J packt seine Geschenke aus, etwas verzweifelt.

J: Oh, nein - das gibt es doch nicht. Und das nennt man jetzt Weihnachten? Socken, Bücher, Unterwäsche, Fahrradhelm… Mein Gott!
E: Ja? Hallo?
J: Hoppla, wer bist du denn? Wo kommst du denn her?
E: Na, direkt von oben. Du hast doch gerade nach Gott gerufen. Da hat mich Gott kurzerhand geschickt.

J: Jetzt erzähl mir hier keine Märchen. Du siehst doch nicht aus wie der Weihnachtsmann. Ihr Erwachsenen wollt uns nur veräppeln. Wer hat dich für diese Verkleidung bezahlt? Papa?
E: Also wirklich! Ich bin ein Engel. Ehrlich.
J: Guten Tag, Herr Ehrlich.
E: Nein - ich bin wirklich ein Bote von Gott.

J: Ähhh, wirklich? Ich wollte eigentlich gar nicht... Naja, man sagt es das doch einfach nur so: Mein Gott! Aber wenn du schon mal da bist: Ich bin wirklich sauer!
E: Warum?
J: Da fragst du noch? Ich freue mich das ganze Jahr auf Weihnachten und dann so was. Guck dir das an! Diesen Mist habe ich bekommen – das interessiert doch keinen. Dabei brauche ich dringend ein Fotohandy und einen DVD-Player. Außerdem will ich eine Saisonkarte für das Eisstadion. Aber das hier – nee!
E: Ach, das sind alles nicht die richtigen Geschenke!
Und deshalb bist du sauer?

J: Ja – total, wärst du das nicht auch, Engel?
E: Na, ja. Vielleicht. Aber ich glaube gar nicht, dass deine Geschenke allesamt nichts taugen. Um ehrlich zu sein, glaube ich sogar, dass du zu Weihnachten das allerbeste und größte Geschenk bekommen hast, das es überhaupt gibt.
J: Wie bitte? Du meinst jetzt aber nicht diesen blöden Fahrradhelm, oder?
E: Nein, den meine ich nicht. Es ist was ganz anderes. Weißt du eigentlich nicht, was an Weihnachten passiert ist? Also, warum wir Weihnachten überhaupt feiern?

J: Klar – das weiß doch jedes Kind: Ein Kind ist geboren worden – in einem Stall. Auf jeden Fall gibt es einen Haufen Geschenke. Papa sagt, dass ist gut für die Konjugation…Konzentration…Konfirmation – also das, was die Geschäfte so alles verkaufen.
E: Ja, wenn dein Papa das sagt..., übrigens heißt das Konjunktur. Aber angefangen hat Weihnachten nicht für die Kontos der Geschäfte. Angefangen hat Weihnachten mit dem größten Geschenk, das man sich vorstellen kann. Willst du die wirkliche Geschichte noch mal hören?
J: Ja – wenn es sein muss.

E: Also, damals passierte etwas ganz besonderes am Himmel. Ein superheller Stern war auf einmal zu sehen. Die Gelehrten waren erstaunt. Und auch aufgeregt. Denn sie wussten, wenn so ein Stern auftaucht, dann musste was ganz Besonderes irgendwo in der Welt passiert sein. Manche Leute erwarten ja gar nichts Besonderes mehr in ihrem Leben. Aber diese Gelehrten damals, die waren auf einmal schrecklich aufgeregt, als sie den Super-Stern sahen. Komm, wir sehen uns das mal an:

(der Vorhang öffnet sich, ein Lichtstrahler erhellt die Szene, alle Schauspieler sind schon erstarrt)

1. Standbild (Stern von Bethlehem, die drei Weisen aus dem Morgenland)

• drei Könige, gekennzeichnet durch Kopftuch mit Goldstreifen, Krone, Umhänge, etc.

• Einer schaut mit einem Fernrohr in den Himmel

• Einer zeigt mit offenem Mund mit der Hand nach oben, fasst den neben sich sitzenden am Arm, offener Mund

• Einer sitzt, hat eine große Schriftrolle vor sich und eine Feder in der Hand, schaut nach oben

• Am hinteren Vorhand ist ein goldener Stern mit Schweif angebracht

(Das Standbild bleibt während des folgenden Liedes stehen)

• Ich hab seinen Stern geseh'n, *H6, DK2*

(der Lichtspot auf der Bühne geht aus, Vorhang schließt sich, wieder Licht auf J und E)

J: Wow! Toll! Die haben einen Stern gesehen. Und? Was hatten sie bitteschön davon?
E: Warte mal ab! Es ging ja weiter. Sie haben sich aufgemacht und sind dem Stern hinter her gereist, denn der bewegte sich! Und da haben sie etwas Unglaubliches gefunden!
J: Und? Was war das?
E: Eben dieses größte Geschenk Gottes! Das beste Geschenk für euch Menschen!
J: Gottes Geschenk? Also, das verstehe ich jetzt nicht. Was soll das sein?
E: Gott selbst. In Jesus ist Gott selbst in diese Welt gekommen. Als Säugling ist er gekommen, wie alle Menschen. Er wollte euch besuchen, euch verstehen, mit den Menschen leben!
J: Wie? Und darüber haben sich dann alle gefreut?

E: Nein. Alle nicht. Viele haben gar nicht verstanden, was da passierte. Viele haben sich sogar geärgert! Denn sie hatten sich Gott wie einen Superhelden vorgestellt, der mal reinen Tisch macht. Deshalb lehnten sie Jesus ab und wollten nichts von ihm wissen. Gott als Säugling, so schwach wie jeder Mensch - das hat sie gestört. Kurz bevor Jesus geboren wurde, musste seine Mutter Maria wegen einer Volkszählung von ihrem Zuhause nach Bethlehem wandern. Und dort, in dieser fremden Stadt, suchte sie ein Bett für die Geburt. Und schau dir mal an, was die Wirte gemacht haben, als Maria ein Bett haben wollte:

(der Vorhang öffnet sich, ein Lichtstrahler erhellt die Szene, alle Schauspieler sind schon erstarrt)

2. Standbild (Ablehnung durch den Wirt und seine Frau)

• Wirt, Wirtsfrau, Maria und Joseph
• Frau (mit Kopftuch) steht mit verschränkten Armen hinter dem Wirt
• Wirt (weiße Schürze, dick, kariertes Hemd, hochgekrempelt) steht mit abwehrender Hand vor Joseph
• Joseph (mit Stock) gestikuliert
• Maria ist erschöpft und steht etwas abseits (hochschwanger, Hand im Rücken, Umhang, Kissen, Stola)

(Das Standbild bleibt während des folgenden Liedes stehen)

• Kein Platz für dich, *H6, DK2*

(der Lichtspot auf die Bühne geht aus, Vorhang schließt sich, wieder Licht auf J und E)

J: Oh, nein, das war ja wirklich uncool von diesen Typen. Engel – hat Maria ihr Kind dann auf der Straße bekommen?
E: Beinahe. Aber dann fand sie doch noch was. Aber kein Hotelzimmer und auch kein Krankenhaus, sondern einen Stall. Stell dir das mal vor! Einen Viehstall! Der Gestank, die Fliegen, das Geblöke... Zum Glück war der Stall nicht so voll. Da konnte Maria dann ihr Kind bekommen.
Leider war auch weit und breit kein Bettchen in Sicht. Also hat Maria ihr Neugeborenes in den Futtertrog der Tiere gelegt. Und so ist der große Gott, der Himmel und Erde gemacht hat, einer von euch Menschen geworden. Da lag er dann, als Baby in der Krippe.

J: Und wieso macht der so was? Was hatte er denn davon?
E: Dafür gibt´s wohl nur eine Erklärung: Gott hat die Menschen lieb! Deshalb wechselt er sozusagen die Seite. Er will allen seine Hilfe anbieten und allen zeigen, wie lieb er sie hat.

J: Wie das denn? Allen Menschen? Ich meine, das kriegt doch keiner mit, wenn so ein kleines Baby irgendwo in einem Stall geboren wird.
E: Erst mal nicht. Da hast du recht. Aber Gott hat natürlich so seine Möglichkeiten. Zum Beispiel schickte er meine Brüder, die Engel, nach Bethlehem. Die hatten den Auftrag, es den Menschen zu sagen. Erst mal haben sie sich die Hirten ausgesucht. Hirten waren damals ziemlich arm und auch nicht sehr beliebt. Die Engel dachten sich, dass die Hirten das am Besten verstehen würden.
J: Und wie haben die dann reagiert?
E: Erstmal haben die sich voll erschrocken! Ich glaube, die haben richtig Angst gehabt. Schau dir das mal an:

(der Vorhang öffnet sich, ein Lichtstrahler erhellt die Szene, alle Schauspieler sind schon erstarrt)

3. Standbild (/ Hirten)
• Drei Hirten nach vorne zum Lichtspott gewendet
• Einer mit verrutschtem Hut, ist rückwärts gestolpert, hat die Hand abwehrend vor den Augen und die andere am Hut
• Einer versteckt sich vor Angst hinter den beiden anderen, Hand vor dem Mund
• Einer geht einen Schritt vor, hält seinen Hirtenstab in der Hand
• Einige Schafe (Stofftiere)

• Kommet ihr Hirten *(evtl. als Instrumentalstück), EKG*

(der Lichtspot auf die Bühne geht aus, Vorhang schließt sich, wieder Licht auf J und E)

J: Du liebe Zeit – die haben aber wirklich ganz schön Schiss gehabt.
E: Ja, das haben sie. Aber als sie dann gehört haben, was die Engel sagten, ist der Schreck schnell verflogen. „Habt keine Angst", sagten sie. Euch ist heute der Retter geboren! Da haben sie sich riesig gefreut!

J: Aber… ich verstehe noch immer nicht so ganz, was daran so toll war. Und wieso soll das für mich ein großes Geschenk sein? Ich meine – was hab ich davon?

E: Du hast doch Freunde, oder? Was ist das Beste, was ein Freund dir schenken kann?
J: Naja - ein Handy mit toller Digicam….obwohl……eigentlich nicht. Also, ich weiß nicht so genau.
E: Also doch nicht das Handy. Was magst du eigentlich an deinen Freunde am meisten?
J: Dass sie mich mögen und dass wir zusammen etwas machen können. Wir reden und spielen, haben Spaß zusammen, daddeln am Computer und so. Und natürlich, dass sie mir helfen, wenn ich's brauche.

E: Genau. Freunde sind einfach immer dabei.
Es macht Spaß, mit ihnen zusammen zu sein.
Und: Freunde holen einen raus, oder?
Auch wenn du mal selber Schuld bist. Echte Freunde sagen dir auch, wenn du falsch liegst. Einfach, weil sie dich mögen.
Freunde sind so ziemlich das Beste, was es gibt, stimmt's?
J: Doch. Finde ich auch!

E: Ich glaube, du kannst doch verstehen, was das größte Geschenk ist, das Gott euch zu Weihnachten gemacht hat. Gott ist als euer Freund gekommen. Er will immer dabei sein. Es ist einfach überirdisch gut, mit ihm zusammen zu sein.
Und: Er hilft dir, wenn du''s brauchst. Sogar dann, wenn du selber Schuld bist! Einfach, weil er dich lieb hat!
J: Du meinst also, Gott will ein Freund von mir sein und so wie meine Freunde Zeit mit mir verbringen? Aber - vielleicht will ich ja gar nicht, dass er mein Freund ist!
E: Mag sein. Gott wird sich nicht aufdrängeln.
Er wartet so lange, bis du begreifst, dass er es echt gut mit dir meint.

J: Vielleicht hast du recht, vielleicht ist das wirklich das absolute Riesengeschenk - der echte Weihnachtsknaller. Und? Wie ging das damals dann weiter?
E: Meine Brüder, die Engel, haben den Hirten gesagt, wo sie das Kind finden, und die Hirten sind dahin gegangen. Als sie ankamen und alles war wirklich so, wie die Engel gesagt hatten, da merkten sie endgültig, dass Gott durch die Engel zu ihnen gesprochen hatte. durch die Engel. Da waren sie natürlich überglücklich!
Und rate mal, wen die Hirten im Stall getroffen haben...!

J: Da habe ich keine Ahnung.
E: Die Gelehrten vom Anfang der Geschichte! Die hatte der Stern genau zu dem Stall geführt. Gott wollte von überall her Leute zu Jesus bringen. Schon immer. Deshalb kannst du heute genauso zu Jesus finden, wie die Leute damals.
Und dann haben sich alle um die Krippe versammelt und Jesus angebetet. Denn sie haben gemerkt: In Jesus ist Gott zu uns gekommen. Er hat sich selber geschenkt! Aus Liebe. Das musst du dir jetzt auch noch ansehen:

(der Vorhang öffnet sich, ein Lichtstrahler erhellt die Szene, alle Schauspieler sind schon erstarrt)

4. Standbild/ Krippe
- Weise, Hirten, Maria und Joseph um die Krippe versammelt.
- Alle freuen sich sichtlich - knien, beten, umarmen sich, fassen sich an den Händen, lachen.

- Gottes große Liebe, *H6, DK2, GV, HB*
- O lasset uns anbeten *(Refrain von „Herbei, o ihr Gläubigen"), EKG*

(der Lichtspot auf die Bühne geht aus, Vorhang schließt sich, wieder Licht auf J und E)

J: Das ist ja klasse. Du meinst, ein größeres Geschenk kann es gar nicht geben, als das, was Gott uns da gemacht hat?
E: Na sicher! Genau das meine ich. Stell dir das mal vor: Jeder, der Jesus vertraut, wird von Gott zu seinem Kind gemacht. Und es ist ganz einfach, Jesus zu vertrauen. Du brauchst nur mit ihm reden und seine Freundschaft annehmen. Dann kommt er zu dir und Gott ist wieder in deinem Leben!
Jeder, der Gottes Kind ist, wird natürlich auch all das erben, was Gott besitzt. Und das kannst du mir glauben: Gott hat dir viel mehr zu bieten als Handys mit Digicams!
J: Vielleicht hast du recht... darüber muss ich aber etwas nachdenken... Eine Frage hab ich noch: Sag mal, Engel, warum hast du eigentlich gar keine Flügel?

E: Oh...die Flügel... na ja... so kleine Engel wie ich werden mit dem Flaschenzug heruntergelassen. Das geht schon irgendwie.
J: Weißt du was? Dann hab ich doch tatsächlich ein Geschenk für dich. Hier,: ein Paar nigelnagelneue Flügel! Was sagst du jetzt?!?

E: Das ist ja Wahnsinn! Ich hab gedacht, ich müsste mir die Flügel hart erarbeiten. Und jetzt kriege ich sie einfach geschenkt! Das ist ja wie Weihnachten!!!
J: Ich dachte, es wär' Weihnachten! Und Weihnachten ist doch ein Fest für alle.

(E und J gehen ab)

• Mit den Hirten will ich gehen, *EKG 544*

Abschluss:

Gebet und Abschluss

• O du fröhliche, *EKG 44*

(Die Idee zu diesem Heiligabendgottesdienst stammt aus der Matthäus-Gemeinde in Münster / Westfalen)

4 Teil

4.7. 4 Weihnachten ist Party für Jesus

eine progressive und missionarisch ausgerichtete Familienzeit am Heiligabend

Zielgedanke: Jesus Christus ist der Gastgeber des Weihnachtsfestes. Er ist der heruntergekommene König

Anmerkung: Dieser Gottesdienst lebt besonders von guter Musik. Übe sorgfältig mit Band und / oder Tänzern. Es kann aber auch zu den meisten Liedern Playbackmusik verwendet werden.

Mitarbeiter: Moderator und drei Schauspieler aus drei Generationen

- Folie mit Philipper 2, 6 - 7
- Diaserie mit Bildern der Weihnachtsgeschichte. Möglich sind z.B. „Jesus ist geboren", 12 Dias mit Text, Deutsche Bibelgesellschaft Stuttgart; oder „Der König im Stall", 24 Dias, Brunnen Verlag
- viele Geschenkpäckchen mit den Symbolen Pflaster, Herz, Schlüssel, Seife, Taschentuch, Friedenstaube,...

Ich heiße Sie und euch ganz herzlich willkommen zu unserem Heiligabendgottesdienst. Schön, dass ihr der Einladung zu unserer Party gefolgt seid. Ich hoffe, dass ihr euch wohl fühlt und mit größerer Freude im Herzen nach Hause gehen könnt als ihr hierher gekommen sind. Die Chancen dafür stehen nicht schlecht, denn wir feiern die lebendige Gegenwart von Jesus Christus, der zu uns Menschen auf die Erde kam, um uns die Liebe Gottes zu bringen. Er selbst, Jesus ist hier und wir können ihm begegnen. *(scherzhaft)*. Falls ihr Geschenke für das Geburtstagskind mitgebracht haben, könnt ihr sie dort hinten auf dem Gabentisch deponieren. Zu jeder Party gehört natürlich gute Musik, deshalb geht es los mit „Weihnachten ist Party für Jesus"

Lobpreis:

- Weihnachten ist Party für Jesus, *DK2, H6, PL (Playback oder Bandeinspielung)*

Anspiel Teil I:

Personen: Anna (jüngere Frau), Luca (ca. 10–12-jähriges Kind), Helga (ältere Frau)

Anna: Was ist denn hier los?! Rockmusik an Heiligabend? Ich denke, wir feiern Weihnachten!
Luca: Tun wir ja auch, wir wollen eine richtige Party für das Geburtstagskind feiern!

Anna: Party? Geburtstagskind? Hör mal, du hast dich wohl im Datum verguckt!
Luca: Nein, überhaupt nicht! Weihnachten ist doch der Geburtstag von Jesus. Deshalb sind doch auch so viele Gäste gekommen. Alle wollen sie mitfeiern. Alle haben Geschenke mitgebracht...

Anna: Das würde mich doch sehr wundern, wenn sie ihre Geschenke mitgebracht haben, die liegen bestimmt unterm Weihnachtsbaum. Wer bringt denn sein neues Computerspiel mit in die Kirche? Oder die schicke Digitalkamera...
Helga (schmunzelnd): Das ist ja wie überall Weihnachten: Erst mal ein bisschen Stress, Unstimmigkeiten, Spannungen, bis dann endlich alle zur Ruhe kommen und die schönen alten Lieder singen.

• Wir singen immer wieder, *PL*

Tipp: die Strophen könnte man pantomimisch oder tänzerisch darstellen.

Anspiel Teil II:

Anna: Das gefällt mir schon viel besser: Geigenmusik, Flötenmusik, Kerzen – das ist eben Weihnachten. Lasst uns doch mal so ein ganz altes Weihnachtslied singen, eins das die Menschen schon vor hunderten von Jahren gesungen haben.
Luca: Aber nur, wenn ich das Lied auch kenne.
Helga: Falls du's nicht kennst, dann hörst du eben zu. Ich glaube, ich habe das Lied heute schon zweimal im Radio gehört...

• Lobt Gott ihr Christen, *aus: EKG 409 (Klavierbegleitung ist vorteilhaft)*

Anspiel Teil III:

Anna: Sag mal, Helga, hast du diesen Text verstanden? „Er äußert sich all seiner Gewalt, wird niedrig und gering und nimmt an sich eins Knechts Gestalt, der Schöpfer aller Ding." Wenn ich ehrlich bin, verstehe ich diesen Text nicht.
Luca: Ich auch nicht.

Helga: Na ja, eigentlich sind das Worte aus dem Neuen Testament, aus dem Philipperbrief. Ich lese dir und unseren Gästen das mal in einer neuen Übersetzung vor *(projiziere den Text auf jeden Fall an eine Leinwand, damit es für die Zuhörer leichter ist, den Inhalt nachzuvollziehen):* „Jesus war Gott in allem gleich und herrschte mit ihm in seinem Königreich. Er verzichtete jedoch auf all diese Vorrechte, wurde rechtlos wie ein Sklave und wie jeder andere Mensch geboren. Er lebte als Mensch unter Menschen". Weißt du, das heißt eigentlich, dass es gar keine Weihnachtsromantik gibt: Ein himmlischer König wird als kleines Baby in einem armseligen Stall geboren. Er kam in einem stinkigen Stall zu Welt, weil niemand seine hochschwangere Mutter aufnehmen wollte.
Anna: Also, ich glaube, die Geschichte musst du mal von Anfang an erzählen.

Moderator erzählt Weihnachtsgeschichte mit Dias. Die Geschichte kann mit dem beiliegenden Textheft vorgelesen oder frei erzählt werden. Alternativ kann man die Weihnachtsgeschichte aus dem Lukasevangelium nach der „Hoffnung für alle"-Übersetzung vorlesen.

- Runtergekommen, *PL, KFL, HB (mit Bewegungen und Tanz)*

In diesem Lied kommt es schon wieder vor, dass es nicht so einfach ist mit unserem Geburtstagskind. Hier bringt nämlich auch das Geburtstagskind die Geschenke mit: Heilung für die, die krank sind, Versöhnung für Menschen, die Streit miteinander haben...

Das Geheimnis ist, dass wir Jesus, den wir heute feiern, am meisten damit ehren und „beschenken", wenn wir seine Geschenke für uns annehmen. Jesus hat selber gesagt, dass er dazu auf diese Welt gekommen ist: Damit Arme eine gute Nachricht hören, damit Gefangene frei werden, Blinde sehen können und Unterdrückte von Gewalt befreit werden (vgl. Lukas 4, 18).

Wenn sich jemand heute in diesem Raum so gar nicht weihnachtlich fühlt, dann ist er genau richtig hier. Jesus kam, um dir und mir in unserer Not zu begegnen und uns zu beschenken, wo wir Mangel haben. An materiellen Dingen haben die meisten von uns mehr als genug. Wer braucht schon wirklich dringend das Weihnachtsgeschenk, dass zu Hause unterm Baum auf uns wartet? Aber unsere Herzen sind oft leer und kalt – sie haben es bitter nötig von Jesus selbst beschenkt zu werden.

Ich möchte euch einladen, euch heute beschenken zu lassen. Wir haben jetzt viele kleine Geschenkpäckchen zusammengestellt. In jedem Päckchen ist ein Angebot aus dem großen Geschenkkorb von Jesus an uns. Jede Familie, jedes Paar darf sich nun ein solches Päckchen nehmen und auspacken. Und dann haben wir ein paar Minuten Zeit, um miteinander darüber zu sprechen, was dieses Geschenk Gottes an uns bedeutet und wie wir es annehmen können.

Von Mitarbeitern werden die Geschenkpäckchen verteilt. In den Päckchen sind kleine Symbole (und Kärtchen mit der Bedeutung) zu den verschiedenen Aspekten des Kommens Jesu, z. B.: Pflaster: Heilung; Schokoherz: Versöhnung; Seife: Vergebung; Taschentuch: Trost; Schlüssel: Freiheit. Eine andere Möglichkeit ist, Bibelverse, die die Botschaft vom Kommen Jesu verdeutlichen, hübsch zu verpacken. Nach einer kurzen Zeit, in der die Menschen miteinander ins Gespräch gekommen sind, sollte es die Möglichkeit geben, dass Menschen für ihre persönlichen Sorgen und Nöte beten lassen können. Vielleicht gibt es in hinteren Teil der Kirche oder in einem Nebenraum die Möglichkeit dazu. Dieser Teil des Gottesdienstes sollte sorgfältig vorbereitet werden. Achte auf genügend Mitarbeiter, die sich gegebenenfalls zu Menschen setzen und mit ihnen reden können.
Stelle klar, dass man Jesus auf keine andere Weise besser feiern kann, als ihm die Möglichkeit zu geben, das eigene Herz zu verändern und sein Geschenk an uns in Anspruch zu nehmen. Während dieser Zeit des Redens und des Gebets kann schon mit einer Lobpreiszeit begonnen werden.

Lobpreis:

Hinführen: Lasst uns jetzt den König der Könige mit Liedern feiern. Lasst uns eine Party für Jesus feiern!

- Es geht um Jesus, *EJ*
- Du bist der Held, *DH*
- Bahnt einen Weg unserm Gott, *FJ 2*
- Ihr sollt frei sein, *DK2, H6*

- Gottes große Liebe, *DK2, H6, GV, HB*
- Gott wird Mensch, *DK1, VLB*
- Kommt und lasst uns Christum ehren, *EKG 39*
- Wisst ihr noch, wie es geschehen, *EKG 52*
- Gott sprach am Anfang, *DK2, H6, KFL*
- Frieden mit Gott, *DK2, H6, GL*
- Es ist Jesus, *DK2, H6*
- Kein Platz für dich, *DK2, GL*

Abschluss:

Der Moderator lässt den Gottesdienst mit Liedern ausklingen. Zum Schluss kann noch ein Segen und / oder ein traditionelles „O du fröhliche" stehen.

Teil

4.7.5 Erntedank: Schmeckt und seht - unser Gott ist gut

Zielgedanke: Wir können erleben, dass Gott für uns sorgt.

• Ein schön dekorierter Erntedanktisch (Getreidebündel, Maiskolben, ein großer Kürbis, viele Herbstblumensträuße), mit vielen Leerstellen und leeren Körben, die darauf warten gefüllt zu werden

• Darüber ein Banner mit der Aufschrift: Schmeckt und seht: Unser Gott ist gut!

• Mitgebrachte Gaben für den Erntedanktisch (Marmeladengläser, Äpfel, Pfirsiche, Möhren, Kartoffeln, Zucchini,...)

• CD: „In der Stille angekommen" von Christoph Zehendner: Lied 11

• Diaserie: Fotos passend zum Text des Liedes (Früchte, Felder, Menschen, aber auch Motive, die unsere Versorgung mit anderen Gütern zeigen, z. B. Windkraftwerk, Urlaubsbilder, Maschinen und Werkzeug, Krankenhaus, Schule, Bank, usw.) oder Fotos und Grafik des Dateiordners „Erntedank" von der Foto-CD „Hurra, es ist Familienzeit" (erhältlich bei cap! -music)

• Zucker- und Salztütchen (Portionstütchen aus der Gastronomie) für jeden Gottesdienstbesucher auf den Plätzen bereitgelegt

• Overheadfolie mit Psalm 34, farblich markiert, sodass die Verse im Wechsel gelesen werden können

Sammle die Kinder, die dazu bereit sind, in einem separaten Raum vor dem Gottesdienst. Jeder sollte eine Gabe für den Erntedanktisch erhalten, manche haben Früchte oder Gemüse von zu Hause mitgebracht, andere können von den Mitarbeitern Körbchen mit Erntefrüchten erhalten.

Lobpreis:

(Potpourri aus Dankliedern, währenddessen kommen die Kinder in den Gottesdienstraum und füllen die Körbe)

• Komm und feier, *DK2, H8, GV*

• Wer bittet, dem wird gegeben, *DbH 4*

• Dank sei dir, *DbH 1*

• All die Fülle ist in dir, o Herr, *DbH 1*

Nach einer Begrüßung hören wir eine Musikeinspielung von CD: „Du hast das Jahr gekrönt" (auch in FL), begleitet von schönen Dias.

Moderator 1:
Als ich diese schönen Fotos gesehen habe von all den Dingen, mit denen Gott uns beschenkt hat, da wurde mein Herz ganz warm. Wie gut ist Gott zu uns! Er gibt uns nicht nur Brot zum Essen, sondern sorgt in so vielen Dingen für uns: Wir haben Wohnungen und Spielsachen, eine warme Bettdecke und eine Waschmaschine, die uns die Arbeit erleichtert. Wir wollen Gott dafür ganz herzlich danken. *(Gebet)*

Moderator 2:
Die Bibel sagt uns an vielen Stellen, dass wir nicht vergessen sollen, Gott für all das zu danken, was er uns gibt. Wir vergessen das nur zu leicht. Wir erleben etwas Schönes, können uns etwas Gutes kaufen, bekommen eine neue Arbeitsstelle, ernten eine gute Note – und vergessen, dass es von Gott kommt. Genauso geht es uns oft mit dem, was dreimal täglich auf dem Tisch steht: Müsli - das kommt doch von Kelloggs. Pizza kommt vom Italiener und Brot aus der Bäckerei. Aber eigentlich kommt alles von Gott:

• Er hat alles wachsen lassen, hat Sonne und Regen gegeben.
• Er gibt dem Bauern Kraft für seine Arbeit und dem Ingenieur Geschick, einen Mähdrescher zu konstruieren.

In unserer Familie machen wir manchmal am Samstag- oder Sonntagabend etwas Schönes. Wir sagen dann Gott und einander, wie uns das Leben so schmeckt. Unsere Runde heißt „Salziges und Süßes". Ich möchte euch heute einladen, dass wir dieses Süße und Salzige, was wir in diesem Jahr von Gott empfangen haben, einmal ansehen. „Salziges" könnte sein:

• Schweres, was wir erlebt haben
• Enttäuschungen
• Schuld
• Dinge, die nicht geglückt sind
• Alles eben, was uns nicht so gut geschmeckt hat

Wem können wir das bringen? Gott ist dafür die beste Adresse. Jeder hat ein Salztütchen auf seinem Platz, das dürft ihr jetzt einmal öffnen, einen Finger feucht machen und eine Prise auf die Zunge nehmen. (...) Während das Salz sich in unserem Mund auflöst, kann jeder still für sich mit Gott über all diese Dinge reden, die nicht so gut gelaufen sind *(Alternativ für kleinere Gruppen, in denen sich die Teilnehmer gut kennen: Gebet zu zweit oder als Familie oder ein Elternteil mit einem Kind).*

Lobpreis:

• Schmeckt und seht: Unser Gott ist gut, *FJ 2*

Moderator 1:

Als nächstes wollen wir Gott für alles danken, was wir an Gutem und Schönen aus seiner Hand genommen haben. Ich glaube, dass das zurückliegende Jahr angefüllt war mit viel Süßem:

• Ein Baby wurde in unserer Familie oder im Freundeskreis geboren: Was für ein süßes Früchtchen!
• Gott hat dich gesegnet mit einem guten Zeugnis oder einem besonderen Erfolg in einem Fach.
• Du hast einen neuen Freund / eine neue Freundin gewonnen.
• Du konntest deine Arbeitsstelle wechseln und kannst jetzt eine viel zufrieden stellendere Tätigkeit ausüben.
• Du hast geerntet, was du gesät hast: hast dich investiert in eine Aufgabe und jetzt ist etwas Neues entstanden.
• Du hast im Garten und auf dem Feld Gemüse und Früchte angebaut und merkst: Gott sorgt dafür, dass wir satt werden.

Ihr dürft jetzt das Zuckertütchen auspacken, die auf eure Plätzen liegen, den Zucker auf eurer Zunge zergehen lassen und Gott diesen Dank bringen: Er sorgt, für uns und gibt uns so viel Gutes! Wer möchte seinen Dank nach vorne bringen und uns daran teilhaben lassen, wie er Gottes Versorgung in den vergangenen Monaten erlebt hat? Ihr habt einen Moment zum Nachdenken, ob ihr uns davon erzählen wollt, wofür ihr Gott dankbar seid.
(Der Moderator bittet jetzt eine Gruppe von Kindern nach vorne, die beim nächsten Lied mitmachen wollen - vielleicht die Vorschulkinder oder alle Geburtstagskinder im Oktober. Vier bis acht Kinder sollten auf jeden Fall mitmachen.)

Lobpreis:

• Du hast die Sonne gemacht und das war wirklich gut, *Mike Müllerbauer, aus: „Schwappdidu und Peperoni", (cap!-music). Kinder mit einbeziehen, sie halten Erntefrüchte hoch und die Musiker gestalten die Ergänzungsstrophen danach*

Möglichkeit für einzelne, zeugnishaft zu erzählen, was sie an „Süßem" im vergangenen Jahr erlebt haben. Wenn solch ein spontaner Berichtteil nicht üblich ist, kann man auch im Vorfeld des Gottesdienstes einige Erwachsene und Kinder bitten, sich darauf vorzubereiten und zu erzählen, wo sie Gottes Fürsorge besonders erlebt haben.

Dazwischen oder danach folgende Lieder:
• Alles, aber wirklich auch alles, *DH, KG, HB*• Vater des Lichts, *DbH III, FJ I („...alles was gut und vollkommen ist, kommt von dir...")*
• Seht, wie gut er zu uns ist, *DbH III, FJ II*

Moderator 2:

Wir haben in diesem Gottesdienst mit allen Sinnen geschmeckt, wie gut Gott zu uns ist, wie er uns versorgt mit all dem, was wir brauchen. Zum Schluss wollen wir den Psalm 34 zusammen lesen. Aus diesem Lied Davids stammt nämlich unser Motto.

(Psalm 34 im Wechsel lesen - dazu die Gemeinde in zwei Gruppen einteilen)

Aktion: *Damit nicht nur wir im reichen Europa uns über die Versorgung Gottes freuen können, kann man die Erntedankgaben zu Gunsten eines guten Hilfsprojektes verkaufen oder versteigern. Betone ruhig, dass es darauf ankommt, hier nicht zu knausern, sondern auch mal ein Glas Marmelade für 10 Euro mitzunehmen, damit andere Menschen auch die Güte Gottes schmecken können.*

Abschluss mit Segenslied:

• Der Herr denkt an uns und segnet uns (Kanon), *FL*

4 Teil .7. 6 Kreuzweg (Matthäus 27,11-66)

Zielgedanke: Jesus starb für unsere Schuld.

Information

Als Kreuzweg bezeichnet man ursprünglich die Nachahmung der Via Dolorosa in Jerusalem als Stationenweg vor Wallfahrtskirchen. Die Pilger wollten sich in Ermangelung von Reisemöglichkeiten in das Heilige Land wenigstens geistig auf den Leidensweg von Jesus Christus begeben. Es wurden zuerst sieben, seit der Zeit um 1600 14 bebilderte Stationen errichtet. Sie zeigten den Weg Jesu von der Verurteilung durch Pontius Pilatus bis zum Tod und zur Grablegung. Als 15. Station diente die jeweilige Kirche als Abbild der Grabeskirche von Jerusalem. Wegen der großen Beliebtheit blieb schließlich kaum eine katholische Pfarrkirche mehr ohne die Darstellung der 14 Stationen, nun aber im Inneren der Kirche. Die freitägliche Kreuzwegandacht ist in der Fastenzeit auch heute noch ein vielerorts praktiziertes meditatives Gebet vor den Stationen, oft auch ergänzt durch eine 15. Station, die der Auferstehung gedenkt (vgl. http://de.wikipedia.org/wiki/Hauptseite).

Dieser Entwurf eignet sich für Gruppen von 10 bis maximal 50 Personen. Man benötigt für die Stationen am besten fünf, mindestens jedoch drei Räume. Bei drei Räumen wird ein Mitarbeiter gebraucht, der, während die Gruppe weiterwandert, zwei Stationen umdekoriert. Bei den einzelnen Stationen kann man sich im Kreis oder Halbkreis aufstellen oder hinsetzen. Dazu sollten kleine und größere Stühle oder Bänke oder Polster auf dem Boden vorbereitet werden. Denkbar ist auch, den ganzen Kreuzweg draußen durchzuführen.

Die fünf Stationen können folgendermaßen gestaltet werden:

1. Station: Ein ausgebreitetes Tuch (wie eine Tischdecke), große Schale, Krug mit Wasser
2. Station: Ein Tuch, auf dem eine Dornenkrone, ein Kleid, eine Peitsche, ein Seil und ein Holzstock liegen
3. Station: Ein Tuch, auf dem ein Holzkreuz aufgerichtet steht
4. Station: Ein Raum, der abgedunkelt und erhellt werden kann, ein Vorhangstoff liegt in der Mitte
5. Station: Ein Tuch, ein Steinhaufen mit mindestens faustgroßen Steinen, ein Stein liegt abseits

• Für jeden Teilnehmer: ein Stückchen eines Dornenzweigs, ein kleines Holzkreuz aus Stöckchen und Bindfaden gebunden, ein Stückchen Stoff aus dem Material des Vorhangs, Kieselsteine
• Ein weiteres Kreuz für die Schlussbotschaft *(gut geeignet ist hier auch der Altarraum der Kirche)* und ein Gefäß (Eimer) unter diesem Kreuz
• Zettel und Filzstifte für alle
• CD „Du bist der Vater"
• Bibel „Hoffnung für alle" oder Neukirchner Kinderbibel (Abschnitt 42-44) von Irmgard Weth *(sehr empfohlen)*

Ich begrüße euch herzlich zu unserem Gottesdienst am Karfreitag. Heute werden wir einen besonderen Gottesdienst miteinander erleben, denn heute denken wir an einen ganz besonderen Tag im Leben Jesu, an den Tag, an dem Jesus für uns am Kreuz gestorben ist. Da versteht es sich von selbst, dass wir heute keinen fröhlichen Gottesdienst haben werden. Wir wollen uns statt dessen ganz ruhig miteinander ansehen, wie die letzten Stunden im Leben Jesu ausgesehen haben. Dabei werden wir uns an verschiedene Orte hier auf dem Gelände begeben, um dort etwas zu hören, zu sehen und manchmal auch zu fühlen. Wir bitten euch, bei dem was ihr da hören, sehen und fühlen werdet, aber auch auf den Wegen, die wir gemeinsam gehen werden, still zu sein und in euren Gedanken bei Jesus zu sein.

Nachdem Jesus im Garten Gethsemane verhaftet wurde, brachte man ihn ins Haus des Hohenpriesters. Dort wurde Jesus verhört und der jüdische Gerichtshof entschied, dass er sterben muss. An dieser Stelle der Geschichte wollen wir mit unserer Betrachtung beginnen.

Alle gehen still zur 1. Station des Kreuzweges (= Wasserschale). Der Moderator liest Matthäus 27, 11 – 26, bzw. Neukirchner Kinderbibel, S.239 (ab Nr. 42) - 240 (bis „Dann übergab er Jesus den Soldaten, damit sie ihn kreuzigten.") An der entsprechenden Textstelle gießt ein Mitarbeiter das Wasser aus dem Krug langsam in die Schale.

Nun wollen wir leise zur 2. Station (= Geißelung) gehen.
Der Moderator liest Matthäus 27, 27 – 31, bzw. Neukirchner Kinderbibel, S. 240 - 241. Bei der Erwähnung des Dornenkranzes teilt ein Mitarbeiter an jeden ein Stückchen Dornenzweig aus.

Jetzt gehen wir gemeinsam zur 3. Station (= Kreuzigung).

Der Moderator liest Matthäus 27, 32 – 44, bzw. Neukirchner Kinderbibel, S. 241. Ab Vers 35 teilt ein Mitarbeiter an alle die Kreuze aus.

Wir gehen nun zur 4. Station (= Tod).

Der Moderator liest Matthäus 27, 45 – 54, bzw. Neukirchner Kinderbibel, S. 244, 1. Spalte. Nachdem alle ihren Platz gefunden haben, löscht ein Mitarbeiter während des ersten Satzes das Licht. (Es muss dabei nicht völlig dunkel werden). Bei Vers 51 zerreißen zwei Mitarbeiter den vorbereiteten Vorhang. Danach werden die Stoffstücke verteilt.

Nun wollen wir leise zur 5. Station (= Grablegung) gehen.

Der Moderator liest Matthäus 27, 55 – 66, bzw. Neukirchner Kinderbibel, S. 244, 2. Spalte bis S. 245. Bei der Erwähnung des Grabsteines werden Kieselsteine an alle verteilt. An dieser Station kann man entweder das zweite Kreuz mit dem Eimer aufbauen oder man baut die 5. Station schon im Altarraum der Kirche auf.

Minipredigt:
Ihr haltet jetzt vier Dinge in euren Händen. Da sind zunächst mal die Dornen. Sie zeigen uns und lassen uns sogar ein wenig fühlen, dass Jesus vor seinem Tod viele Schmerzen erdulden musste. Man hat ihm richtig weh getan und obwohl er jeder Zeit hätte aussteigen können, hielt er alle Schläge und allen Spott bis zum Schluss aus.

Ihr haltet ein Kreuz in euren Händen. Zuletzt hing Jesus an einem Kreuz, um dort zu sterben. Er war ganz alleine dort, niemand konnte ihm helfen. Die meisten seiner Freunde waren auch nicht da. Sie hatten sich aus Angst um ihr Leben aus dem Staub gemacht. Doch die, die seinen Tod wollten, waren da und verspotteten ihn. Sogar Gott war in diesem Moment in weiter Ferne. Jesus war von allen verlassen. Jesus trug dort am Kreuz die Schuld aller Menschen. Er, der nie etwas Falsches getan hatte, starb stellvertretend für die Schuld aller Menschen und Gott konnte nicht bei ihm sein, denn Gott kann niemals dort sein, wo Sünde ist.

Das Stückchen Stoff in eurer Hand erinnert an den Vorhang im Tempel, der in dem Moment zerriss, als Jesus starb. Es war der Vorhang zum Allerheiligsten, der da zerriss. Der Hohepriester durfte einmal im Jahr das Allerheiligste betreten, um Gott um Versöhnung mit seinem Volk zu bitten. Für alle anderen war dieser Ort nicht zugänglich. Der zerrissene Vorhang bedeutet, dass jetzt der Weg zu Gott für alle Menschen frei ist. Jesus hat durch seinen Tod am Kreuz diesen Weg frei gemacht und alle, die seine Freunde werden und ihn darum bitten, dass er ihre Schuld wegnimmt, können zu Gott kommen.

Zuletzt haltet ihr noch einen Stein in euren Händen. Nachdem Jesus gestorben war, legte man ihn in ein Felsengrab und rollte einen Stein davor. War nun alles aus, war Jesus jetzt für immer fort und unerreichbar? Nein, die Geschichte ist ja noch nicht zu Ende. Wir werden am Sonntag mehr davon hören.

Wir wollen Jesus jetzt für das danken, was er für uns getan hat. Wir tun es, indem wir ihm Lieder singen und zu ihm beten. Jesus hat das alles auch für dich durchlitten, weil er dich liebt.

Lobpreis

- Danke, dass du mich so liebst, *VLB, GL*
- Mein Jesus, mein Retter, *DbH 4, FJ II*

Wir werden jetzt miteinander beten und alle, die laut oder leise Jesus dafür danken möchten, dass er auch für sie am Kreuz gestorben ist, können das jetzt tun. *(Gebetszeit)*
Der Weg zu Gott ist jetzt frei, das gilt für jeden von uns. Einer ist für alle gestorben, das gilt.

- Einer für alle, *H8, DK2*

Für alles, was wir getan haben, all die Dinge, die Gott nicht gefallen oder die andere verletzt haben, ist Jesus gestorben. Denk mal darüber nach, was das bei dir sein könnte. Wo bist du vor Gott schuldig geworden und brauchst Vergebung? Jeder von euch bekommt jetzt einen Stift und ein Blatt in die Hand. Hier kannst du aufschreiben, für was du die Vergebung Jesu brauchst. Wenn du damit fertig bist, kannst du Jesus um Vergebung bitten, deinen Zettel zerreißen und in den Eimer unter das Kreuz werfen *(währenddessen*

wird das Lied „So viel vergeben" von der CD „Du bist der Vater" eingespielt). So geht Gott mit unserer Schuld um. Sie ist vergeben und vergessen, wenn wir ihn darum bitten. Gott, der Vater, hat uns seinen Sohn Jesus gesandt, um uns die Chance zu geben zu ihm kommen zu können. Dafür danken wir ihm.

- Jesus in meinem Haus, *FJ 2*

Abschluss:

Ich wünsche euch noch einen schönen Tag. Bleibt doch mit euren Gedanken und euren Herzen bei allem, was ihr heute noch tun werdet, bei Jesus. Legt die Dinge, die wir euch mitgegeben haben an einen Ort, an dem ihr sie sehen könnt und wo sie euch daran erinnern können, was Jesus für euch getan hat. So könnt ihr Jesus immer wieder dafür danken.

(Idee für diese Familienzeit: Anette Koch, FEG Limburg)

Teil

4.7.7 Wie sollen wir denn beten? (Matthäus 6,5-8)

▶ **Zielgedanke: Gott ist keine Gebetsbeantwortungsmaschine, sondern unser liebender Vater, mit dem wir vertrauensvoll reden können und der weiß, was wir brauchen.**

Jesus lehrt seine Jünger in diesen Versen vier Dinge über das Gebet:
1) Bete mit ehrlichem Herzen, nicht weil du als fromm gelten willst.
2) Konzentriere dich beim Beten auf Gott.
3) Du brauchst nicht viele Worte beim Beten zu machen. Deine Sätze müssen auch nicht gut klingen.
4) Rede mit Gott wie mit deinem Vater.

Mitspieler: 3 Frauen und 1 Mann

- Eine Filmklappe
- 4 Stühle, Schreibtisch
- Verkleidung für die Putzfrau, einige Putzutensilien
- Verkleidung für den Chef
- Ein Spielkonsolenkontroller (+ evtl. ein Fernseher und eine Spielkonsole)

Lobpreis:

- Kommt, jetzt ist die Zeit wir beten an, *FJ 2*

Wenn wir sonntagmorgens zusammen kommen, dann gibt es meistens ein großes Hallo: Es ist einfach schön, seine Geschwister und Freunde wieder zu sehen. Das Herausragende am Sonntagmorgen ist allerdings nicht nur die Begegnung miteinander, sondern auch die Begegnung mit Gott. Gott ist hier, er wartet heute morgen auf jeden Einzelnen. Egal, wie alt du bist, was dich hierher gebracht hat, ob du traurig oder froh bist. Gott will dir begegnen.

- Gott ist gegenwärtig, *EKG*
- Jeden Schritt aus, *DH*

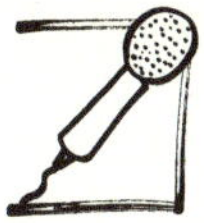

Es gab einmal zwölf Männer, die gingen Schritt für Schritt mit Jesus, auf jedem Weg folgten sie ihm. Sie hatten alles stehen und liegen lassen, um Tag für Tag bei Jesus zu sein und von ihm zu lernen. Sie hatten ein großes Verlangen, Gott kennen zu lernen und ihm zu dienen. Sie lebten in einer sehr religiösen Zeit. Es gab nicht nur den Rabbi Jesus von Nazareth, sondern viele andere Rabbis, Schriftgelehrte, Priester. Mit den meisten Menschen kam man leicht über Gott ins Gespräch. Überall sah man Leute, die öffentlich beteten. Eines Tages fragten die Jünger Jesus: „Wie sollen wir denn beten?"

Jesus hatte einige Beispiele vor Augen, die ihm nicht gefielen. Er sagte seinen Jüngern: „Betet nicht wie die Heuchler! Sie bleiben gerne in den Synagogen und an den Straßenecken stehen, um zu beten. Jeder soll sie sehen. Ich sage euch: Sie haben von Gott nichts zu erwarten. Wenn du beten willst, gehe in dein Zimmer, schließe die Tür hinter dir zu und bete zu deinem Vater. Und dein Vater, der selbst deine geheimsten Gedanken kennt, wird dich erhören" (Matthäus 6, 5). Das ist das erste, was Jesus auf die Frage der Jünger antwortet.

Heute in Deutschland sieht man nicht an jeder Straßenecke religiöse Menschen beten, aber vielleicht ist unser Gebet manchmal genauso gedankenlos? Wir haben ein paar Situationen ausgesucht, worin ihr euch vielleicht wieder finden könnt.

Klappe: GEBET, DIE ERSTE

(Vanessa sitzt auf einem Stuhl, tut so, als spiele sie ein Videospiel).

Lieber Gott, bitte, wenn ich nur einmal diesen Level schaffe, dann tue ich alles! Ich werde jeden Sonntag in die Kirche gehen, ich werde jeden Tag meine Bibel lesen, ich werde sogar alle Hausaufgaben erledigen. Bitte, lieber Gott, ich brauche nur noch 150 Punkte! Ja, ja, danke lieber Gott!

(Sie ist angespannt, steht auf und bewegt sich, während sie weiterspielt, geht richtig mit. Durch ihre Reaktionen bekommen wir den Eindruck, dass sie Erfolg hat.)

Und nun brauche ich nur noch 75 Punkte, dann habe ich es geschafft! Lieber Gott, lass mich nur noch die fehlenden 75 Punkte erspielen und ich verspreche dir, dass ich jeden Tag die Bibel lesen werde und jeden Sonntag in die Kirche gehe! Fast geschafft...fast geschafft! Ja! Super, Gott, du bist wirklich gut!

(Sie spielt weiter und ist immer aufgeregter und lebhafter).

Komm schon Vanessa! Ja, 25 Punkte! Oh, ich habe es fast geschafft! Lieber Gott, wenn du mir hilfst, die letzten 25 Punkte zu bekommen, dann verspreche ich dir, dass ich so oft wie möglich in die Kirche gehe!

(Vanessas Reaktionen zeigen, dass sie das Spiel gewinnt).

Ich habe es geschafft! Ich habe es geschafft! Ich habe diesen Level geschafft *(tanzt herum)* Super, super, Vanessa, du bist klasse, Vanessa!

(Ihre Mutter ruft aus dem anderen Zimmer) Gabi, bist du fertig? Wir fahren in 10 Minuten los zur Kirche!

Kirche?! Muss ich da hin?

Natürlich können wir mit Gott über Sachen des Alltags sprechen. Ich habe Gott schon oft gebeten, mir zu helfen, meinen Schlüsselbund wieder zu finden, aber so? Jesus sagte auf die Frage seiner Jünger, wie man denn beten kann, weiter: „Leiere deine Gebete nicht herunter wie Leute, die Gott nicht kennen. Sie meinen, Gott würde schon antworten, wenn sie nur viele Worte machen" (Matthäus 6, 7).

Klappe: GEBET, DIE ZWEITE

Mirjam (abschweifend): Lieber Gott, du weißt wahrscheinlich, dass ich David Maurer wirklich, wirklich, wirklich gern habe, aber er scheint sich nur für Amelie zu interessieren, was ich unfair finde, weil ich ihn zuerst mochte, und ich denke, dass er sich auch für mich ein bisschen interessiert hat, bis sie auf einmal auf der Bildfläche erschien. Na ja, ich möchte dich nicht allzu sehr belästigen oder so, aber vielleicht könntest du Amelie ein bisschen krank machen oder so. Da wäre ich dir wirklich sehr, sehr dankbar! Danke, lieber Gott, Amen.

Jesus sagte seinen Jüngern, dass wir das Gebet nicht benutzen sollen, um uns irgendwie darzustellen. Das gemeinsame Gebet ist auch nicht dazu da, um den anderen Mitbetern Informationen zukommen zu lassen oder sie zu belehren. Unser Gebet soll ehrlich und aufrichtig sein.

(4 Stühle aufs Podium)

Klappe: GEBET, DIE DRITTE

(Stuhlkreis mit 4 Stühlen – wir tun so, als ob alle besetzt sind)

Natascha und Gabi kommen auf die Bühne, begrüßen sich herzlich, begrüßen dann zwei weitere unsichtbare Frauen.

Gabi: Ach schön, dass wir heute im Gebetskreis wieder vollständig sind. Lasst uns am besten gleich anfangen, damit wir keine Zeit verlieren.
Natascha: Wollen wir nicht erst ein paar Anliegen sammeln?
Gabi: Ach, das geht schon so…

(Beide schließen die Augen.)

Natascha: Na gut, beginnen wir. Danke, Vater, dass du uns heute gut hierher gebracht hast, auch wenn es ja nicht ganz so glatt bei mir ging. Bitte schenk, dass der Hund, den ich gerade angefahren habe, überlebt und gib dem Tierarzt Geschick bei der OP.
Gabi (reißt die Augen auf): Du hast einen Hund angefahren??!
Natascha: Ja – schon, aber lass uns weiterbeten.

(Augen zu)

Gabi: Jaaaa… Herr, du siehst auch, dass Katrin Müller und ihr Mann im Begriff sind, sich zu trennen. Bitte hilf ihnen doch.
Natascha (setzt sich abrupt auf, öffnet die Augen): Das gibt's doch nicht! Die wollen auseinander gehen? Dabei wirkten sie doch immer so harmonisch!
Gabi (blickt nur kurz streng zur Seite): Ich will noch für den Bau des Gemeindekindergartens beten. Herr, der Stand des Baukontos liegt jetzt bei 145230. Bitte, gib, dass wir alle bereit werden, mehr zu geben. Amen.

Natascha (inbrünstig): Ja, Amen!
(Beide stehen auf, umarmen und verabschieden sich.)

Jesus sagte, dass es beim Beten nicht auf irgendwelche Formen ankommt. Gott kennt unsere geheimsten Gedanken, deshalb ist es Unsinn, Sachen im Gebet zu formulieren, die nicht aus unserem Herzen kommen. Er erklärte seinen Jünger: „Euer Vater weiß genau, was ihr braucht, noch ehe ihr ihn um etwas bittet" (Matthäus 6, 8). Tja, sollte man dann überhaupt noch beten?

Klappe: GEBET, DIE VIERTE

Der Chef sitzt am Schreibtisch. Die Putzfrau kommt herein und macht sich stumm an ihre Arbeit. Die Putzfrau kann Dialekt sprechen.

Chef: Guten Morgen, Frau Müller.
Putzfrau (seufzend): Guten Morgen, Chef.
Chef: Haben Sie was?
Putzfrau: Ach neee... nix.
Chef: Sie haben doch was, das sehe ich doch. Ist etwas nicht in Ordnung mit der Arbeit?
Putzfrau: Neee, Chef,... mit der Firma ist alles o.k." *(seufzt noch mal tief)*
Chef: Nun mal raus mit der Sprache. Kann ich Ihnen helfen?
Putzfrau: Neee, Chef,... da kann mir keiner helfen. Meine Tochter... *(bricht mit einem Seufzer ab)*
Chef: Was ist mit Ihrer Tochter? Ist sie krank?
Putzfrau: Neee, die kommt in zehn Minuten mit dem Flugzeug aus Amerika und mein Mann... *(seufzt)* Ach neee, Chef,... da können Sie mir auch nicht mehr helfen.
Chef: Nun lassen Sie sich die Würmer nicht einzeln aus der Nase ziehen. Was ist mit ihrem Mann?

Putzfrau: „Mein Mann sollte sie abholen und nun musste er ganz plötzlich von der Firma aus weg. Und wir sind doch gestern umgezogen und jetzt steht das Kind gleich am Flugplatz und weiß nicht wohin, und ich kann sie ja nicht erreichen, und um noch selbst hinzufahren ist es auch zu spät. Was mache ich nur...?

Chef (greift zum Telefon): Schulze, wo sind Sie? Am Flugplatz. Haben Sie unsere japanischen Gäste zum Flugzeug gebracht? Okay, gehen Sie mal zur... *(zur Putzfrau)* Mit welcher Maschine kommt Ihre Tochter?
Putzfrau (verdutzt): Lufthansa.
Chef: ...Lufthansa und lassen Sie Frau... *(zur Putzfrau)* Wie heißt Ihre Tochter?
Putzfrau (stotternd): Iris Müller.
Chef: ...Iris Müller ausrufen und bringen Sie die dann mit hierher. Ja, ihr Vater musste plötzlich weg und ihre Mutter arbeitet bei uns. Alles klar, Schulze.

Gott weiß, was wir brauchen, aber wenn wir beten, dann ist es das Wichtigste, dass wir wie Kinder zum Vater kommen. Wie sollen wir beten?

Aus dem Off beginnen einige Sänger Zeile für Zeile betend zu singen:
Vater ich komme jetzt zu dir.
Als dein Kind lauf ich in deine Arme.
Ich bin geborgen, du stehst zu mir, lieber Vater.

Vater bei dir bin ich zu Hause,
Vater bei dir berge ich mich.
Vater bei dir finde ich Ruhe,
o mein Vater, ich liebe dich.

Vater, du gibst mir, was ich brauch.
Du empfängst mich mit offenen Armen.
Du füllst all meine Sehnsucht aus, lieber Vater.

Ich finde, das ist eine ganz wunderbare Einladung zum Gebet – und das bedeutet auch, dass beten ganz einfach ist: Komm zu deinem Vater im Himmel und schütte dein Herz vor ihm aus. Dazu lädt Jesus seine Jünger und damit auch dich und mich ein.

Lobpreis:

- Vater ich komme jetzt zu dir, *FJ II*
- In der Stille angekommen, *FJ II*

(bete mit allen gemeinsam das Vaterunser mit Bewegungen, siehe S. 202)

- Unser Vater im Himmel, *FJ II*

(Der Dialog „Chef und Putzfrau“ wurde von Freddy Gasper, Bitburg, geschrieben)

Vater unser

Vater unser	Hände ausbreiten
im Himmel	Hände heben
geheiligt werde dein Name.	Hände falten Kniebeuge
dein Reich komme	erheben, Hände leicht empor nachblicken
dein Wille geschehe wie im Himmel so auf Erden	Hände kreuzen niederknien tiefe Verbeugung
unser tägliches Brot gib uns heute	erheben Hände wie Schalen halten
und vergib uns unsere Schuld	Fäuste machen Hände strecken Arme spreitzen
wie auch wir vergeben unsern Schuldigern	Geste der Versöhnung nach links und rechts
und führe uns nicht in Versuchung	Abwehrgeste
sondern erlöse uns von dem Bösen.	abwartende geschlossene Geste
Denn dein ist das Reich die Kraft und die Herrlichkeit in Ewigkeit	Hände senken halten fallen heben schließen
Amen	

aus: Sr. Consolata Supper, Liturgische Tänze, St. Pölten, o.J./ Choreografie: G. Leonhartsberge
Fotos zu den Bewegungen auch unter: www.redemptoristen.de/muenchen/aktuell.html

Anhang

Die angegebenen Lieder findet man in folgenden Liederbüchern bzw. CDs:

Volltreffer Liederbox (cap! - music)	*VLB*
Du bist Herr Band 1-4 (Projektion J - Verlag)	*DbH 1- 4*
Das große Daniel Kallauch Liederbuch Bd. 1 (cap! - music)	*DK1 (vergriffen)*
Das große Daniel Kallauch Liederbuch Bd. 2 (cap! - music)	*DK2 (vergriffen)*
Hurra für Jesus 6 (cap! - music)	*H6*
Hurra für Jesus 8 (cap! - music)	*H8*
Hurra für Jesus 9 (cap! - music)	*H9*
Es geht um Jesus (cap! - music)	*EJ*
Feiert Jesus (Hänssler - Verlag)	*FJ*
Hip-Hop - Schule ist top (cap! - music)	*HH*
Gott liebt Kinder (cap! - music)	*GL*
Gott vergißt seine Kinder nie (cap! - music)	*GV*
Gott hat alles gut gemacht (cap! - music)	*GA*
Ich bin ein Kindergartenkind (cap! - music)	*KG*
Ich bin ein Bibelfan (cap! - music)	*BF*
Auf die Plätzchen fertig los (cap! - music)	*PL*
Kraftfutterlieder (cap! - music)	*KFL*
Du bist der Held (cap! - music)	*DH*
Du bist der Vater (cap! - music)	*DV*
DVD Hier bewegt sich was (cap! - music)	*HB*

Index der verwendeten Lieder

In den Familienzeitabläufen werden sehr viele Lieder von Daniel Kallauch verwendet. Manchmal wurden die Lieder speziell für die Themen der Gottesdienste geschrieben. Alle Lieder sind auf CDs bzw. Musikkassetten veröffentlicht, zu den meisten Liedern sind auch Playback - CDs erhältlich. Die Noten findet man in den oben genannten Liederbüchern, zum Teil mit Bewegungsanleitungen (siehe die jeweiligen Kürzel in den Gottesdienstentwürfen).
Seit 2005 sind viele Lieder von Daniel Kallauch im Sampler „Volltreffer Liederbox" (zwei Doppel-CDs und ein Liederbuch) erhältlich.

aus „Hurra für Jesus 1" bzw. „Volltreffer Liederbox"

Danke, dass du mich so liebst
Gott wird Mensch
Wir glauben, was die Bibel sagt

Herzen mit Ohren (Ich bin von neuem geboren)
Hurra für Jesus
Jesus, ich brauche Hilfe

aus „Hurra für Jesus 2" bzw. „Volltreffer Liederbox"
Einfach spitze, dass du da bist

aus „Hurra für Jesus 3" bzw. „Volltreffer Liederbox"
Immer und überall
Raus aus der Finsternis
Feuer und Flamme
Unser Gott ist stark
Beim Vater war es himmlisch
Liebe Gott und deinen Nächsten

aus „Hurra für Jesus 5" bzw. „Volltreffer Liederbox"
Ich schmeiß die Arme in die Luft
Superbuch
Liebe Gott und deinen Nächsten
Gott wird Mensch
Hurra für Jesus

aus „Hurra für Jesus 6" (Christmas)
Jesus kam
Wißt ihr noch, wie es geschehen (Claudius/Lahusen)
Gottes große Liebe
Gott sprach am Anfang
Ich hab seinen Stern geseh'n
Kein Platz für dich
Weihnachten ist Party für Jesus
Frieden mit Gott
Es ist Jesus

aus „Hurra für Jesus 8"
Jesus, mir fehlen die Worte
Ich will nicht mehr sagen: Ich kann das nicht
Wer zu Jesus gehört
Gott hat mir seinen Geist gegeben
Komm und feier
Wir haben einen Grund zum feiern
Du bist der Herr
Der Tod hat seine Macht verlorn

aus „Hurra für Jesus 9"
Verrückt für meinen König
Alle Worte der Bibel
Jesus ist bei dir
Ich bin sicher an der Hand des Vaters
Bei dir kommt keiner zu kurz
Weil du in allem immer der erste bist
Gott vergißt seine Kinder (nie)

aus „Best of Hurra für Jesus"
Superbuch
Immer und überall
Bei dir kommt keiner zu kurz
Ich will nicht mehr sagen: Ich kann das nicht
Gottes große Liebe
Ich bin nicht allein (Susi Lange)
Hurra für Jesus
Feuer und Flamme
Wer zu Jesus gehört
Gott vergißt seine Kinder (nie)
Beim Vater war es himmlisch

aus „Alles dreht sich um Willibald"
Vom ersten Moment

aus „Hip Hop - Schule ist top"
Hausaufgaben, her damit
Hip Hop - Schule ist top
Du gehörst dazu

aus „Auf die Plätzchen"
Runtergekommen, abgestiegen
Wir singen immer wieder

aus „Ich bin ein Bibelfan"
Ich bin ein Bibelentdecker
Die Bibel ist ein Schatz
Wir glauben an Gott den Vater

aus „Du bist der Held"
Jeden Schritt
Alles aber wirklich auch alles

Ich begrüße den Tag
Wir verlassen uns auf Jesus

aus „Es geht um Jesus“
Hoffnung, Rettung, Leben
Vater unser

Die Produktionen „Gott liebt Kinder“, „Gott vergisst seine Kinder nie“ und „Gott hat alles gut gemacht“ enthalten die wichtigsten Mitmach- und Bewegungslieder von Daniel Kallauch aus vielen Produktionen.

Die verwendeten Bibeltexte stammen aus „Hoffnung für alle - Die Bibel“, Brunnen - Verlag

Weiterführendes Material:
„Farbfolien“: Foliencollagen für Religionsunterricht und Kinderstunden (Born - Verlag)
Diese Farbfolien haben alle Einzelbezeichnungen, die sich in den Familienzeitkonzepten wiederfinden lassen.

Buchtipps:
Der Bibel auf der Spur, Hrsg. D. Velten, 4 Bände (Born - Verlag)

Bauchreden - Spielend lernen, Elke Bockamp,
Edition Aragon Verlags GmbH, 47441 Moers

Puppentheater - eine unvergeßliche Show, Splitt,
One Way Verlag, 42105 Wuppertal

Gudrun und Norbert Gantert: Schluss mit Langeweile. So wird ihre Arbeit mit Kindern ansteckend, Willow Creek Edtion
Steve Pedersen: Praxisbuch Theater, Willow Creek Edtion

Klaus Douglass: Gottes Liebe feiern. Aufbruch zum neuen Gottesdienst, C&P Verlag

Internetadressen:
www.cap-music.de
www.allesumdiekinderkirche.de
www.kigotipps.de
www.drama-ministry.de
www.ek-neuenburg.de/vaterhaus.htm
www.evlka.de/extern/peine/gross-ilsede/theater

Du bist der Vater

Anknüpfend an das Daniel Kallauch-Erfolgsalbum „Du bist der Held“ folgt hier die Weiterführung. Mitreißend, mutmachend, herausfordernd - ein Bogen neuer Kallauch-Lieder. Grundthema: Gott ist der liebende Vater im Himmel.

Die Daniel Kallauch-Lieder sind aus dem Bereich „christliche Musik für Kinder“ nicht mehr wegzudenken, es wird wohl keine Gemeinde in Deutschland geben, in der seine Lieder nicht gesungen werden. Er hat die Gabe, biblische Aussagen kreativ und prägnant auf den Punkt zu bringen. Zusammen mit eingängigen Melodien ergibt das die Songs, die Familien mögen.

Arrangements: Klaus Bittner

Das Notenheft enthält dreistimmige Sätze und zusätzlich Overheadvorlagen.

*Die Titel: So wie der Vater Jesus liebt * Willkommen – hallo im Vaterhaus * Wasser des Lebens * Ich lass mich in deine Arme fallen * So viel vergeben * Bei dir, bei dir, bei dir * Du meinst es gut mit mir * Hier ist dein Zuhause * Du bist mein geliebtes Kind * Angekommen, aufgenommen * Vater, ich bin himmelreich * Jeder Tag ist ein Geschenk * Deine Liebe * Jeden Tag meines Lebens*

CD (cap) **05305**; (Gerth) **946 283**
Notenheft (cap) **55305**; (Gerth) **659 151**
Playback-CD 75305

Bestseller-CDs!

Du bist der Held

Hier kommt die Familienlobpreiszeit mit Daniel Kallauch im CD-Format! Eigens für den gemeinsamen Familien-Gottesdienst hat er eine ganze Reihe neuer Lieder geschrieben, die ansprechen und mitreißen. Musik und Texte sind eingängig und nachvollziehbar.
Alles in allem eine richtig starke gitarrenorientierte Scheibe, bei denen Kinder und Erwachsene voll auf ihre Kosten kommen. Diese Aufnahme hat richtig Power und macht der ganzen Familie Spass!
Mit dabei natürlich Daniel Kallauch, exzellente Musiker, viele Kids und Sänger. Special Guest: Sarah Brendel.

Im Notenheft enthalten: Noten und Texte, Grifftabellen, dreistimmige Chorsätze, Textversionen mit vereinfachten Gitarrenakkorden, Leadsheets für Bands zum Nachspielen.

*Jeden Schritt * Du bist der Held * Alles, aber wirklich auch alles * Mein Jesus, mein Retter (Ruft zu dem Herrn) * Tun, was noch keiner tat * Ich komm zur Ruhe (special guest: Sarah Brendel) * Keine halbe Sache * Ich begrüße den Tag (Gottes Grösse) * Du bist der Schöpfer der Universums (Anfang und Ende) * Lügengedanken * Wir verlassen uns auf Jesus * Gottes starker heiliger Geist * Du bist Gott – Leben pur * Alle Menschen werden es tun * Nur noch du und ich (In meiner Einsamkeit) (Bonustrack unplugged)*

CD (cap) **05340**; (Gerth) **946 211**
Notenheft (cap) **55340**; (Gerth) **659 111**
Playback-CD 75340

DANIEL KALLAUCH
Volltreffer Liederbox
Neu!

DANIEL KALLAUCH
Volltreffer Liederbox
Mit vielen Klaviersätzen
68 Daniel Kallauch-Ohrwürmer!
Das Liederbuch

DANIEL KALLAUCH
Volltreffer Liederbox
TEIL 1
34 Daniel Kallauch-Ohrwürmer!
Doppel-CD

Volltreffer Liederbox
TEIL 2
34 Daniel Kallauch-Ohrwürmer!
Doppel-CD!

Hip Hop - Schule ist top!

Grundschüler aufgepaßt! Auf dieser Scheibe dreht sich alles um das Klassenzimmer. Daniel Kallauch packt mit Augenzwinkern und einer gehörigen Portion Humor „beliebte Themen" wie Hausaufgaben, Streber und den gemütlichen „Bettman" an. Die Hits gehen musikalisch richtig ab und wollen helfen, die Schulzeit positiv zu gestalten. Das beflügelt! Einige Lieder sind durch Videoclips im Kinderkanal und ZDF bekannt geworden. Bonus! Der Titelsong „Hip Hop Schule ist top!" ist auf der CD auch als Playback enthalten.

*Die Titel: Hip hop - Schule ist top * Das ist ungewohnt * Rote Wange, heiße Ohren * Wir halten zusammen (Wunderbar) * Hausaufgaben - her damit * Willst du mit mir spielen (Renan) * Bei dir kommt keiner zu kurz * Doddl-Song * 1,2,3, Käsehoch * Für dich * A, B - ich hab eine Idee * Du gehörst dazu*

CD (cap) **05301**; (Gerth) **946 165**
Notenheft (cap) **55301**; (Gerth) **659 096**
Playback-CD 75301

Ich bin ein Kindergartenkind

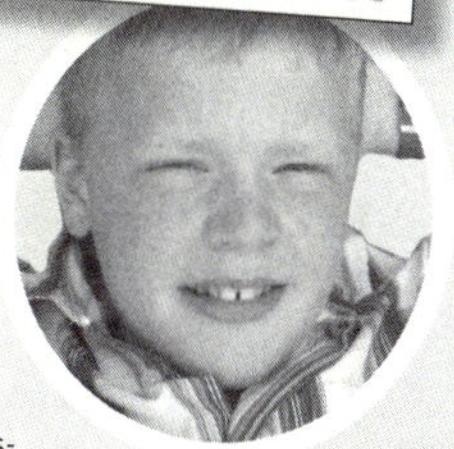

Lustige Mitsinglieder für kleine Leute, die in den Kindergarten gehen. Lieder über die Laterne, übers Aufstehen, über den Regenbogen, über Gott und viele andere Dinge, die Kindergartenkinder beschäftigen. Überraschung: Spaßvogel Willibald, der vorwitzige, kleine Freund von Daniel Kallauch, ist mit von der Partie, denn er muß auch in den Kindergarten. Wir begleiten die beiden auf ihrem Weg dort hin, mit vielen Liedern, jeder Menge Spaß und Anregungen.

Im Notenheft gibt es Noten, Texte, Akkorde, Bewegungsanleitungen und Aktionsideen zu den Liedern.

*Die Titel: Ich bin ein Kindergartenkind * Aufstehen, aufstehen * Ach sag bloß... * Ich schlabber, schlabber, schlecker * Wir gehen raus * Das hast du toll gemacht * Kleine Leute, Große auch * Unsre Lichter leuchten * Immer wenn sich Sonne und Regen begegnen * Alles, aber wirklich auch alles * Sommer und Winter * Sie läuft*

CD (cap) **05350**; (Gerth) **946 229**
Notenheft (cap) **55350**; (Gerth) **659 117**
Playback-CD 75350

Anke und Daniel Kallauch

Kraftfutter – die neue Familienlosung

Jeden Tag einen kraftvollen Bibelvers, dazu einen kurzen Impuls, ein Gebet oder einen Liedtext - das ist genau die richtige Frühstücksportion für die ganze Familie.
Anke und Daniel Kallauch haben aus vier aktuellen Bibelübersetzungen 366 Bibelverse ausgewählt, die für Kinder und Erwachsene gleichermaßen verständlich und bedeutsam sind. 46 kompetente Autoren aus verschiedenen Kirchen und Werken haben Kurzbeiträge und Gebete verfaßt, die diese Bibelworte anschaulich und konkret werden lassen.
Natürlich ist morgens die Zeit knapp, aber diese neue Familienlosung macht es möglich, den Tag gemeinsam mit einem Wort Gottes zu beginnen!
Dieses Buch kann den Start ihrer Familie in jeden Tag kraftvoll verändern!
Guten Appetit!
Hardcover, 160 Seiten, ISBN 3-935699-09-3

Buch (cap) **51510**; (Gerth) **814 909**

Kraftfutter – die Lieder

Nach dem tollen Erfolg des Kraftfutter-Buches kommt die passende CD, die eine Auswahl der zitierten Daniel Kallauch-Lieder enthält. Da manche ältere Daniel Kallauch-CDs vergriffen sind, auch eine Gelegenheit, beliebte Lieder wieder zu erhalten.
Ein preiswerter Sampler mit tollen Extras:
* Kraftfutter-Lesezeichen zum Ausschneiden!
* Bonus-Videoclip „Bei dir kommt keiner zu kurz".
* Mit Tischrap!

*Die Titel: Runtergekommen * Gott ist stärker * Raus aus der Finsternis * Tischrap * Ich bin so froh * Jedes Kind ist ein Geschenk * Jetzt ist die Zeit * Mein ganzes Herz * Er kommt * Herz mit Ohren (Ich bin von neuem geboren) * Nummer eins * Ich helfe gern * Gott sprach am Anfang * Hab keine Angst*

CD (cap) **05303**; (Gerth) **946 261**

Anke und Daniel Kallauch veranstalten regelmäßig Seminare für Eltern, Erzieher und Mitarbeiter in Jungschar und Kindergottesdienst:

Singen mit Kindern

Gott loben - miteinander lachen - die Bibel lehren

Weitere Infos zu Inhalten und Terminen unter
www.DanielKallauch.de

Infos unter:
MEGASPASS-Musikmanagement
Holzstr. 9 • 80469 München

Tel.: 0180-345 43 21 (9 ct./min.)
oder Tel.: 089-444 390 85
Email: info@megaspass.de

Ich bin ein Bibelfan

Für Kids von 7 bis 12 Jahren.
Eine fetzige und innovative CD zum Buch der Bücher, mit modernen Sounds von Hip-Hop bis Pop. Eine Fundgrube an Kinder-Bibelsongs, mit der kallauch-typischen Mischung aus Humor, treffenden Formulierungen und geistlichem Tiefgang.
Ohrwürmer, Lieder zum Anhören und Mitsingen, Lieder, die Appetit auf das beste Buch der Bücher machen.

Mit zusätzlichem Videoclip: Ich bin ein Bibelentdecker.

Mit diesen Liedern: Ich bin ein Bibelentdecker - Ich bin ein Bibelfan - Was würde Jesus tun - WWJD? - Mir geht ein Licht auf - Ja, ich kann - Wir glauben an Gott - Was Gott gesagt hat tut er auch - Die Bibel ist ein Schatz - Superbuch - Hier bist du richtig - Blumen brauchen Licht - Bibelbücherrap - Hier bewegt sich was

CD (cap) **05360**; (Gerth) **946 238**
Notenheft (cap) **55360**; (Gerth) **659 124**
Playback-CD 75360

Hurra für Jesus 8 - Kommt und feiert

Themenschwerpunkt: Ostern. Mit Singspiel, Splittracks auf CD, dem „Pro Christ"-Kinderhit und dem Spring-Song „Ach so ist Gott". Viele Lieder zum Hören und Nachsingen zum Thema „Jesu Tod und Auferstehung"

Mit diesen Liedern: Ach so ist Gott - Komm und feier - Er ist erstanden - Wer zu Jesus gehört - Jesus, mir fehlen die Worte - Er ist erstanden 3 - Wir brauchen Jesus nicht ... - Wir haben einen Grund zum Feiern - Er ist erstanden 4+5 - Der Weg zu Gott ist frei - Der Tod hat seine Macht verloren - Wir haben einen Grund zum Feiern - Einer für alle - Du bist der Herr - Du kannst viel mehr tun - Gott hat mir seinen Geist gegeben - Ich will nicht mehr sagen

CD (cap) **03320**; (Gerth) **946 021**
Notenheft (cap) **53320**; (Gerth) **659 081**
Playback-CD 73320

Hurra für Jesus 9 - Verrückt für meinen König

Daniel Kallauch präsentiert wieder neue und originelle Songs für Kinder - keine Langeweile möglich! Klare biblische Aussagen in spritzige und verrückte Lieder verpackt, getreu dem Motto: „Dieser Lieder sind Hits für die Kids!"

Mit diesen Liedern: Verrückt für meinen König - Bei dir kommt keiner zu kurz - Gott vergisst seine Kinder (nie) - Ich bin sicher - Gott ist stark (Supermann) - Alle Worte der Bibel - Alle meine Sorgen - Ich bin frei - Auf Nummer sicher - Ja, wenn alle - Jesus ist super - Weil du in allem - Jesus liebt dich - Jesus ist bei dir, Jesus ist da

CD (cap) **03310**; (Gerth) **946 926**
Notenheft (cap) **53310**; (Gerth) **659 169**
Playback-CD 73310